Volker Bredenberg · Grand Diner

Volker Bredenberg

Grand Diner

Wie und wo man königlich tafelt

Verlagsgesellschaft R. Glöss + Co., Hamburg

CIP-Kurztitelaufnahme der Deutschen Bibliothek

Bredenberg, Volker
Grand Diner: wo u. wie man königl. tafelt
Volker Bredenberg, Hamburg: Glöss, 1978

ISBN 3-87261-023-6

Druck: Mohndruck Reinhard Mohn GmbH, Gütersloh
Printed in Germany

ISBN 3-87261-023-6

Inhalt

Schleswig-Holstein und Hamburg

Niedersachsen

Berlin

Nordrhein-Westfalen

Hessen – Saar

Baden-Württemberg

Bayern

Geehrter Leser, liebe Confrères!

Schon seit vielen Jahren hat man sich Gedanken darüber gemacht, über unsere Bruderschaft und die ihr angeschlossenen Hotels und Restaurants in Buchform zu berichten. Als daher vor etwa einem Jahr der Verfasser dieses Buches und sein Verlag an mich herantraten, habe ich den Gedanken wohlwollend aufgenommen und meine vollste Unterstützung zugesagt. Wir wollen mit dieser Publikation auf unsere Confrérie hinweisen und sie in der breiteren Öffentlichkeit bekanntmachen. Unsere Bruderschaft besteht auf einem Kreis von Menschen, die an einer gehobenen Gastronomie starkes Interesse bekunden. Wir können sie in zwei Gruppen einteilen:

Der eine Teil gibt etwas, er besitzt oder arbeitet in renommierten Hotels und Restaurants mit großer Liebe und Hingabe, seinen Gästen eine anspruchsvolle Gastronomie zu bieten, ja, dem Gast zu dienen. Die andere Gruppe nimmt etwas, es sind unsere Mitglieder, welche ein gutes Mahl hochschätzen, die eine gepflegte Hotellerie einer einfachen Gasthausatmosphäre vorziehen, kurzum Menschen, die sich auch in einem Hotel und einem Restaurant umhegt und zu Hause fühlen wollen. Aus beiden Gruppen setzen sich unsere Mitglieder – wir haben derzeit ca. 900 in Deutschland – zusammen. Eines haben sie gemeinsam: die Liebe zur Eßkultur. Dazu gehört auch ein dementsprechender Rahmen. Schon ein paar Blumen auf dem Tisch, eine nett gefaltete Serviette und eine freundliche Bedienung erwecken im Gast die Vorfreude auf ein Essen, das nicht wie eine 08/15-Verköstigung abläuft.

Großen Wert legen wir auch auf die Geselligkeit. So finden durchschnittlich im Jahr etwa 60–70 regionale Veranstaltungen in Deutschland statt, an denen zwischen 50 und 120 Personen teilnehmen. Wir nennen sie »Diners Maison«, und wenn ein größerer Rahmen gegeben ist, handelt es sich um ein »Diner Amical«, meist in der Form eines klassischen Menüs. Man sitzt festlich gekleidet zusammen, um ein gekonntes Mahl im Kreise Gleichdenkender zu genießen. Bei einem anschließenden Tanz wird die Nacht sehr oft kurz. Es ist ja der Sinn unserer Vereinigung, unseren Mitgliedern dann und wann ein Abschalten vom grauen Alltag zu ermöglichen, und unbeschwert einige Stunden mit Freunden, welche das gleiche Hobby haben, zusammenzusitzen. Bei solchen Zusammenkünften – das habe ich oft festgestellt – kommt dann eine Hochstimmung auf, ja man kann fast sagen eine Euphorie. Man geht am anderen Tag beschwingt auseinander, und noch lange erinnert man sich gern eines solchen Festes.

Der Höhepunkt eines jeden Jahres ist das einmal jährlich durchgeführte Grand Chapitre, wobei wir schon über 600 Teilnehmer an einer solchen Veranstaltung hatten. Sie findet jedes Jahr in einem anderen Teil Deutschlands statt. Es werden mehrere Veranstaltungen durchgeführt, auch kulturelle Darbietungen kommen nicht zu kurz. Und hier kann man oft erleben, daß sich Freunde nach vielen Jahren wiedertreffen, sich umarmen und neue Freundschaften geschlossen werden. So ist die Chaîne des Rôtisseurs ein sehr starkes Bindeglied zwischen Menschen, die den verschiedensten Berufen nachgehen und ab und zu einfach Mensch unter Menschen sein wollen.

Dieses Buch soll vor allem unsere Mitgliedshäuser – Hotel-Restaurants und Restaurants – allen Mitgliedern etwas näherbringen und ein bißchen Vorfreude vermitteln, wenn Sie auf dem Wege in eines der hier aufgezeichneten Häuser sind. Leider war es nicht möglich, alle unsere professionellen Mitglieder in diesem Buch vorzustellen, ich hoffe aber sicher, daß bei einer weiteren Auflage eine Vollständigkeit vorliegt.

In diesem Sinne darf ich Ihnen beim Durchblättern dieses Buches ein wenig Freude auf den Besuch eines hier aufgeführten Hauses wünschen und hoffe, daß Sie oft in diesen Häusern einkehren werden!

Ihr

Guido Berhard
Chancelier d'Allemagne

Aschaffenburg,
im Oktober 1978

1

**»Ich verspreche, Braten und Grilladen immer zu schätzen, zu pflegen und zu würdigen.
Ich gelobe, allzeit meiner Verpflichtung zur Brüderlichkeit und zum Respekt gegenüber allen Mitgliedern der Chaine des Rotisseurs nachzukommen.«**

36000 Menschen in 80 Ländern dieser Welt haben diesen Schwur geleistet. Einen Schwur, der, in dieser oder ähnlicher Form, seit über 800 Jahren Feinschmecker und Freunde edler Eßkultur einbindet in die Bruderschaft der »Chaîne des Rôtisseurs«. Eine Sekte, eine Verbindung, ein Verein? Wohl nichts von dem: In die Chaîne wird niemand aufgenommen. Jedes Mitglied wird ernannt und dann in feierlichem Rahmen inthronisiert. Jedes Mitglied muß, bevor es ernannt wird, zwei Bürgen aus der Chaîne mitbringen. Jedes Mitglied muß bestimmte Formalitäten erfüllen, von denen später ausführlich die Rede sein wird, die aber letztlich alle nur eins zum Ziel haben: Die »Chaîne« soll nur die Menschen verbinden, die gutes Essen und gute Tischmanieren im allgemeinen und das Braten am Spieß oder auf dem Rost im besonderen als eine Aufgabe ansehen. Und dies aus gutem Grund!

2

Diplom-Ingenieur Gerhard Ebinger, Direktor einer Baufirma, fuhr wieder einmal die Autobahn entlang. Er sehnte sich nach einem kleinen, aber guten Essen. »Besser abbiegen und in eine gemütliche Gaststätte in einer Ortschaft«, dachte er gerade, als er vor sich das Hinweisschild auf eine neue Autobahn-Raststätte auftauchen sah.
»Noch drei oder vier Stunden bis Hamburg«, dachte Gerhard Ebinger, »du mußt vorher noch eine Kleinigkeit essen. Eine Pause einlegen.«
Bisher hatte er es stets zu vermeiden gewußt, in Wartehallen, Imbißstuben oder Selbstbedienungsrestaurants einen Happen herunterzuschlingen. Essen – das war für ihn zwar keine feierliche Handlung, aber es war stets eine halbe oder dreiviertel Stunde Genuß verbunden mit Entspannung. Deshalb war er bisher auch stets in kleine oder große, aber nette Gasthäuser oder Hotels links und rechts abseits der Autobahnen gefahren, um Rast einzulegen.
Die Strecke, die er jetzt fuhr, war neu für ihn. Das Rasthaus, das rechts vor ihm auftauchte, war im ländlichen Stil gebaut. Und er entschied sich zu dieser Mittagsstunde: »Einmal will ich's versuchen. Sieht ja ganz nett aus. Muß man doch einmal gesehen haben.« Gerhard Ebinger trat auf die Bremse und lenkte seinen Wagen in die Autobahnausfahrt.

3

Mit einiger Mühe hatte Gerhard Ebinger den Wagen in eine enge Parklücke rangieren können. Wie die übrigen Gäste, die zu dieser Minute hier Rast einlegen wollten, hastete er auf die Eingangstür zu.
Gerhard Ebinger drückte die Pendeltür zur Raststätte hin auf. Tausend überhaupt nicht harmonierende Wohlgerüche drangen an seine Nase (wie er später erfuhr, funktionierte gerade der Ventilator für die Entlüftung nicht). Er wollte an einen Tisch gehen. Doch da war eine Barriere. »Rechts rum«, befahl sie ihm unmißverständlich. Ran an eine namen- und seelenlose weiße Wand, die mit Automaten bepflastert war.
Erster Automat: »Geldwechsel«. Zweiter Automat: von oben nach unten in zwei Reihen aufgeteilt. Geldstück einwerfen. Klappe ziehen, den Fingernagel dabei abbrechen. In Klarsichtfolie eingewickelt ein Brötchen mit Käse oder Wurst oder Schinken herausnehmen. Eiskalt ist es. »Wird schon warm werden«, hofft Gerhard Ebinger. Die Schlange drängelt – immerhin ist auch hier wieder eine Absperrung zum Sitzraum hin – hinter ihm. Dritter Automat: Größere Fächer – größere Geldstücke werden verlangt. Russische Eier in Klarsichtfolie, ein Schnitzel auf Kartoffelsalat drapiert in Klarsichtfolie, ein Hackbraten auf Kartoffelsalat drapiert in Klarsichtfolie.
Die anderen Gäste hinter Gerhard Ebinger schieben auf einer Laufschiene ein braunes Tablett neben sich und unter den Automaten her. »Wo gibt es die?« fragt Gerhard Ebinger den, der hinter ihm steht. »Da hinten – gleich am Anfang. Hätten Sie doch sehen müssen«, ist die Antwort. »Darf ich mal zurück?« fragt Gerhard Ebinger fast bittend. Gemurre ist zu hören. Irgendeiner murmelt das Wort »Idiot«.
Nun hat Gerhard Ebinger Käsebrötchen und Tablett, schleicht in der Schlange weiter, bemüht sich, auf alles zu achten und steht endlich vor einer Glasvitrine, hinter der ein Mensch steht – kein Automat. Ein nett anzusehender Mensch sogar, ein Mädchen, an die 20, ganz in Weiß. Vor ihr, alles hinter Glas (die Hygiene), diverse Aluminiumkübel. Das Mädchen schaut Gerhard Ebinger an und wartet offenbar auf eine Bestellung. Wenn er nur wüßte, was? Der Mann hinter ihm bestellt inzwischen: »Sauerkraut mit Eisbein.«
Gerhard Ebinger sieht sich um. Und in der Tat: Über ihm steht ja alles an einer Tafel. Noch während er diese studiert, wird er weitergedrängt. An der Kasse vorbei darf er ohne zu bezahlen, denn Warmes hat er nicht mehr ergattern können, und für das Käsebrötchen (inzwischen schon etwas wärmer) hat der Automat ja schon kassiert.
Gerhard Ebinger sitzt endlich an einem Tisch, hat sich von einem Automaten noch einen Kaffee brühen lassen, knabbert sein Käsebrötchen, atmet den Zigarrenrauch seines Gegenübers dabei ein und beschließt zu dieser Mittagsstunde in

einer Autobahnraststätte, künftig mindestens einmal im Monat »fürstlich zu speisen«. Als Wiedergutmachung für erlittene Unbill seiner Vorstellung von Eßkultur.
Daß er zufällig wenig später die Bekanntschaft eines Hamburger Kapitäns macht, daß beide in einem kleinen Kreis auf sein Erlebnis Autobahnraststätte zu sprechen kommen, daß der kleine Kreis aus Mitgliedern der Chaîne des Rôtisseurs besteht . . . das alles brachte Gerhard Ebinger dazu, auf den Schwur
»Je fais le serment de ne jamais profaner et de toujours soigner un rôti à la broche, ainsi que les grillades.
Je fais le serment de toujours remplir mes devoirs de considération, de fraternité et de respect envers tous les membres de la Chaîne des Rôtisseurs.«
seinen Eid abzulegen. Dieser Schwur, dessen deutsche Übersetzung sie am Anfang des Buches lasen, wird bei der Inthronisation auf französisch vorgelesen. Und das hat seinen Grund.

4

Die Bruderschaft, in die Gerhard Ebinger eingetreten ist, hat ihren Ursprung in Frankreich. Genauer gesagt: in Paris. Noch genauer: in den kleinen Straßen und Gassen der Gegend, in der sich heute das Centre Pompidou befindet. Le Petit Mouton, le Cat-Rouge, la Crosse, le Renard, la Cigogne, la Croix-Verte oder le Petit-Salut hießen sie – oder heißen sie heute noch. Straßen oder Stadtviertel, in denen sich das Geschäftsleben der Stadt an der Seine abspielte, in denen der Kaufmann Jacques Duvier auch seine Gänse feilbot . . .
Jacques Duvier lebte 700 Jahre vor uns. Im 13. Jahrhundert nach Christus. In einem Paris, das immerhin schon 100000 Einwohner zählte, dessen katholisch-geistliche Schulen bereits zu einer Art Universität zusammengefaßt waren, an der 20000 Studenten in Zucht und Ordnung sowohl über höfische Lieddichter als auch über Franz von Assisi diskutierten, der seit dem Jahre 1208 seine Missionswanderungen unternahm und nach elf Jahren Ägypten erreicht hatte. Mit seinen Anhängern predigte er Buße und heilte Kranke. »Etwa ein neuer Jesus?« fragten die Studenten.
Jacques Duvier, der bald zusammen mit anderen die Zunft der »Gänsebräter« gründen und damit das Geburtsdatum der »Chaîne des Rôtisseurs« auf das Jahr 1248 festlegen sollte, hätte sich, wäre damals schon das Fernsehen erfunden gewesen, gewiß für folgende Meldungen interessiert:
»Eine schwere Sturmflut ist über die Nordsee hinweggebraust. Sie hat den Zuidersee vergrößert und die Inseln Texel und Wieringen entstehen lassen« (1170) – »Eine Grippeepidemie hat ganz Europa erfaßt. Eine solche Husten- und Schnupfen-Krankheit, an der viele Menschen starben, hat es bisher auf der Welt nicht gegeben« (1173) – »In Deutschland wird das Wort ›Weihnachten‹ (›wihe naht‹) erstmals eingeführt« (1178) – »Walther von der Vogelweide reist als fahrender Spielmann durch die Lande« (1198) – »Die ersten Apotheken eröffnen in Deutschland« (1215) – »Die ersten, in China erfundenen Pulvergeschütze kommen nach Europa« (1248).

5

Jacques Duvier sitzt an einem herrlichen Märzsonntag im Jahre 1248 in der »Rue la Cigogne«. Die Sonne scheint. Drüben, am Ufer der Seine, ragen die vor drei Jahren fertiggestellten Türme der Kirche Notre-Dame in den blauen Himmel. »85 Jahre hat man daran gebaut«, sagt Duvier zu seiner Frau, »Oma war noch bei der Grundsteinlegung im Jahre 1163 dabei.«
Duvier trägt die neueste Mode: vorn ganz spitz zulaufende Knöchelschuhe. Seine Frau hat sich an diesem Sonntagmorgen einen Zopf geflochten und ihn keß über die Schultern nach vorn auf ihren wallenden Busen gelegt. »Man sagt, die Italiener hätten diese Frisur erfunden«, erzählt sie ihrem Mann den neuesten Stadtklatsch (der übrigens Wahrheit ist), »und wir Franzosen müssen denen ja alles nachmachen . . .«
Nachmachen? Im Jahre 1212 war in Florenz die erste Wollenzunft gegründet worden. Zwölf Jahre später – wiederum in Florenz – die erste »Begräbnis-Bru-

derschaft«. Wer Wolle herstellte oder Leichen zu Grabe trug, der mußte der Zunft oder der Bruderschaft angehören.
Jacques Duvier und seine Frau beschlossen an diesem Märzsonntag des Jahres 1248, über eine Bruderschaft der Gänsebräter nachzudenken. Die Geburtsstunde der »Chaîne des Rôtisseurs« hatte geschlagen.

6

Die wohl älteste Urkunde über die Gründung einer Zunft in Paris datiert aus dem Jahre 1154 – war also schon rund 100 Jahre alt, als der Gänsebräter Duvier über seine eigene und die seiner »Bräter-Freunde« nachdachte. Die Fischhändler von Paris hatten sich damals zusammengeschlossen. In der Urkunde ist zu lesen, »daß Äbtissin und Konvent des Klosters von Montmartre den Pariser Fischhändlern ein beim königlichen Châtelet gelegenes Grundstück zum Zweck der Errichtung von Verkaufsständen gegen eine jährliche Rente von sechzig Solidi überlassen haben. Zur Zahlung des Zinses werden sechs Fischhändler verpflichtet. Sie und ihre Erben haften dafür und müssen dafür sorgen, daß die übrigen der Gemeinschaft angeschlossenen Händler ihren Beitrag an die sechs bezahlen. Stirbt einer der sechs, ohne Erben, so hat die Gesamtheit der Fischhändler einen Ersatzmann zu stellen.«
Obwohl hier eine Verbandsstruktur vorlag, erschien der Begriff »Verband« nie. Es war eine Bruderschaft wie die der Pariser Tucher, die 1183 gegründet worden war, »und eine rein weltliche Korporation und ein Organ des Gewerberechts darstellte, aber immer wieder ihren kirchlichen Ursprung hervorkehrte und insbesondere in gefährlichen Zeitabschnitten sich durch Berufung auf ihre altüberlieferten religiösen Zwecke eine Ausnahmestellung zu sichern wußte« (Rudolf Eberstadt: Ursprung des Zunftwesens, 1915).
Blickt man aber noch etwas weiter in die Geschichte zurück, so hat bereits der römische König Numa Pompilius (715–672 v. Chr.) einst »sein Volk in Zünfte« eingeteilt, und Martin Luther (1483–1546) schrieb noch: »Gott hat alle Menschen unterschieden wie sie heißen, was vor ein Ampt und Handwerk sie treiben sollen.«
Bruderschaften, Zünfte, Handwerker-Verbände. Über ihren Sinn und Zweck im Mittelalter und der Zeit davor läßt sich streiten (und wird gestritten): War es ein Schutzbedürfnis der arbeitenden Klasse gegenüber der Gewaltherrschaft der anderen, reichen Stände? Oder war es die totale Aufhebung der Arbeitsfreiheit? Durfte nur noch arbeiten, wer gegen Entgelt ein obrigkeitliches Privileg erhielt, das vom Gewerbeherrn erteilt wurde?

7

Weit über 100 Zünfte und Bruderschaften existierten in Paris, als Jacques Duvier im Sommer des Jahres 1248 zusammen mit seinen Kollegen (wie viele es waren, ist nicht verbrieft) die »Chaîne des Rôtisseur« ins Leben rief. Duvier und seine »Brüder« hatten einst Geflügel verkauft. Die Gans galt als Delikatesse, war aber gleichzeitig nicht allzu teuer. Für die Händler war sie ein Geschäft. Doch zu viele handelten schließlich mit Gänsen, und so hatten Duvier und seine Frau das Federvieh in ihrer kleinen Küche vorgebraten und als »Fertiggericht« (das erste Fertiggericht der Welt?) feilgeboten. Damit aber wollten er und die, die es ihm bis jetzt schon nachmachten, auch allein dastehen. So zahlten sie an das Kloster und erhielten das Alleinrecht. Wie die Bäcker, die Weber, die Schuster, die Köche, die Fischer, die Gärtner, die Schmiede, die Wannenmacher . . .

8

Doch in welcher Rechtsordnung lebten alle diese Bruderschaften? Noch Anfang des 13. Jahrhunderts, etwa bis 1230, galten in Frankreich sogenannte Gottesurteile. Bei fast allen Straftaten, besonders aber auch bei Eheverfehlungen (vor ein paar Jahren war der Ehering erfunden worden, den man sich beim Verlöbnis schenkte): Hätte zum Beispiel Herr X seine Frau mit Herrn Y bei einem intimen Schäferstündchen erwischt, wäre es zu einem »Prozeß« gekommen. Herr Y hätte dann behauptet, Frau X sei ihm in die Arme gesunken, habe also Untreue began-

gen. Frau X würde darauf geantwortet haben: »Das stimmt ja gar nicht. Herr Y hat mich vergewaltigt!« Der Richter, für den Aussage gegen Aussage stand, hätte Frau X und Herrn Y nun auf ein Feld bringen lassen. Dort wäre eine Grube ausgehoben worden. Der Mann (Herr X) hätte sich bis zu den Hüften in dem Loch stehend (da er ja der Stärkere) auf Leben und Tod gegen Frau Y verteidigen müssen. Wer überlebte, war der Unschuldige.
Diese Art von Gottesurteilen abzuschaffen, ist das Verdienst von König Ludwig IX., dem Heiligen. Er regierte Frankreich von 1226 bis 1270 und gilt in der Geschichte als hervorragendster Herrscher der Franzosen im Mittelalter. Ein Mann, zutiefst dem Glauben verbunden, aber kein Frömmler, der sich für die Armen einsetzte und ein erstes Recht schuf, dem er sich sogar in Einzelfällen selbst beugte.
Und wenn heute, im 20. Jahrhundert, in der »Chaîne des Rôtisseurs« ein »bailli« einer »baillage« vorsteht (in der Bundesrepublik gibt es acht regionale Baillagen – ähnlich einem Landesverband –, die von je einem bailli geführt werden), so haben auch diese Begriffe ihren Ursprung im 13. Jahrhundert:
»Der Sicherung und Wahrung des Rechts dienten die baillis in den einzelnen Amtsbezirken. Sie mußten Recht sprechen und sollten – ein ausdrücklicher Befehl des Königs, dem sie unterstellt waren – Arme davor schützen, mit neuen Abgaben (Steuern) belastet zu werden.« Im Jahre der »Chaîne«-Gründung war Ludwig der Heilige auf Kreuzzug (gegen Ägypten), als er 1247 zurückkehrte, baute er die Rechtswahrung noch weiter aus: Um Ungerechtigkeiten der baillis auszuschalten, schuf er sogenannte »enquêteurs« (Obergerichte).
Zur Zeit also, als die »Chaîne« geboren wurde, sorgte König Ludwig der Heilige für den allerersten Beginn eines modernen französischen Rechtsstaats. Daß dieser in Sachen »Chaîne des Rôtisseurs« damals jedoch je in Erscheinung treten mußte, daß irgendein Fall vor Gericht kam, ist unwahrscheinlich. Wenigstens existiert aus dieser Zeit kein Dokument. Die »Gänsebräter« hatten ihre Bruderschaft und sorgten offenbar mit eigenen »baillis« dafür, daß ihr Recht gewahrt blieb.

9

Auch in der heutigen Chaîne des Rôtisseurs gibt es baillagen und baillis. Sie versteht sich als eine Ritterschaft nach historischem Vorbild. Grand Chancelier (»Groß-Kanzler«) ist der Mann, der die »Confrérie (Bruderschaft) de la Chaîne des Rôtisseurs« im Jahre 1950 in neuem Stil, aber nach altem Vorbild wieder mitgründete: *Jean Valby.* Nur er darf neue Mitglieder durch Ritterschlag inthronisieren, bei ihm, in seiner Zentrale in Paris, laufen aus aller Herren Länder die Fäden der Chaîne zusammen. Jean Valby, am 13. Januar 1913 in der Bourgogne geboren, ein meist verschmitzt lächelnder würdiger »älterer Herr« mit Knollennase und spartanisch-einfach wirkender Brille darauf, zuvorkommend und liebenswürdig, hat das gute Essen und die guten Tischmanieren in der Chaîne wieder aufleben lassen:
»Essen muß nicht kostspielig oder kunstvoll sein. Es muß gut gewürzt und gut zubereitet sein«, ist seine Devise, nach der er auch lebt: »Ich habe nicht einmal ein Lieblingsgericht. Ich esse wenig, aber alles, was gut ist.« Und was die Tischmanieren angeht, gelten bei Valby und in der Chaîne folgende Regeln:

(1) Zu einem Essen hat man pünktlich zu erscheinen
(2) Man hat sich gerade und aufrecht hinzusetzen
(3) Man darf während des gesamten Essens seinen Platz nicht verlassen
(4) Man darf seinen Nachbarn in keiner Weise behindern
(5) Man soll nicht über eine Sache reden, von der man nichts versteht
(6) Man hat aber seine Tischdame zwischen den Gängen charmant zu unterhalten
(7) Man darf während des gesamten Essens nicht rauchen. Auch nicht zwischen den einzelnen Gängen. Erst, wenn zum Abschluß Kaffee serviert wird.

Das alles allerdings war vor 700 Jahren, zur Zeit des Ludwigs des Heiligen in Paris, zur Zeit der Chaîne-Gründung, noch anders. Wenn auch die Gänsebräter außer ihren kommerziellen Zielen natürlich ihre Rezepte geschützt wissen wollten, verwandten sie doch nur die zu dieser Zeit feinsten und bestschmeckendsten Gewürze. Aber nur so gesehen entsprachen sie den heutigen Zielen der Chaîne.

10

Von Fliegen, Schmetterlingen und Ratten lebten die ersten Menschen dieser Erde. Die ersten Europäer ernährten sich vor der Eiszeit mit Beeren, Wurzeln, Stengeln, Würmern, Insekten und Kleintieren. Met (Honig und Wasser) kam später als neues Nahrungsmittel hinzu, dann Austern und Muscheln, schließlich das Fleisch von Murmeltieren, Biber, Fischotter, Hase, Dachs, Fuchs, Hirsch, Wildpferd, Bären und Büffeln. Man fand schließlich Salz, konnte grillen, baute Hülsenfrüchte an, erntete Karotten. Knoblauch, Senf und Kümmel waren mit die ersten Gewürze. Plötzlich war auch Hirse aus China da – Getreide (in erster Linie Hirse, Roggen und Hafer galten anfangs als Unkraut) wurde roh oder geröstet gegessen. Bald kochte man daraus Suppen, dickte diese zu Brei ein und gewann daraus eine Art Brotkuchen. Doch der Brotkuchen war bald vergessen. In der Bronzezeit vergaß irgend jemand mal einen Teig und ließ ihn Tage oder Wochen stehen. Er gärte. Das Bier war erfunden. Dann der Wein aus Beeren . . . und so weiter, und so weiter.

Frankreich zur Zeit der Chaîne-Gründung im Mittelalter hatte zusammen mit ganz Europa gerade eine Hungersnot überstanden: Vom 9. bis zum 11. Jahrhundert hatte eine Sporenkrankheit (auch Kriebelkrankheit oder Antoniusfeuer genannt) mal hier, mal dort den Roggen verseucht. In einzelnen Ländern starb die Hälfte der Bevölkerung. Und auch zur Zeit Ludwigs des Heiligen im 13. Jahrhundert gab es noch Hungernde in Frankreich. Er war der erste König, der sich ihrer annahm und ihnen kostenlose Rationen austeilen ließ.

Doch wie waren die Tischsitten?

Feste Speisen nahmen König wie Arme mit einem selbst mitgebrachten Löffel von der für alle in der Mitte des Tisches stehenden Platte. Sie legten sie vor sich auf den Teller und nahmen dann die ersten drei Finger der rechten Hand, um sie zum Munde zu führen. Mußte Fleisch geschnitten werden, so zog man sein eigenes Messer aus dem Futteral. Suppen oder Saucen wurden aus einer Schale genossen – Mann und Frau tranken meist aus einer Schale. Der Fasan oder der Pfau waren das Festessen der Reichen schlechthin. Eine Mahlzeit bestand meist aus fünf Gerichten. Dazwischen traten Jongleure, Minnesänger, Bärenführer auf. Tee, Kaffee oder Schnaps kannte man noch nicht. Salz war mit das teuerste Gewürz. Geflügel füllte man mit einem Kräutergemisch, gehackter Schweinsleber, Eigelb und Edelgewürzen.

Als Katharina von Medici die (erst im 14. Jahrhundert in Florenz) erfundene Gabel nach Frankreich mitbrachte und mit ihr bei höfischen Festgelagen das Essen zum Munde führte, versuchte der französische Hof es ihr nachzumachen. Doch fast allen kullerten die Fleischstücke herunter (Speisenreste oder Knochen warf man ja ohnehin auf den Fußboden) und so manchesmal sogar in die Halskrause der Herren. Da ließ man zunächst noch einmal Gabel Gabel sein und speiste (bis ins 17. Jahrhundert) eifrig mit den Fingern weiter.

Das 17. Jahrhundert aber brachte dann auch die große Wende in der französischen Küche. Erstmals sprach man von Kochkunst, erstmals erschienen in Frankreich Kochbücher. Die ersten Teeblätter kamen über Lissabon aus Macao, die Kartoffel, 1530 aus Südamerika importiert, blieb jedoch als unschicklich aus der französischen Küche etwa noch 200 Jahre verbannt.

11

Die »Chaîne des Rôtisseurs«, 1248 von Jacques Duvier gegründet, entwickelte sich rasch. Stand bei früheren Bruderschaften (so im alten Skandinavien) der Treueschwur, sich gegeneinander wie Brüder zu behandeln und einander in Not und Gefahr zu helfen, so war es bei den Gänsebrätern zunächst die Angst, zu viele von ihnen könnten ihnen die Preise – und natürlich auch die Qualität – verderben. Schon nach wenigen Jahren aber wurde die »Chaîne des Rôtisseurs« fast zu einer Art Meisterschule. König Ludwig der Heilige drang darauf, daß nur die besten und hervorragendsten Bratköche in die Chaîne aufgenommen werden sollten. Und dann war seine Forderung an sie, für Nachwuchs zu sorgen. Wer keine eigenen Kinder hatte, sollte fremde ausbilden.

Die Chaîne, wie auch andere Bruderschaften in Frankreich, blühte auf. Sie wurde anerkannt und akzeptiert. Unter König Ludwig XII. (1498–1515) erhielt sie im

März des Jahres 1509 durch feierliche Verleihung des Wappens (zwei gekreuzte Bratspieße, umgeben von vier Spicknadeln) die königliche Konsekration. Unter der, in römischen Zahlen geschriebenen, Nummer LXIX wurde sie in das »livre des méticrs«, in die Handwerksrolle, eingetragen. Die »Rôtisseurs« erhielten als einzige das Recht, die Artikel, die sie an diesem Tag dem Minister Etienne Boileau präsentiert hatten, einzukaufen und zuzubereiten: »Geflügel sowie Wildtiere mit Haar- und Federkleid, Lämmer und Zicklein.« Sitz der Rôtisseurs wurde ein Haus am Quai des Augustins in Paris, ihre Schutzpatronin die Heilige Jungfrau Mariä Himmelfahrt (la Seinte Vierge en son Assomption). Jedes Mitglied durfte zwei Lehrlinge ausbilden.

30 Jahre lief alles zum Besten. Dann aber wurden die Minister neidisch auf den Apparat, das Ständewesen, das sich unter ihnen in einer gewissen Selbstherrlichkeit aufzubauen begann. Immer mehr versuchte der Hof nun Einfluß zu gewinnen, und mit König Heinrich III. (1574–1589) kam verordneter Druck von oben: Er ließ per Erlaß erklären, daß das Recht auf Arbeit fortan nur noch durch den König erteilt werden könne. Er schrieb vor, wie zu arbeiten sei, wie lange die Lehre dauern müsse und wer Meister werden durfte. Das bedeutete in der Praxis nichts anderes als: Wer der Kirche, und vor allem jetzt dem König, am meisten Steuern bezahlt, wird Meister. Da die Steuern immer höher wurden und sie nur noch wenige bezahlen konnten, bildete sich ein Handwerksmonopol der Reichen heraus. Sie hielten zusammen wie Kletten und vereinbarten in ihren Richtlinien, die sie sich selbst gaben, beispielsweise, daß jeder jeden viermal im Jahr zu besuchen habe.

Diese neue Form der Chaîne wurde verständlicherweise bald zum Ärgernis: Denn schließlich konnte jeder, der genügend Geld hatte, sich Meistertitel und Meisterbrief erkaufen. Auf die Spitze getrieben wurde das ganze noch während der selbstherrlichen Herrschaft des Sonnenkönigs, Ludwigs XIV. (1643–1715). Die Bruderschaften paßten ihm gerade in das Konzept, wo er doch selbst den Staat verkörpern wollte (l'état c'est moi). Nach und nach brachte er ganz systematisch sie und die Handwerksverbände unter seine Gewalt, indem er ein Heer von seinen Beamten in von ihm geschaffene Kontrollbehörden setzte und sie bis auf den letzten Blutstropfen, bis auf den letzten Pfennig Geld aussaugen ließ.

Die Chaîne war, als Ludwig XIV. am 1. September 1715 in Versailles starb, praktisch am Ende. Sie war eine Bruderschaft der Reichsten, die das Geld untereinander verteilten, die die weniger Reichen ausnahmen, die Armen vergaßen und dabei dem König durch immense Abgaben huldigten.

König Ludwig XVI. (1774–1792), ein bescheidener Mann, der auch der am Hof herrschenden Sittenlosigkeit ein Ende bereitete, proklamierte zwei Jahre nach seinem Amtsantritt, im Jahre 1776, die absolute Freiheit der Arbeit. Ein Hoffnungsschimmer tat sich am Horizont auf. Doch die Freude des einfachen Volkes währte nicht lange. Zu mächtig waren die »Korporationen« in den Jahrzehnten zuvor geworden, zu einflußreich. Ludwig XVI. mußte seinen Erlaß schon wenige Monate später widerrufen.

Drei Jahre nach Beginn der Französischen Revolution, im Jahre 1792, erklärte Maximilian Robespierre für alle das Recht auf Arbeit. Zünfte und Bruderschaften waren damit ausgeschaltet, bedeutungslos geworden. Versuche, sie später aufleben zu lassen, wurden belächelt. Niemand nahm sie – mit ihren Zielen von damals – ernst. Es mußte erst das Jahr 1950 kommen . . .

12

Bundeswirtschaftsminister Ludwig Erhard fordert eine freie Marktwirtschaft für Westdeutschland. – Im Europarat in Straßburg wird über die Schaffung einer »europäischen Armee« diskutiert. – In Korea tobt der Krieg weiter. – In Westdeutschland leben 988 000 Witwen und 1,3 Millionen Waisen. – In Westdeutschland und Frankreich wird die Lebensmittelrationierung aufgehoben, die Lebensmittelkarten werden abgeschafft.

Schlagzeilen des Jahres 1950. Mitten im Herzen von Paris, im »Café Napolitaine« am Boulevard des Capucines, dicht am Place d'Opéra, treffen sich in diesem Jahr an jedem Sonntagmorgen
Dr. Auguste Bécart
Marcel Dorin
Louis Giraudon
Maurice-Edmond Sailland, genannt: Curnonsky, und
Jean Valby
zum Frühschoppen. Bis auf Dr. Auguste Bécart, der Arzt ist, sind es Journalisten, die hier bei einem (oder mehreren) Glas Wein die neuesten Meldungen diskutieren oder in alten Erinnerungen schwelgen.

Am Sonntag, dem 3. Februar 1950, hat Jean Valby eine besonders gute Hammelkeule ergattern können. Er lädt Bécart und Sailland (»Curnonsky«) zu sich nach Hause ein. Und plötzlich schwärmt Maurice-Edmond Sailland von der Geschichte der alten Zünfte, vom guten Essen und besonders von der gegrillten Hammelkeule. Das Stichwort fällt: »Chaîne des Rotisseurs«. Der Journalist, der unter dem Pseudonym »Curnonsky« (cur non heißt aus dem Lateinischen übersetzt: Warum nicht) seine Berichte für viele französische Zeitungen schreibt, hat sie in diesem Moment wieder aufleben lassen, ins Gedächtnis der fünf Feinschmecker, die hier an den folgenden Sonntagen am Place d'Opéra mitten im Herzen von Paris wieder ihren Gedanken nachhängen werden, zurückgerufen.

Die fünf treffen sich fortan öfter. Sie entwickeln Ideen und verwerfen sie im gleichen Augenblick wieder. Sie tüfteln und planen: Wie können wir der »Chaîne des Rôtisseurs« neues Leben einhauchen, sie zur Weltgeltung bringen? Stunden und Tage vergehen mit Diskussionen, nach Wochen tun die fünf den ersten Schritt: Ostern 1950, am Sonntag um 12 Uhr, bestellen die fünf in ihrem »Café Napolitaine« je eine »Spießkeule« und zelebrieren ein Festessen.

Curnonsky, der wegen seiner vielen Artikel über die Gastronomie inzwischen zum »Fürst der Gastronomie« erkorene Journalist und Feinschmecker, Dr. Auguste Bécart, Louis Giraudon, Marcel Dorin und Jean Valby schwören einander in einer geradezu feierlichen Prozession
»den Geist der alten Zunft bei den Berufsköchen wiederherzustellen, zugleich aber nicht-berufsmäßige Köche und Hausfrauen in diese Verbindung mit aufzunehmen«.

Sie legen den Schwur fest, den auch heute noch jedes neue Mitglied leisten muß:
»Ich schwöre, niemals Braten und Grilladen unter Wert zu behandeln, sondern sie allezeit zu pflegen. Ich schwöre, allezeit meiner Verpflichtung zur Brüderlichkeit und zum Respekt gegenüber allen Mitgliedern der Chaîne des Rôtisseurs nachzukommen.«

Im August desselben Jahres ist alles perfekt: Die Bruderschaft wird nun offiziell gegründet. Die Satzung ist ausgearbeitet. Die fünf gehen am Sonnabend, dem 3. August, zur Polizeipräfektur in Paris und hinterlegen sie. Das Gründungsprotokoll wird am Donnerstag, dem 29. August 1950, auf Seite 9316 des Gesetzblattes der Französischen Republik (Journal Officiel) veröffentlicht.

Schon einen Monat später, im September 1950, findet in Paris das erste »dîner amical« (Freundschafts-Essen) statt: 20 Tischgenossen sind dabei.

Im Oktober, also wiederum einen Monat später, zählt die »Chaîne des Rôtisseurs« bereits 50 Mitglieder beim »Dîner amical«, und im Januar 1951 (es war Sonnabend, der 25.) versammeln sich in Paris 120 Feinschmecker zu einem ersten »Chapitre«, einem großen Essen.

Bei diesen Zusammenkünften wurde das Beste und Feinste serviert. Und es wurden Regeln aufgestellt, an die man sich zu halten hat. Welche das sind, und warum man ihnen nicht zuwiderhandeln darf, das hat Jean Valby, der einzige noch lebende Gründer der »Chaîne des Rôtisseurs«, Ehrenpräsident der Vereinigung französischer Journalisten im Gastronomie- und Touristikbereich, Grand Chancelier (Groß-Kanzler) der »Chaîne des Rôtisseurs« und Träger weiterer hoher Auszeichnungen in seinem Buch »Gastronomie« beschrieben:

Seinen Hunger zu befriedigen, war schon immer oberstes Ziel aller Lebewesen. Und mit der Zeit wurde aus der reinen Befriedigung des Magens, aus dem Vorgang des Essens eine intellektuelle Feierlichkeit. Das war eigentlich das Wichtigste, was uns die Zivilisation beschert hat.

Als man daran ging, vor dem Feuer zu kochen, hat man sich von den Tieren abge-

ANNO 1810
DUJARDIN
MARKE
FINE
HOCHFEINER 8 JAHRE ALTER
WEINBRAND
Im Dujardin Fine vereinen sich die Traditionen zweier
Familien. Der Familie Dujardin, vormals Winzer auf
und der Familie Melcher, Destillateure zu Uerdingen am
gemeinsamen Erfahrungen garantieren eine
baren Weine und deren fein abgestimmte Destillation.
Reife erhält Dujardin Fine durch die achtjährige
Fässern aus Limousin- und Gascogne-Eiche. So ist
sehr alte Weinbrand die Krönung
Weinkultur und deutscher
Dujardin & Co.
vorm. Gebr.
seit 1810 zu Uerdingen am
Kostbarkeiten wie Dujardin Fine werden Sie stets suchen müssen. Wir helfen Ihnen gerne mit einem Bezugs-Nachweis. Schreiben Sie uns.
Weinbrennerei
Dujardin & Co.
vormals
Gebr. Melcher
Uerdingen
am Rhein.
HOCHFEINER 8 JAHRE ALT WEINBRAND
ANNO 1810
DUJARDIN
MARKE
FINE
HOCHFEINER ALTER WEINBRAND
Dujardin & Co.

setzt, das Wesen Mensch rückte ab vom primitiven Tier und wollte nicht mehr primitiv sein. Nach und nach hat sich, je weiter die Zivilisation fortschritt, die primitive Küche perfektioniert. Im Lauf der Jahrhunderte entwickelte sich daraus die Gastronomie.
Was ist das, Gastronomie?
Die Gastronomie ist eine Kunst, die man genauer darstellen sollte. Für manche Leute, die nicht Bescheid wissen, bedeutet das Wort Gastronomie: viel essen bei großem Hunger. Und natürlich viel trinken. Das aber ist ein großer Irrtum.
Wer heute in eine Gaststätte des 20. Jh.s geht, der geht nicht dahin, um wegen seines Hungers zu essen, und er geht nicht dahin, wegen seines Durstes zu trinken. Er geht dahin, um seinen Wunsch nach bestem Essen sehr gut zu befriedigen, die Gerichte stilvoll serviert zu bekommen und Getränke zu sich zu nehmen, die von erster Qualität sind. Im 20. Jahrhundert geht man in ein Restaurant nicht des Magens wegen, sondern des Gaumens.
Daraus folgt: Der Mensch im 20. Jahrhundert ist ein Feinschmecker.
Dabei ist es nicht unbedingt notwendig, das absolut Ausgefallene, Besondere und Teure sich auszusuchen. Ein gut zubereitetes Omelett, gut gewürzt, ist niemals zu vergleichen mit einem schlecht gebackenen und nicht gewürzten Omelett. Das einfache Gericht, dieses Omelett, bedarf natürlich noch eines Weines, der zu ihm paßt. Das heißt Weinkenner zu sein.
Ein Feinschmecker zu sein, das heißt auch, ein Lebemann zu sein. Das heißt auch gesellig zu sein, das heißt auch liebenswürdig zu sein.
Feinschmecker zu sein heißt aber auch, pünktlich zu Tisch zu erscheinen. Das heißt weiterhin, sich richtig hinzusetzen und nicht seinen Platz während des Essens zu verlassen. Das heißt, nicht seinen Nachbarn beim Essen zu stören, nicht über Dinge zu sprechen, die man nicht kennt, und nicht zwischen den einzelnen Gängen und nicht vor dem am Schluß servierten Kaffee zu rauchen.
Um Feinschmecker zu sein, muß man die Harmonie suchen, d.h., man muß alles das suchen, was schön und gut ist. Feinschmecker zu sein, heißt nach den Raffinessen zu suchen. Und ein Feinschmecker ist sicherlich die bedeutendste Erfindung der Zivilisation.

13

Wer ist nun dieser Jean Valby?
Als ich ihn in seinem Pariser Büro am Square Moncey Nummer 9, nur einige hundert Meter vom Boulevard de Clichy und vom Place Pigalle entfernt, besuche, werde ich zunächst von einer Sekretärin in sein Büro, sein »Amtszimmer« geführt. Es ist ein normales Wohnhaus, in dem Valby eine Etage gemietet hat und von hier aus die Geschicke der »Chaîne des Rôtisseurs« weltweit leitet.
Denn: Auf der ganzen Welt, in 80 Ländern dieser Erde (jüngste Mitglieder: Tunesien und Brasilien), zählt die »Chaîne des Rôtisseurs« heute rund 36000 Mitglieder. 4500 Gaststätten und Hotels tragen das Zeichen der »Chaîne«. In der Bundesrepublik gibt es allein 8 Bailliagen mit 820 Mitgliedern und 180 Gaststätten und Hotels.
Jean Valby kommt nach fünf Minuten. Ich hatte also Zeit, mir sein Arbeitszimmer anzusehen, das voller Erinnerungen an die Gründungsjahre steckt. Fotos von Curnonsky, eine Büste von Curnonsky. Dokumente und Zeichnungen, Medaillen, Orden. Kaum ein freier Fleck an den weißen Wänden dieses Zimmers. Ein alter Schreibtisch, der mit Papieren und Fotos überladen ist . . .
Jean Valby, im grauen, längsgestreiften Anzug aus bestem englischem Stoff, streckt mir die Hand entgegen. »Bonjour, Monsieur Bredenberg.« – »Bonjour, Monsieur Valby.« Etwas gedrungen sieht er auf den ersten Blick aus, mit einem viel zu großen Kopf. Doch das täuscht. Dieser Mann, 1979 ist er 66 Jahre jung, am 13. Januar geboren, birgt viele Menschen in sich. Er ist der Mensch, der repräsentieren kann (und dies für die »Chaîne« in 40 Ländern dieser Erde schon getan hat), der aber auch neben einem sitzt und einem freundschaftlich auf die Schulter klopfen kann. Valby kann lachen, und er kann ernst sein. Er kann loben – aber auch tadeln. Er ist verheiratet, hat aber keine Kinder. Er sagt über sich: »Ich esse wenig, aber gut.«

Das tägliche Festessen für Ihren Kopf

Frage: »Haben Sie ein Lieblingsgericht?«
Valby: »Nein – ein Lieblingsgericht kenne ich nicht. Was gerade gut schmeckt, das ist mein Lieblingsgericht. Ebenso ist es mit den Weinen.«
Frage: »Bevorzugen Sie nicht doch vielleicht einen bestimmten Wein?«
Valby: »Vielleicht ja. Vielleicht Weine aus der Bourgogne, weil ich dort geboren bin.«
Wir gehen mittags in eine Rôtisserie am Boulevard de Clichy essen. Man kennt dort den »Grand Chancelier«, denn natürlich ist es ein Restaurant, das mit dem Zeichen der »Chaîne« ausgezeichnet ist. Valby entpuppt sich als charmanter Plauderer. Als ich einmal – so aus purer Gewohnheit – zwischen zwei Gängen nach der Zigarettenschachtel greife, faßt er geradezu liebevoll meine Hand an und drückt sie zurück: »Après«, später – mit dem Café!
»Am Wochenende fahre ich nach Südfrankreich. Zwei Tage. Ein neues Chaîne-Lokal wird eröffnet. Wollen Sie mitkommen?« Ich würde gerne, doch ich habe leider keine Zeit. Ich bewundere jedoch die Geste, mich gleich einzuladen.
Später zeigt Valby mir noch sein Büro. In riesigen Schränken und Ordnern werden die 36000 Mitglieder auf der ganzen Welt hier »verwaltet«. Neun Angestellte helfen dem »Groß-Kanzler« dabei.
Als ich zurück zum Flughafen muß, gibt Valby mir noch einen Artikel seines Freundes Christian Defaye in die Hand. »Dieser Journalist kennt mich seit Jahren. Er hat ein Porträt über mich geschrieben. Das sollten Sie lesen.« Ich glaube, daß auch Sie, werter Leser dieser Zeilen, sich über das Porträt freuen sollten:

Jean Valby in seinem Pariser Büro

Gustl Richter, Vorsitzender des Hotel- und Gaststättenverbandes, Köln.

Die König-Treuen,
das sind die Restaurant-Inhaber,
die zu erlesenen Speisen
immer ein erlesenes Bier servieren.

König-Pilsener

Das Bier, dem man treu bleibt.

14
Porträt von Jean Valby
geschrieben von Christian Defaye

Es scheint auf Anhieb nicht zu klappen. Aber warum soll es eigentlich nicht klappen? Während mein Gastgeber mir die Geschichte der Chaîne erzählt, versuche ich, etwas über ihn selbst herauszukriegen. Wie soll ich es anfangen? Er erzählt immer nur von der Geschichte der Chaîne. Kein Zweifel, es gibt Anachronismen in der Umgebung von Valby – ja, aber wo?
Im Dekor? Ein Büro mit sehr vielen Zimmern in einer ruhigen Straße von Paris, viele Zimmer, weil es ursprünglich eine Wohnung war. Seit Jahren haben sich hier viele Unterlagen, Bücher, Zeitschriften, Briefe und Trophäen angesammelt. Es gibt kaum einen freien Platz hier in den Zimmern. Es erscheint mir wie ein verrücktes Studio, dieses Büro von Jean Valby. Es herrscht hier eine organisierte Unordnung, die so einige Millionen Frauen in den letzten Jahrhunderten und in allen Ländern zum Aufschrei gebracht haben könnte. Ich könnte mir vorstellen, daß Valby es verboten hat, hier mit Staubwedeln oder Staubtüchern herumzufuchteln. Dennoch ist es gemütlich und komfortabel. Ein bißchen so wie bei den Notaren in der Provinz. Wenn man reinkommt in dieses große Büro, hat man das Gefühl, geborgen zu sein. Man offenbart. Man kann sich offenbaren, man will

sich, man muß sich offenbaren. Man erzählt sich hier sogar Diskretionen. Der Unterschied zwischen einem Büro von einem Notar in der Provinz und dem Büro des Monsieur Valby: Hier, bei Valby, möchte man lieber über Weinlese reden, denn Valby kommt aus der Bourgogne, einem Weinanbaugebiet Frankreichs. Valby ist – und das muß man beachten – ein nordischer Name. Zweifellos ist Valby ein Wikinger. Aber Valby scheint müde gewesen zu sein von dem Rauschen der Ostsee. Er hat sich jetzt in einer Weinlaube niedergelassen. Zwischen Dijon und Macon. Dort ist er groß geworden, dort liegen seine Wurzeln. »Eine Stadt nahe Kopenhagen nennt sich Valby«, lacht Valby, und damit hat sich sein Bild abgerundet.

Und so erzählt Valby seine Lebensgeschichte. Er möchte nicht gern erzählen. Man merkt es allzu deutlich. Aber wenn er erzählt, dann erzählt er mit Herz: Was er in all seinen Lebensjahren gemacht und was er erreicht hat, das erscheint ihm nicht wichtig. 1925 verließ er seine geliebte Bourgogne. Er brach mit seinem bis dahin mehr oder weniger »ländlichen Leben«. Jetzt hieß seine Devise: Paris und ich, oder ich und Paris. Sein Temperament ging jetzt und in Zukunft oft mit ihm

Überall dabei, wo man sich trifft

Wiederholt erkundigen sich Gourmets und die zahlreichen Freunde des klassischen und gefragten Aperitifs Campari, was ist das eigentlich für ein Getränk mit diesem herbwürzigen Geschmack und der rubinroten Farbe? Viele dieser und ähnlicher Fragen werden häufig beispielsweise dem Feinkosthändler oder dem Barkeeper bei einem Campari-Cocktail gestellt.

Der Ursprung des bekömmlichen Kräuterbitters Campari ist über 100 Jahre zurückzuverfolgen. Damals, im Jahre 1861 gelang Signore Gaspare Campari in den Kellerräumen seines Mailänder Cafés in der berühmten überdachten Straße, der Galleria Vittorio Emanuelle II, nach ausgedehnten Experimenten der große Wurf. Er entwickelte in dieser Zeit, das erste Mal den Campari Bitter nach einer geheimnisvollen Kräuterrezeptur. Gaspare Campari konnte von der bevorstehenden Karriere seiner „Hausmarke", die bald den Namen Campari erhielt, noch nichts ahnen.

Nach Italien an erster Stelle

Campari, der zur Gruppe der Bitterliköre zählt, wird aus zahlreichen aromatischen Kräutern gewonnen und mit verschiedenen Duftstoffen der Schalen von Citrusfrüchten gewürzt. Das detaillierte im Jahr 1861 entwickelte Rezept aus vor allem Kräutern, Alkohol, destilliertem Wasser und Duftstoffen ist stets ein Geheimnis von nur wenigen Personen geblieben und wurde bis heute von Generation zu Generation der Familie Campari unverändert weitergegeben. Für Deutschland wird Campari seit über 25 Jahren in Lizenz von der Hamburger Spirituosenfabrik Hans Prang hergestellt. Hier fand dieser klassische Kräuterbitter dank der Qualität und eines zielbewußten unternehmerischen Konzepts einen so starken Zuspruch, daß der vielseitige Aperitif bei uns jetzt vom Verbrauch her nach Italien an erster Stelle liegt.

Campari, eine ideale Longdrinkbasis

Gaspare Camparis rubinrote Schöpfung zählt aufgrund der unterschiedlichen Verwendungsmöglichkeiten zu unseren vielseitigsten Spirituosen. Campari ist deswegen eine ideale Ausgangsbasis für zahlreiche Longdrinks. In den Bars der Spitzenhotels, in den exklusiven Restaurants, bei der Party, bei Cocktailempfängen oder auch in der willkommenen Konferenzpause – wo immer Sie eine Mußestunde haben – sind heute die erlesenen Campari-Longdrinks nicht mehr wegzudenken. Aus der Fülle der vielen Campari-Cocktails nachstehend einige der bekanntesten Rezepte für Ihre Hausbar:

Campari Orange
„Edgar Spezial"
1/3 Campari (4 cl) - 2/3 Orangensaft
kalt servieren

Campari Soda
1/3 Campari (4 cl) - mit 2/3 Soda auffüllen
kalt servieren

Margret Rose
1/5 Campari mit 4/5 Sekt auffüllen
kalt servieren

Negroni
1/3 Campari - 1/3 Gin - 1/3 roter Wermut - etwas Eis
mit einer Orangenscheibe garnieren

Bundesliga-Cocktail
1/4 Campari (4 cl) - 1/4 Orangensaft - 2/4 Sekt
kalt servieren

CAMPARI

1/3 **CAMPARI**
2/3 Orangensaft
oder Soda

Immer erfrischend und bekömmlich

durch, wollte durchgehen. Aber seine traditionelle Erziehung brachte ihn diplomatisch auf den richtigen und natürlichen Weg zurück. Er ist dabei Mensch geblieben. Ein Talent? Sicher nicht. Er hat sich in die Disziplin genommen. Sein Talent, sein eigentliches und einziges Talent, nützt er für den Journalismus. Er zählt zu den großen Journalisten seiner Zeit. Er leitete eine große Illustrierte, die sich mit der Gastronomie befaßte. In seiner Jugend, und als er den Entschluß faßte, Journalist zu werden, wußte er noch nicht, daß er eines Tages noch mehr mit der Gastronomie, speziell mit den Feinschmeckern zu tun haben würde. Aber auch schon vorher wußte er, wie und wo man gut ißt. Lediglich der Krieg veränderte alles: die Mentalität der Menschen und den Geschmack, auch den Valbys. Für eine gewisse Zeit aber nur. Und so, gleich im Jahre 1949, stürzte er sich in die Arbeit. In eine neue Arbeit. Er, der Feinschmecker, der wieder zum Feinschmeckertum zurückgefunden hatte, wollte für die übrigen Feinschmecker etwas tun. Er tat sich mit anderen Feinschmeckern zusammen, u.a. dem gewählten Prinzen der Feinschmecker, Curnonsky. Mit den Jahren wuchs sein Adreßbuch stets und ständig. Immer neue Namen kamen hinzu.

Er hat die Chaîne in aller Welt aufgebaut. Sein Ziel war es dabei, nicht etwa die französische Küche in alle Welt zu verkaufen, nein! Er wollte, daß jedes Land seine eigene Küche behält und sie verfeinert, sie für Feinschmecker aufmöbelt. Valby hat auf diesem Weg Erfolg gehabt, und er hat Prestige gewonnen. Im Ausland wurde er der Botschafter der Feinschmecker. Botschafter werden aber oft hoch dekoriert. Valby wollte keine Orden. Für ihn reichte es, wenn die Chaîne mit Orden, sprich mit Lob, bedacht wurde. Die Chaîne ist sein Leben – nicht mehr und nicht weniger. Sie hat ihn in zwei Anzüge gezwängt: in den Arbeitsanzug hier in seinem Pariser Büro und in den Smoking, wenn er auf den großen Festessen der Feinschmecker die Chaîne repräsentiert. Valby weiß, daß, wenn er noch einmal zur Welt kommen würde, er wieder sich der Sache der Feinschmecker annehmen würde, annehmen müßte. Er hat keine Kinder. Viel verdienen will er nicht, denn er weiß genau, dann muß ich viele Steuern bezahlen. Steuer bezahlen, das mag er nicht. Lieber als Geld zu verdienen, kommt er abends um 6 Uhr nach Hause, greift in seinen Bücherschrank und holt sich Balzac und Racine heraus. Dabei legt er eine Schallplatte auf. Vivaldi oder Bach. Er ist ein ruhiger Mann, er liebt die Ruhe. Aber er liebt auch das Reisen. Zwei verschiedene Dinge? Nicht bei Valby. Er kann beides. Ruhe und Reisen.

Ich muß an dieser Stelle einmal abschweifen und sagen, was Valby mir über die Küche gesagt hat: die Küche ist für ihn unwichtig. Ich meine damit die Ausstattung, wie eine Küche eingerichtet ist. Für Valby ist es nur wichtig, ob in einer Küche, egal wie sie aussieht, ein gutes oder ein schlechtes Essen gekocht wird. Für Valby ist es auch uninteressant, ob nach einem alten oder nach einem neuen Rezept gekocht wird. Nur gut muß es sein.

Valby kritisiert die Jugend, die er so um die zwanzig Jahre Lebensalter einordnet: Sie essen nur, sie achten nicht darauf, ob es schmeckt. Er wird sich vielleicht in nächster Zeit um diese Jugend kümmern wollen. Und was nach ihm kommt? Valby sagt: »Die Frage interessiert mich nicht so sehr. Die Friedhöfe sind voll von Leuten, die unersetzbar sind. Ich könnte mir denken, daß ich unersetzbar bin. Aber wer denkt das nicht von sich? Ich habe mich damit abgefunden.«

Autoritär und spartanisch ist er. Auch zu sich selbst. Wenn er manchmal bei großen Festen zu viel gegessen hat, dann gibt es für ihn in den nächsten Tagen oft nur eine Scheibe gekochten Schinken und Salat dazu. So autoritär ist er sich selbst gegenüber.

Ich habe endlich den Anachronismus im Leben von Jean Valby gefunden: Er, Valby, der so viele Freunde auf der ganzen Welt hat, paßt nicht in dieses etwas angegraute Büro in der Pariser Innenstadt hinein. Denn, so meine ich, Valby ist ein Präsident, wenn auch nicht von der französischen Nationalversammlung, so doch von Hunderttausenden von Mitgliedern auf der ganzen Welt.

15

Wer aber über die Gründung der »Chaîne des Rôtisseurs« mehr wissen will, der muß eben den Mann kennenlernen, der 1950 die Idee hatte und sie zusammen mit den vier Mitstreitern durchsetzte: Curnonsky. Er starb 1966 – und nur Jean Valby kann ihn porträtieren, war er doch über Jahrzehnte sein bester Freund:

Curnonsky
Von Jean Valby

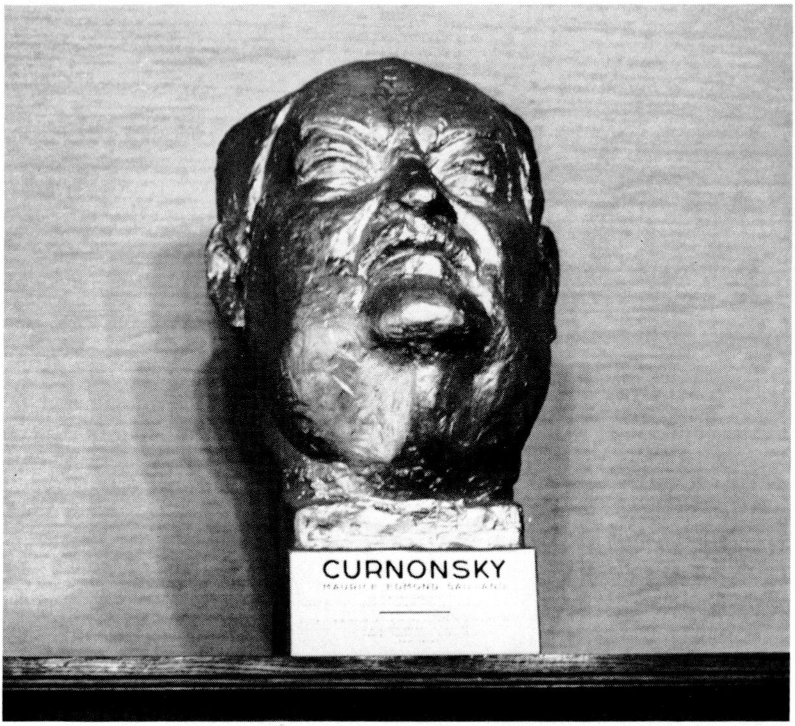

Er war ein einfacher Mensch. Er war ein Nachtmensch. Meist kam er morgens zwischen fünf und sieben Uhr nach Hause. Sein Frühstück bestand aus einem gekochten Ei. Den Tag hat er wohl nie gesehen. Wann er das Ei aß, weiß ich nicht. Aber es muß irgendwann gewesen sein, zwischen der Zeit morgens, bevor der Tag anbrach, und der Zeit abends, als die Nacht anbrach.

Curnonsky wurde geboren in Anwer. Am Ende des letzten Jahrhunderts kam er nach Paris, nachdem er sein Studium beendet hatte. Hier wurde er Journalist. Wie ich. 1925 lernte ich Curnonsky kennen. Da allerdings war er noch nicht Prinz der Feinschmecker, der Gastronomie. Wir haben uns natürlich beim Essen kennengelernt. Zu uns gesellten sich bald weitere Feinschmecker, und wir diskutierten stundenlang über alle möglichen Probleme. Und wir alle merkten, welche Bedeutung eine gute Küche, eine gute Mahlzeit für uns alle hat. 1927 wurde Curnonsky von der Zeitung Le Soir zum Prinzen der Feinschmecker gewählt. Er wurde damit Nachfolger des Belgiers Maurice des Ombiaux. Dennoch, und das war eben damals eine andere Zeit, dauerte es zwölf Jahre, bis wir uns schließlich duzten. Curnonsky kam zu mir und erzählte mir von einem Hummeressen, das er in einem Hotel genossen hatte. Curnonsky sagte aber gleichzeitig: Dieses Hotel liegt 350 km von Paris entfernt – eine lange Autofahrt. Wir fuhren dorthin, 350 km weit, nur wegen des guten Hummers. Auf dieser Fahrt beschlossen wir, Duzfreunde zu werden. Übrigens, und das muß ich hier anmerken: Curnonsky wog schon damals 115 Kilo. Stramme 230 Pfund. Das ist eine Leistung.

Wenn wir Auto fuhren – in meinem Citroën C4G – gab es immer Gleichgewichtsschwierigkeiten. Ich mußte Curnonsky dirigieren, damit er sich mal etwas weiter in die Mitte, mal etwas weiter rechts oder links im Wagen setzte. Sonst wären wir nicht vorangekommen. Zu dem Hotel, in dem wir den Hummer aßen, muß ich noch sagen: Es war gar nicht so sehr luxuriös. Es war einfach nur sauber und wirkte sympathisch. Das Restaurant des Hotels leitete eine Frau und ihre Tochter. Beide, so habe ich als erstes gedacht, sind gleichaltrig. So hübsch waren sie, so adrett. Aber wir waren nicht hingekommen, um die beiden Damen zu betrachten. Wir wollten unseren Hummer haben. Zum Hummer bestellten wir uns eine Flasche »Muscadet«. Curnonsky zeigte mir die Speisenkarte, auf der in großen Buchstaben stand: Unsere Spezialität: Hummer.

Curnonsky mußte als erstes zunächst einmal witzeln, als er den Hummer bestellte: »Schauen Sie mich an, ich wiege 115 Kilo. Was muß ich da wohl bezahlen, um satt zu werden?« Um Curnonsky zu beschreiben, bräuchte ich eigentlich Platz in drei oder vier Buchbänden: Obwohl Curnonsky vor ein paar Jahren arm starb, war sein Leben dermaßen reich gewesen, reich an Erlebnissen und Taten. Ostern 1950 hat Curnonsky den Schwur auf die Chaîne des Rôtisseurs geleistet. Seitdem war er der »Grand Maître d'Honneur Fondateure de la Chaîne des Rôtisseurs«.
Ehrenmitgliedschaften in der »Chaîne des Rôtisseurs« (Bailli d'Honneur) sind heute verliehen an den Herzog von Bedford, Prinz Bernhard der Niederlande, Prinz Bertil von Schweden, Prinz Charles von Luxemburg, Prinz Constantin von Liechtenstein, Prinz Henrik von Dänemark, Prinz Paul von Metternich, Prinz Louis de Polignac und viele andere Prominente auf dieser Welt.
Insgesamt 36000 Mitglieder in 80 Ländern! Wie ist diese weltweite Bruderschaft heute organisiert?
Die Chaîne des Rôtisseurs ist eine französische Vereinigung, umfaßt aber auch Tochterverbindungen außerhalb Frankreichs, die Bailliagen genannt werden. Diese Bailliagen arbeiten unter der Direktion des in Paris ansässigen Weltrates.
Die Chaîne des Rôtisseurs besteht aus nicht-berufsmäßigen Mitgliedern (Amateuren) und aus berufsmäßigen Mitgliedern.
Allein der Conseil d'Administration trägt die Verantwortung für die Gesamtleitung (entsprechend dem Vereinsgesetz vom 1. Juli 1901).
Ein Conseil Magistral, bestehend aus den Delegierten der einzelnen Bailliagen, bereitet die Arbeit des Conseil d'Administration vor.
Mit Zustimmung des Conseil d'Administration kann in jedem Land eine Nationale Bailliage gebildet werden, auch die Bildung Regionaler Bailliagen in diesen Ländern ist möglich.
Jede Nationale Bailliage steht unter der Leitung eines Bailli Délégué. Ihm zur Seite steht der Nationale Verwaltungsrat, der sich aus dem Chancelier (Verwaltung), dem Argentier (Finanzen), dem Conseiller Gastronomique (nicht-professionell), dem Conseiller Culinaire (professionell), dem Chargé de Missions (zuständig für auswärtige Beziehungen) und dem Chargé de Presse zusammensetzt.
Die Regionalen Bailliagen werden unter der verantwortlichen Leitung des nationalen Bailli Délégué gegründet, der sich die weitere Kontrolle vorbehält. Sie werden von einem Regionalen Bailli geleitet.
Dieser Bailli wird durch ein Regionales Büro unterstützt, das in seiner Zusammensetzung dem Nationalen Vorstand entspricht.

16
Nominationen – Inthronisationen

Um als Mitglied der Chaîne des Rôtisseurs aufgenommen zu werden, muß jeder Kandidat einen Aufnahmeantrag stellen, der von zwei Paten eingebracht werden muß, die selbst Mitglied der Chaîne des Rôtisseurs sein müssen. Außerdem muß der Kandidat dem Antrag einen Scheck über die Aufnahmegebühr, den Jahresbeitrag des laufenden Jahres und die Kosten für die Anfertigung der Insignien und des Diploms beifügen.
Dieser Antrag wird durch die jeweiligen Baillis an den Siège Mondial in Paris weitergeleitet.
Die Aufnahme wird dem Betreffenden durch den Grand Chancelier mitgeteilt.
Jeder, der als Mitglied in die Chaîne des Rôtisseurs aufgenommen wurde, empfängt die Insignien seines Grades im Rahmen eines Chapitres, nachdem er ein Gelöbnis abgelegt hat.

Grade und Insignien

Conseil d'Honneur, Conseil d'Administration, Conseil Magistral: Goldmedaille und Goldkette auf rotem Moire-Band mit Goldbordüre.
Baillis d'Honneur, Baillis Délégués: Goldmedaille und Goldkette auf grünem Moire-Band mit Goldbordüre.

Conseils des Bailliages Nationaux: Goldmedaille und Goldkette auf blauem Moire-Band mit Goldbordüre.
Regionale Baillis: Goldmedaille und Goldkette auf grünem Moire-Band mit Wappenzeichen des Landes auf der linken Seite des Bandes.
Conseils der Regionalen Bailliagen: Goldmedaille und Goldkette auf blauem Moire-Band.
Chevaliers d'Honneur, Maîtres d'Honneur: Goldmedaille und Goldkette auf braunem Moire-Band.
Pairs: Goldmedaille und Goldkette auf violettem Moire-Band mit orangefarbener Bordüre.
Officiers: Goldmedaille und Goldkette auf violettem Band mit roter Bordüre.
Chevaliers, Dames de la Chaîne: Silbermedaille und Silberkette auf violettem Band mit hellblauer Bordüre.
Ecuyers Tranchants: Silbermedaille und Silberkette auf violettem Band.
Officiers Maîtres Rôtisseurs, Officiers Maîtres Grillardins: Goldmedaille und Goldkette auf violettem Band mit den Insignien der Tätigkeit.
Officiers Maîtres de Table Restaurateurs: Goldmedaille und Goldkette auf orangegestreiftem violettem Band mit roter Bordüre.
Maîtres Rôtisseurs, Maîtres Grillardins: Silbermedaille und Silberkette auf orangefarbenem Band mit roter Bordüre mit den Insignien des Brat- oder Grillkochs.
Maîtres de Table ou Restaurateurs: Silbermedaille und Silberkette auf orangegestreiftem violettem Band mit hellblauer Bordüre.
Chefs Rôtisseurs: Silbermedaille und Silberkette auf orangefarbenem Band mit dem Abzeichen des Bratkochs.
Chefs Grillardins: Silbermedaille und Silberkette auf orangefarbenem Band mit dem Abzeichen des Grillkochs.
Chefs de Table: Silbermedaille und Silberkette auf orange-gestreiftem violettem Band.
Rôtisseurs oder Grillardins: Silbermedaille und Silberkette.

Herbstausgabe · 3. Quartal 1978
style
EUROPÄISCHES MAGAZIN FÜR
MODE, KULTUR UND GESELLSCHAFT
Mode: Herbst-
Tendenzen 78
Beautiful body
Die Kunst des Badens
Wohnen mit Style
Sfrs. 6.50
DM 6.–
Ös 60.–
hfl 8.–
US $ 3.–
FF 15.–

Van Cleef & Arpels präsentieren: "la collection"

Uhren von einprägsamer Eleganz, entworfen von Pierre Arpels nach jenem berühmten Modell, das er im Juli 1949 geschaffen hat. Signiert, wie die kostbarsten Juwelen der Welt, mit dem verpflichtenden Namen: Van Cleef & Arpels.

"la collection"

Van Cleef & Arpels
Paris

New York, London, Monte-Carlo, Cannes, Deauville, Palm Beach, Beverly Hills, Osaka, Tokyo, São Paulo, Zürich, Genf.

"la collection" exclusiv bei den 36 ersten Juwelieren in Deutschland.
Generalvertretung: Max Mensen Sierichstrasse 153
D-2000 Hamburg 60

Nationalitäten

Jedes Mitglied trägt oberhalb seiner Medaille eine kleine Kokarde mit den Farben seines Landes.

Insignien und Diplome

Im Rahmen ihrer feierlichen Inthronisation bei einem Chapitre empfangen die neuen Mitglieder die Insignien ihres Grades sowie ein Diplom der Chaîne des Rôtisseurs.
Bei einer Beförderung werden ihnen die neuen Insignien und ein neues Diplom ausgehändigt.

Austritt – Streichung

Die Mitgliedschaft endet durch Austrittserklärung oder durch Streichung.

Beiträge

Die Mitglieder der Chaîne des Rôtisseurs sind verpflichtet, jedes Jahr einen Mitgliedsbeitrag zu Händen des jeweiligen Nationalen Argentier einzuzahlen.

Chapitres und Dîners Amicaux

Bei jedem Chapitre sind gemeinsame Mahlzeiten vorgesehen. Darüber hinaus finden innerhalb einer jeden Bailliage regelmäßig Dîners Amicaux bei den Maîtres statt. Hiervon werden die Mitglieder unterrichtet. Eine vorherige Anmeldung hierzu ist zwingend vorgeschrieben.

Wettbewerb der besten Commis Rotisseur

Jedes Jahr findet in jeder Nationalen Bailliage ein Wettbewerb der besten Commis Rôtisseurs statt. Der Gewinner dieses Wettbewerbs wird zur Teilnahme am Internationalen Wettbewerb zugelassen.

Sprache

Die französische Sprache ist die offizielle Sprache der Chaîne des Rôtisseurs.
(Auszug aus der Satzung der Chaîne des Rôtisseurs.)

Auf einem Merkblatt, das von der deutschen Bruderschaft (Chancelier ist Guido Berhard in Aschaffenburg) herausgegeben wurde, heißt es zusätzlich:
Die Confrérie de la Chaîne des Rôtisseurs, im folgenden abgekürzt Chaîne genannt, hat das Ziel, in der ganzen Welt die Gastronomen und Professionellen zusammenzuführen, sofern diese sich das gute Essen im allgemeinen und das Braten am Spieß oder auf dem Rost im besonderen angelegen sein lassen. (Hier ist erläuternd einzufügen: Durch spätere Beschlüsse wurde auch die Ernennung von Damen und Herren, die nicht hauptberuflich in der Gastronomie oder als Hotelier tätig sind, ermöglicht, vorausgesetzt, daß sich auch dieser Personenkreis für die Zwecke und Ziele der Chaîne einsetzt und den Eid vor Erhalt des Ritterschlages bei einem Chapitre leistet.)
Im Anschluß an seine Ernennung (es wird kein Bewerber aufgenommen, sondern zum Mitglied nach Erfüllung bestimmter Formalitäten ernannt) muß jedes Mitglied der Chaîne während eines Chapitre offiziell inthronisiert werden.
Es empfängt dann auch die Insignien seines Grades, nachdem das Gelöbnis des Rôtisseurs abgelegt worden ist. (Die Insignien bestehen aus dem Band mit der Kette [Chaîne], das je nach Grad in verschiedenen Farben verliehen wird, und dem auf den Namen ausgestellten Diplom, den Tag und Ort der Inthronisation in schön aufgemachter Form bestätigend.)
Die Mitglieder der Chaîne sind es sich bei ihrer Ehre schuldig, auf allen gastronomischen Veranstaltungen der Chaîne die Insignien (Band mit Kette) anzulegen.
Die professionellen Mitglieder (Damen und Herren vom Fach) müssen jedem Mitglied, das in ihrem Hause zu Gast ist (und sich als Mitglied zu erkennen gibt), die Ehre erweisen, es mit angelegten Insignien zu begrüßen.
Da die Chaîne auch eine Ritterschaft ist, sind ihre Mitglieder zu gegenseitiger Achtung und Hilfe verpflichtet.

Wir servieren Ihnen den Feinschmecker überall in Deutschland.

Wo genau bitte?

1. Bei Ihrem Zeitschriftenhändler 4 mal im Jahr für DM 6,– pro Ausgabe.
2. In führenden Restaurants und Delikatessengeschäften.
3. Und schließlich servieren wir Ihnen den Feinschmecker selbst frei Haus, wenn Sie gleich ein Abonnement vorziehen. Dann genügt eine Postkarte an:
Jahreszeiten-Verlag GmbH, Abonnement-Abteilung Feinschmecker, Postfach, 2000 Hamburg 60.

Wissen, was schön ist.
Feinschmecker

Bockelmann & Görth

Schleswig-Holstein Hamburg

Brunsbüttel

Hotel Gardels

Westerstraße 15–19, 2220 St. Michaelisdonn, Telefon (0 48 53) 5 66
Mitglied der Chaîne seit 1977
Durchgehend geöffnet, sonnabends für geschlossene Gesellschaften reserviert

Spezialitäten: Wildgerichte . . . denn der Wirt ist Jäger und kocht selbst. Viele Frisch-Fisch-Spezialitäten, da in Küstennähe. Krabben, Aale, Seezungen und Schollen direkt vom Kutter.

1

Das Hotel Gardels im Herzen von Dithmarschen, zentral gelegen zum Wirtschaftraum Brunsbüttel, ist das bevorzugte Haus des reisenden Geschäftsmannes seit über 70 Jahren.

Es bietet seinen Gästen durch die große Erweiterung und Renovierung noch mehr Möglichkeiten als zuvor und auch der Sommergast bevorzugt in steigendem Maße die ruhige Lage unseres Hotels in St. Michaelisdonn mit seiner reizvollen Umgebung. Der Name des Hauses verbindet alte Tradition mit modernem Komfort. Das schöne Erlebnis des Reisens findet Ergänzung in einem gepflegten Hause, das Atmosphäre besitzt und dessen behagliche Zimmer im Appartement-Stil alle Annehmlichkeiten bieten.

Ein Rundblick durch unsere Räume überzeugt Sie von den vielen Möglichkeiten geselligen Beisammenseins. Lassen Sie sich daher vom Chef persönlich beraten. Er wird Ihnen gern einige individuelle maßgeschneiderte Arrangements für Sie privat oder Ihren Club zusammenstellen.

Nach der kostenlosen Benutzung des Hallenbades mit seinen Trimmeinrichtungen, Sauna und Solarium, hat man Appetit und genießt das reichhaltige Frühstücks-Büfett. Am Morgen frohgemut den Tag beginnen, dann freut man sich schon auf das Mittag- und Abendessen, wenn die Küche des Hotels national und international das herausgibt, wovon diese Karte Zeugnis gibt. Erlesene Weine und gepflegte Getränke gehören zum besonderen Erlebnis einer fröhlichen Tafelrunde. Unsere Devise: Wohnen und leben wie zu Hause, essen und trinken wie Lukullus.

A la Carte:

Fische aus Fluß und Meer

2 BRATHERINGE in sauer - selbst eingelegt - mit gem. Salat, Bratkartoffeln	9,80
Glückstädter MATJESFILET "Hausfrauenart", Speckstippe, Speckbohnen, Petersilienkartoffeln	10,50
Nordseekrabben in Rührei eingebacken "Bauernart", zerl.Butter, Kopfsalat in Sahnedressing, Röstkartoffeln	14,--
BACHFORELLE "blau" gekocht mit zerl.Butter, Meerrettich, Schwenkkartoffeln	11,50
Große Elbe-GOLDBUTT auf Speck gebraten, Kartoffelsalat und gem. Salat	12,50
RÜHREI mit frischem, hausgeräuchertem RÄUCHERAAL, Zitrone, Brot und Butter	16,50
Nordseekrabben "indonesisch" gebacken im Reisrand mit versch.Beilagen, Curryrahm, Salatbordüre, Mango-Chutney und pikante Soßen	16,50
Nordsee-ROTZUNGENFILET in Ei gebraten mit Mandeln in brauner Butter, Kartoffelsalat u.gem.Salat	16,50
Große Nordsee-SEEZUNGE "Müllerin Art" gebraten, Zitrone, schäumende Butter, gem. Salat und Kartoffelsalat	25,--

Wir, die Küchenbrigade, kochen sehr landschaftsbezogen und vernachlässigen dabei die nouvelle cuisine nicht. Unter diesem Aspekt betrachtet, wäre ein spezielles Menü etwa folgendermaßen anzubieten:

Krabben-Essenz von frischen Nordsee-Krabben
aux profiteroles

* * *

Holsteiner Katenrauchschinken mit frischem
jg. dithm. Porree

* * *

Deichlamm-Filet in der Blätterteighülle
mit Wiesenchampignons

* * *

Dithmarscher Rote Grütze
mit flüssiger Sahne

Solch eine Speisefolge wird bei uns bevorzugt den Liebhabern von Spezialitäten empfohlen.

Aus der Tageskarte:

ALLERLEI VON KRABBEN

1.	Friedrichsköger Krabben-Suppe im Tiegel	DM 3,50
2.	Cocktail von frischen Krabben "Feinschmecker Art" mit Toast und Butter	DM 7,50
3.	Rührei mit frischen Nordsee-Krabben, zerlassener Butter und Röstkartoffeln nach Bauernart	DM 11,50
4.	Doppeltes Landbrot mit frischen Nordsee-Krabben belegt, Gurke, Tomate, Zitrone	DM 11,50
5.	Krabben in Dill, Rahmsoße, im Reisrand, Gurkensalat und Schwenkkartoffeln	DM 13,50
6.	Krabben "indonesisch" gebacken in Reis mit verschiedenen pikanten Beilagen, Senffrüchten, Curryrahm und Salat	DM 14,80

... und dazu versuchen Sie bitte unseren

P R O B I E R S C H O P P E N

- ein deutscher Spitzenwein aus dem Privatweinkeller vom Chef -

o,1	DM 3,50
0,25	DM 7,00

Glücksburg

Intermar Hotel

Fördestraße, 2392 Glücksburg, Telefon (0 46 31) 9 41
Mitglied der Chaîne seit 1978
Durchgehend geöffnet

Das INTERMAR Hotel Glücksburg, ein First-Class-Hotel, liegt im Kurzentrum an der Flensburger Förde. Das moderne Hotel hat 160 Zimmer und Suiten, alle mit Bad/Dusche, WC, Loggia, Selbstwähltelefon, Radio und Fernseher. Mit dem Bäder-Lift ist das temperierte Meerwasser-Schwimmbad mit Gegenstromanlage bequem zu erreichen. Sauna, Solarium, Sportraum stehen ebenfalls zur Verfügung.

Feinschmecker werden verwöhnt im Gourmet-Restaurant „König von Dänemark", das ebenso wie die „Seglerbörse" (Grill und Bierstube), das Café „Hofgarten" und der Nachtclub „Blue King" zum Hotel gehört. Garage und Parkplätze sind vorhanden und für Tagungen, Familien- oder Betriebsfeiern bietet das INTERMAR Tagungs- und Gesellschaftsräume von 19 bis 210 qm.

Aus der Tageskarte:

MITTAGESSEN	Creme Dubarry	
Gedeck I	Karlsbader Rahmgoulasch mit gemischtem Salat und Butternudeln	DM 17,50
Gedeck II	Puterbrust "Madras" mit Currysauce gebackene Früchte und Patnareis	DM 20,--
	"Eis und Heiß"	
ABENDESSEN	Rauchfischteller	
Gedeck I	Ochsenzunge in Madeira mit Zuckererbsen und Kartoffelkroketten	DM 17,50
Gedeck II	Schweinefilet "Mexikanisch" mit Paprica, Champignons Speck und Petersilienkartoffeln	DM 20,--
	Zimtcreme	
TAGESSPEZIALITÄT	Blumenkohl "Holländisch" mit gekochtem Schinken und Käse überbacken, Salzkartoffeln	DM 11,50

Rezepte vom Küchenchef

Ole Kristiansen

Seezungenfilets „Remolena"

Zutaten (für 10 Personen): 2,5 kg frische Seezungenfilets, 500 g frische Champignons, 100 g Trüffel, 200 g rote und grüne Paprikaschoten, 1/2 Fl. Chablis, 0,5 l Sahne, 100 g Parmesankäse, 250 g Butter, 4 Eigelb, 10 Fleurons. **Zubereitung:** Die Seezungenfilets werden in eine gebutterte Sauteuse mit den in Julienne geschnittenen Champignons, Trüffeln und Paprikaschoten gegeben. Den Chablis darübergeben und unter Deckel dämpfen. Die Filets herausnehmen, Sahne hinzufügen und reduzieren lassen, mit Salz und Pfeffermühle abschmecken. Zum Schluß mit Eigelb und Butter montieren, über die Filets geben, mit Parmesankäse bestreuen und gratinieren. Als Beilage Fleurons.

Schweinefilets „Glücksburger Art"

Zutaten (für 10 Personen): 1,8 kg Schweinefilet, 300 g Petersilie, 200 g Zwiebeln, 0,7 l Sahne, 250 g Preiselbeeren, 10/2 Williamsbirnen, 200 g Butter, 100 g Danablue, 1000 g Kartoffelkroketten, 10 Grilltomaten. **Zubereitung:** Die Schweinefilets werden in Stücke von je 180 g geschnitten, mit Petersilie gestopft, in Butter gebraten, Zwiebeln und Petersilienstiele dazugeben, samt eines Schusses Wasser. Unter einem Deckel fertig schmoren lassen, die Filets herausnehmen, Sahne und 100 g Preiselbeeren hinzugeben, einkochen lassen und abschmecken. Die Williamsbirnen mit dem Rest Preiselbeeren füllen, den Danablue darauf und glacieren. Auf einer Platte mit den Grilltomaten anrichten, dazu Kartoffelkroketten.

A la Carte:

		DM
500 g	Frischer Stangenspargel mit gebratenem Kalbssteak Sauce Hollandaise neue Kartoffeln	30,50
500 g	Frischer Stangenspargel mit Filetsteak vom Grill zerlassener Butter und neuen Kartoffeln	31,–
	Frische Spargelspitzen „Grand Duc" mit pochiertem Rotzungenfilet und Crevetten in Weißweinsauce	23,–
	Frisches Spargelgemüse mit Dillkrabben Sauce Hollandaise und neuen Kartoffeln	25,–

Kaltenkirchen

Hotel Kaltenkirchener Hof

Alvesloher Straße 2, 2358 Kaltenkirchen, Telefon (0 41 91) 78 61
Mitglied der Chaîne seit 1977
Durchgehend geöffnet von 7 bis 24 Uhr
Spezialitäten: Bouillabaisse, Clubsteak „Manolito", Schweinelendchen in Morchelrahm

Unser Restaurant wird auch Sie begeistern, ob Sie nun gutbürgerlich essen wollen oder unsere Spezialitäten probieren. Unsere Bar lädt ein zu einem gemütlichen Umtrunk in gepflegter Atmosphäre. Dem Restaurant schließen sich die Club- und Konferenzräume an. Mit 40 bis 160 Sitzplätzen lassen sich diese Räume je nach Bedarf für alle Festlichkeiten einrichten, besonders empfehlenswert für Tagungen, Hochzeitsfeiern und Betriebsausflüge. Gemütliche Hotelzimmer haben Duschbad und WC, Telefon, Radio- und Fernsehanschluß. Acht moderne vollautomatische Bundeskegelbahnen stehen zur Verfügung. Unsere Spezialität: Außer-Haus-Service. Wir liefern illustrierte Platten, kalte Buffets etc. in jeder gewünschten Größe und Zusammenstellung.

Aus der Tageskarte:

Unser Küchenchef empfiehlt

Frische Leber "Berliner Art" mit Zwiebelringen und Apfelscheiben auf Sahnepüree, dazu Kopfsalat in Rahm — DM 12,50

Luftgetrocknetes Bündnerfleisch mit Honigmelone, kleinen warmen Roggenbrötchen und Butter — DM 15,75

Gespickte Hasenkeule in Wacholderrahmsauce mit Waldpilzen, gefüllter Preiselbeerbirne, Apfelrotkraut und Petersilienkartoffeln — DM 17,50

Babysteinbutt in Weißwein gedünstet mit frischgeschabtem Meerrettich, geschlagener Sahne, Butterkartoffeln, Kopfsalat in Orangendressing

oder

Babysteinbutt "Müllerin Art" in Butter gebraten mit Petersilienkartoffeln, gem. Salatteller

\- für 2 Personen - — DM 49,--

Rezepte vom Küchenchef

Fredo Wagschal

Bouillabaisse

Zutaten: 100 g Seeaal, 1 Seezunge à 400 g, 100 g Heilbutt, 100 g Haisteak, 3 Solokrebse, 6 Muscheln, 6 Hummerkrabben, 30 g Hummerfleisch, 2 frische Fenchelknollen, 3 gr. Zwiebeln, 4 Karotten, 1/2 Sellerieknolle, 5 g Safranfäden, 1 St. Lauch, 5 Knoblauchzehen, Salz, Cayenne-Pfeffer, 2 Eßlöffel Tomatenmark, 4 Nelken, Kümmel, Wachholderbeeren, Lorbeerblätter, Rosmarin, 1/4 l Weißwein, 2 cl Pernod, 2 1/2 l Brühe, Olivenöl. **Zubereitung:** Den Fenchel putzen (Abschnitte aufheben), waschen, in Scheiben schneiden und mit 2 in Scheiben geschnittenen Zwiebeln in Olivenöl anschwitzen. Anschließend auskühlen lassen. Den Fisch säubern und entgräten, die Seezunge filieren. Seeaal, Seezungenfilets, Haisteak und Heilbutt in daumengroße Stücke schneiden und mit den geputzten Hummerkrabben in die Fenchel-Zwiebelmasse 1 Tag einlegen. **Für den Fischfond:** Die Fischgräten und Abschnitte zusammen mit 3 Knoblauchzehen in Olivenöl anschwitzen. Zwiebeln, Sellerie, Karotten und Lauch in kleine Würfel (Brunoise) schneiden und dazugeben. Leicht tomatisieren, mit Weißwein ablöschen und mit Brühe auffüllen. Die Fenchelabschnitte, Nelke, Rosmarin, Kümmel, Wacholderbeeren, Lorbeerblätter hinzugeben und mit Salz, Cayenne-Pfeffer würzen, und alles zusammen 2 Stunden langsam ziehen lassen und dann passieren. Den eingelegten Fisch mit der Fenchel-Zwiebelmasse, den Muscheln, Solokrebsen in dem Fischfond garziehen. 2 cl Pernod zugeben und noch einmal mit Salz und Cayenne-Pfeffer nachschmecken. In der Suppenterrine servieren. Darauf achten, daß die Muscheln, Solokrebse und das Hummerfleisch als Garnitur obenauf liegen, mit etwas frisch gehackter Petersilie vollenden. Dazu reichen Sie warmes Knoblauchbrot.

A la Carte:

Besondere Leckereien für 2 Personen

»La Bouillabaisse du Chef« . . . . . . 22,—
Spezialität von Monsieur Rousseau,
mehrfach prämiiert

Neptun's Edelfischplatte »Küchenmeisterart« . 48,—
gegrillte Limandesfilets, Ostender Heilbutt,
Haimedaillons, Seewolf, Hummerkrabben,
fritierte Petersilie, Sc. Béarnaise,
Kräuterkartoffeln und Salatkabarett

Glacierte Ochsenlende »Gärtnerin Art« . . . 52,—
garniert mit einer reichen Auswahl
erlesener Gemüse, Sc. Mousseline
mit frischen Kräutern, Kroketten im Nestchen

Clubsteak »Manolito« . . . . 58,—
- das Steak aller Steaks -
wird am Tisch medium-rare gebraten
und mit Tequila flambiert,
Sangritacrèmesc., samt und rassig
soll sie sein, Legumbre mexikana
und Safranreis

Kiel-Rammsee

Restaurant „Drathenhof"

Inh. Werner Neubauer

Schleswig-Holsteinisches Freilichtmuseum,
Hamburger Landstraße, 2300 Kiel-Rammsee, Telefon (04 31) 6 58 89
Mitglied der Chaîne seit 1965
Geöffnet täglich, außer montags, von 9 bis 23 Uhr

Spezialitäten: „Drathen Cabaret" mit Spezialitäten aus dem Lande, Küstenfischersuppe, Gänsekeule Holst. Art, Schwarzsauer mit Klößen

Der Drathenhof stand bis 1968 hinter dem Lühnhüser Deich, nahe dem Dorf Kollmar an der Unterelbe. Der Überlieferung nach hat Johann von Drathen die Hofstelle 1794 gekauft.

Im Jahre 1968 nahm sich das Schleswig-Holsteinische Freilichtmuseum des Hofes an und überführte das mächtige, 615 qm Grundfläche deckende Haus nach Kiel-Rammsee, um es als zupassende Gaststätte zu nutzen. Nach dem Wiederaufbau im Jahre 1969 übernahm der Küchenmeister Werner Neubauer das Restaurant. Seitdem ist der Drathenhof weithin bekannt geworden.

Zur Küchentradition gehören vor allem Holsteiner Spezialitäten, darüber hinaus wird eine internationale Küche geboten.

Der Drathenhof ist für große Empfänge, Festlichkeiten, Familien- und Betriebsfeiern bis zu 350 Personen bestens gerüstet und bietet einen wirkungsvollen Rahmen.

Frischer Helgoländer Hummer
(Zubereitung nach Wunsch auf Vorbestellung)

25.50 Große Seezunge „Büsumer Art", mit Krabben belegt, gemischter Salatteller und Majonaisensalat

15.— Flintbeker Bachforelle „blau" mit zerl. Butter, Sahnemeerrettich und Petersilienkartoffeln

16.— Heilbuttsteak vom Grill, Kapitäns Art, gemischter Salatteller, Petersilienkartoffeln

12.50 Nordseescholle in Schinkenspeck gebraten, gem. Salatplatte

15.50 Tönninger Fischertopf

10.— Helgoländer Pannfisch mit Rote Beete

18.50 Seeaal in Kräutersoße, Petersilienkartoffeln, gem. Salat

23.— Scampi „Provencale", Safranreis, gem. Salat

Rezepte vom Küchenchef

Werner Neubauer

Gänsekeule „Holsteiner Art"

Zutaten: 3 Gänsekeulen à 450 g, 150 g Zucker, Salz, Gewürze, 1 Eßlöffel Stärke, 1 Kopfsalat, Gurken, Tomaten, 750 g Kartoffeln. **Zubereitung:** Die Gänsekeulen in einem Gewürz-Fond aus Essig, Zucker, Salz, Pfefferkörnern, Wacholderbeeren, Lorbeerblättern, Ingwerwurzel, Zwiebel und Petersilienwurzeln kochen. Die Keulen herausnehmen, mit Zucker bestreuen und gratinieren. Sauce: 125 g Zucker in einen Topf geben und erhitzen bis der Zucker caramellisiert ist, mit dem passierten Fond abfüllen und mit Stärkepuder binden, nachschmecken und über die Gänsekeulen geben. Als Beilage Salate und Bratkartoffeln mit Zwiebeln.

Von Binnenland und Waterkant

Holsteiner Katenschinken auf Steinofenbrot 8.50 ★ Bauernbrot mit Landrauchmettwurst 7.50
Saure Rippen mit Bratkartoffeln und gem. Salat 9.50 ★ Probsteier Bauernplatte
mit Steinofenbrot 9.50

Drathenhof Cabarett ab 2 Personen pro Person 15.—
Landeserzeugnisse und Spezialitäten aus Schleswig-Holstein

Seemannslabskaus mit Spiegelei, Gurke, Rote Beete, Rollmops 10.— ★ Matjesfilet
mit grünen Bohnen, Speckstippe, Petersilienkartoffeln 14.— ★ Schwarzsauer mit Klößen 10.50

Gänsekeule „Holsteiner Art"
in pikanter süß-saurer Sauce, Bratkartoffeln, gemischter Salat 18.50

Steak „Drathenhof" (Rumpsteak auf Holzteller mit sauren Beilagen und Feuerkartoffeln) 16.—
Schnitzel „Holsteiner Art" mit Spiegelei und verschiedenen Gemüsen umlegt und Röstkartoffeln 17.50

Drathenhof Spezialtopf 16.50

Masthuhnsteak mit Champignons in Ginrahmsauce, Petersilienkartoffeln 16.—
Deichlammsteak vom Grill mit grünen Bohnen, Kräuterbutter und pommes frites 18.50
Heider Truthahnfiletsteak mit Stangenspargel und pommes frites 17.50
Damhirschsteak in Wacholderrahmsauce mit Waldpilzen, gefüllter Birne und Apfelrotkraut 20.50
Steak „Oskar" (Stangenspargel, sauce hollandaise, Languste, Pfirsich) 19.—
Rumpsteak vom Grill mit Kräuterbutter, gemischtem Salat und pommes frites 17.50
Filetsteak mit frischen Champignons pommes frites und sauce bearnaise 23.50
Brochettes „Orientale" (Fleischspieß auf Curryreis und pikanter Sauce) 14.—
Filetspitzen „Stroganoff" 18.50 ★ Champignonrahmschnitzel 16.—
Steak „Williams" (Birne, Roquefort, sauce gado-gado und pommes frites) 19.50
Chateaubriand für 2 Personen, sauce bearnaise, Gemüseplatte und pommes frites 52.—

Das Schabbelhaus zu Lübeck, Restaurant

Mengstraße 48–50, 2400 Lübeck 1, Telefon (04 51) 7 20 11
Mitglied der Chaîne seit 1972
Täglich, außer sonntags, geöffnet von 12 bis 15 Uhr und von 18 bis 24 Uhr

Spezialitäten: Lübecker und Holsteiner Fisch, Geflügel- und Wildspezialitäten

Das alte Schabbelhaus, eine Stiftung des Lübecker Bäckermeisters Heinrich Schabbel, fiel 1942 den Bomben zum Opfer. Mitte der fünfziger Jahre erwarb die Stadt die beiden guterhaltenen Kaufmannshäuser Mengstraße 48 und 50 und setzte sie gründlich instand. Daß das Doppelhaus jedoch die Ausstattung erhielt, in der die Wohnkultur des 17. und 18. Jahrhunderts sich widerspiegeln konnte, ist der Lübecker Kaufmannschaft zu verdanken. Sie trug mit großer Sorgfalt und beachtlichen Mitteln zur stilgerechten Einrichtung des Schabbelhauses bei. Darüber hinaus kamen der Innenausstattung Leihgaben des Lübecker Museums zugute.

Im Lübecker Schabbelhaus darf man sich geborgen fühlen. Hier, inmitten all der Kostbarkeiten, werden Feiern zu wirklichen Festen, man mag sie im kleinen Kreise, in der Familie begehen oder in großer Freundesschar.

Seit jeher hat das Schabbelhaus zu Lübeck, das historische Kaufmannshaus mit dem exclusiven Restaurant, sein „hochzuverehrendes Publicum mit mannigfachen Genüssen aus excellenter Küche bestens recommandirt und den über die Grenzen unserer hochachtbaren Vaterstadt hinausgehenden guten Ruf des Hauses maintenirt".

Aus einem alten Lübecker Rezeptbuch

Lübecker Krebssuppe

Hecht gesotten
in Rosinensauce mit Kräuterkartoffeln

Junge Holsteiner Ente
frisch aus dem Ofen mit lüb'scher Füllung und Schwenkkartoffeln für 2 Personen

Rezepte vom Küchenchef

Reinhold Voss

Seezungenfilet in Haut Sautern pochiert mit Kivisauce und Butterreis

Zutaten (für 3 Personen): 3 Seezungen á 500 g brutto, 4 Stück frische Kivifrüchte, 60 g Butter, 1/2 Zwiebel, 1/2 l Schlagrahm oder 3/8 l Creme double, 1/4 l Haut Sauterne Wein, 3 Fleurons, 1/2 Zitrone, 6 Eier, Salz. **Zubereitung:** Die Seezungen abziehen und filetieren. Die 12 Filets mit Salz und Zitrone marinieren. Butter in ein geräumiges flaches Geschirr geben. Die Zwiebel in sehr feine Würfel schneiden und in der Butter glasig garen. Die zur Hälfte eingeklappten Filets nebeneinander in das Gefäß geben, mit Haut Sautern bedecken und am Herdrand garziehen lassen. Filets auf Anrichteplatte trocken warm halten. Die Kivifrüchte schälen und in Scheiben schneiden. 12 Scheiben als Dekor zurücklassen, den Rest in Würfel schneiden und in den verbliebenen Fischsud geben. Aufkochen lassen, mit Zitrone und Salz würzen. Die 6 Eigelb mit der Sahne verrühren und damit die eingekochte Sauce legieren, über die heißgestellten Filets geben, mit den Kivischeiben garnieren, Fleurons heißgemacht dranlegen. Dazu reicht man trockenen Butterreis.

Auf diese Speisen sind wir stolz, es sind

Die Spezialitäten unseres Küchenchefs

Hummercocktail auf unsere Art am Tisch für Sie zubereitet, Toast und Butter (2 Pers.) p. P.

White Satin eine Gin-Cremesuppe besonderer Art am Tisch bereitet (2 Personen)

Ostseelachs in der Silberfolie auf dem Holzkohlengrill gegart, Sc. hollandaise, gemischter Salat

Chicken Curry nach original indischem Rezept mit original indischen Zutaten (Chutneys, Pickles, Papadam, Pillao)

Ein Fischgericht nach altem Seefahrerrezept mit Kalbfleisch und Tomatenreis, wie es Klaus Störtebecker seinen Mannen gereicht haben soll

Filetsteak 200 g, vom Holzgohlengrill, Kräuterbutter, Salat mit einem Dressing nach Ihrem Wunsch

Schweinefilet vom Holzkohlengrill, Pilzsauce, Mandellbällchen Salat mit frischen Kräutern

Rehrücken über Tannenholz an Ihrem Tisch vollendet, Sc. Creme, Preiselbeeren, Apfelrotkraut, kleine Kartoffelpuffer (2 Personen)

Travemünde

Maritim Strandhotel

Strandpromenade, 2400 Lübeck-Travemünde,
Telefon (0 45 02) 40 01
Mitglied der Chaîne seit 1976
Ganzjährig geöffnet

Die großzügig angelegten Restaurationen im MARITIM-Komplex bieten jedem etwas: In der Bierstube „Pub" mit Blick auf die Travemündung Schleswig-Holsteiner Spezialitäten zum Bier vom Faß; im Ostsee-Restaurant mit Blick auf den Strand neben Travemünder auch internationale Spezialitäten; im Dachgarten-Restaurant in 135 m Höhe erwartet den Gast ein Angebot, das in seiner Schönheit in Norddeutschland einmalig ist: Der traumhafte Ausblick auf das schleswig-holsteinische Land, Mecklenburg und die Lübecker Bucht, dazu ein Speisenangebot aus der à-la-carte-Küche, wo nur à la minute gekocht wird, das seinesgleichen sucht.

Spezialitäten

Hanseaten-Topf
3 verschiedene Medaillons mit Edelpilzen garniert
Röstkartoffeln, gemischter Salat
DM 25,50

„Terijaki Steak Ginger Shoyu"
gebeiztes Entrecôte mit Ingwersauce, chinesische Haselnüsse,
Siam Patna Reis, Gurken und Rettich japanisch
DM 26,80

Riesengarnelen „Royal Danieli"
am Spieß gebraten und mit pikanter Danielibutter überglänzt, Siam-Patna-Reis
DM 26,30

Frischer Aal aus dem Hemmelsdorfer See,
in Dillrahmsauce, mit Butterkartoffeln und Gurkensalat
DM 28,–

Travemünder Fischsuppe
eine „Ostsee-Bouillabaisse" mit geröstetem Zwiebelbrot – ab 2 Personen –
pro Person DM 14,70

Rezepte vom Küchenchef

F. Elsner

Terijaki-Steak Ginger Shoyu gebeiztes Entrecote

Zutaten: Entrecote gut abgehangen marinieren, Lychees, Grilltomate, Pistazien gehackt, Sauce, Patna-Reis, Rettich und Gurken geschält, Salatsaucen. Marinade (für's Fleisch): Step I: Frischer Ingwer gerieben, Lorbeerblatt, Zucker, 7-Up, Bier, Sake, Wein, Soya-Sauce, Öl, Glutamat. Alles gut vermischen und über die Steaks gießen. Steaks darin 48 Stunden einlegen (marinieren). Step II: Sauce: Demiglace, Weißwein und Sake, Brauner Zucker, Lorbeerblatt, Soya-Sauce, Glutamat, Pfeffer schwarz, Salz, frischer Ingwer gerieben und in Streifen geschnitten (Juliennes). Alles bei mäßiger Hitze 40 Minuten kochen lassen, und dann passieren und die Ingwerjuliennes beifügen! Step III: Salatsaucen, Rotweinsauce, Soya-Sauce, Öl, Glutamat, Zucker, Salz, Pfeffer schwarz. Alles gut vermischen und über die geschnittenen Gurken und Rettiche geben. **Zubereitung:** Steaks aus der Marinade nehmen und abtropfen lassen! Öl in eine Pfanne geben und bei guter Hitze je nach Wunsch braten. Pfanne mit Sake ablöschen, Lychees beifügen und mit etwas Butterflocken glacieren. Sauce erwärmen und beiseite stellen. Steaks auf Platte dressieren, leicht mit Sauce nappieren. Lychees über die Steaks geben und mit gehackten Pistazien bestreuen. Grilltomate als Garnitur zum Steak beifügen. Rest Sauce à part anbieten, so wie Patna-Reis und den Salat reichen.

Vom Flambierwagen

- nachfolgende Gerichte bereiten wir für Sie individuell an Ihrem Tisch zu -

Les crevettes au Noilly Prat,
Riesengarnelen flambiert mit
Noilly Prat, Trüffel-Reis
DM 33,-

„Steak au poivre à la parisienne"
Pariser Pfeffersteak, überbackener Staudensellerie, pommes frites
DM 36,-

Mignons de veau „Minouche"
Kalbsfilet mit Pfifferlingen in Cognacrahm,
Florentiner Nudeln, Tomatensalat
DM 38,-

Kalte Gerichte

Steak Tatar
- am Tisch nach Ihren Wünschen zubereitet -
DM 25,-

Rosa gebratenes Roastbeef kalt,
Tatarensauce, Röstkartoffeln
DM 24,-

Schlemmer-Schnitte „Lucullus"
Toast, Tatar-Caviar
DM 37,-

Hotel Ambassador mit Ambassador-Grill

Heidenkampsweg 34, 2000 Hamburg 1, Telefon (0 40) 24 98 44
Mitglied der Chaîne seit 1977
Täglich geöffnet (ganztägig)

Spezialitäten: Mexikanische Spezialitäten (Sopa de Frijoles, Pollo „Jalisco" en Salsa Verde, Carne Asada a la Tampiquena)

Das „Ambassador" liegt direkt am Berliner Tor, 20 Minuten vom Flughafen Fuhlsbüttel entfernt. Die Autobahnen von Hannover – Bremen führen über die Elbbrücken in Richtung Geschäftsstadt Nord direkt zum Hotel Ambassador. Der Hamburger Hauptbahnhof liegt nur 5 Minuten entfernt. In hanseatischer, gemütlicher Atmosphäre logiert der Gast im Hotel Ambassador. 125 Zimmer, alle ausgestattet mit Selbstwahltelefon, Radio, Fernseher und Minibar, deuten auf den First-Class-Standard des Hauses hin. Schwimmbad und zwei Saunen, Fitness-Center mit Solarium und Masseur stehen zur Verfügung.

Die Hotelbar Taverne ist der rustikale Treffpunkt des Hotels und lädt ein zu ausgefallenen internationalen Cocktails.

Die kulinarischen Genüsse der Küche machen den Feinschmecker zum Stammgast im Ambassador-Grill.

Aus dem Netz und von der Angel

Fish and Seafood

Ewer Scholle „Finkenwerder Art"
Kartoffelsalat mit Speck
Whole fried Finkenwerder Plaice — *DM 14,50*

Bachforelle „Blau"
frisch aus unserem Bassin, Sahnemeerrettich und Petersilien Kartoffeln
River Trout "au bleu" — *DM 17,50*

Salmschnitte „Spreewälder Art"
mit frischen Kräutern, Krebsschwänzen, Gurkensalat, Schwenkkartoffeln
Salmon Spreewälder Style — *DM 20,50*

Rezepte vom Küchenchef

F. Otten

Carne Asada a la Tampiquena

Zutaten und Zubereitung: 4 Rinderfilets à 160 g werden so aufgeschnitten, daß ein länglicher schmaler Streifen entsteht. Gut gewürzt und englisch braten. Aus ca. 500 g schwarzen Bohnen, die eine Nacht eingeweicht werden, fertigt man ein schmackhaftes Bohnenmus. Aus mehreren roten und grünen Paprika kocht man ein Paprikagemüse. Avocadostreifen. Als Beilage Reis. Angerichtet wird wie folgt: Das gebratene Filet wird auf einem Teller mit Bohnenmus, dem Paprikagemüse, Reis und Avocado umlegt. Das Bohnenmus wird mit Schafskäse bestreut. Dazu reicht man eine pikante Sauce aus grünen Tomaten. Diese Tomaten werden extra aus Mexico importiert.

Unsere Spezialitäten — Our Specialities

Vom Kalb

Kalbsschnitzel „Wiener Art"
mit gemischtem Salat und Pommes Frites
Wienerschnitzel, the traditional Veal Entree — *DM 19,00*

Zürcher Geschnetzeltes
Kalbfleischstreifen und Champignons in Weißwein und Rahm, Rösti
Sliced Veal Tips "Zurich Style" — *DM 17,00*

Kalbsschnitzel à la Holstein
belegt mit Spiegelei, garniert mit Appetithappen und feinen Gemüsen, Röstkartoffeln
Veal Cutlet topped with Fried Egg — *DM 25,50*

Kalbsrückensteak „Normandie"
am Tisch flambiert mit Calvados, Paprikastreifen, Butterkartoffeln
Vealsteak „Normandie" prepared at your Table — *DM 25,00*

Vom Rind

Rostbraten „Tiroler Art"
mit Tomaten und Zwiebelringen garniert, Pinzeßbohnen und Pommes Frites
Entrecôte à la Tyrolienne — *DM 20,50*

Pariser Pfeffersteak
mit grünen Pfefferkörnern, am Tisch flambiert mit Cognac
Peppersteak "Paris Style" prepared at your Table — *DM 26,50*

Entrecôte Double
für 2 Personen, mit Salatteller Grilltomate und Pommes Frites
Sirloin Steak for 2 Persons — *DM 44,00*

Chateau-Briand „Bouquetière"
für 2 Personen, mit Gemüsen garniert, Kartoffelkrusteln und Sauce Bearnaise
Tenderloin Chateau-Briand for 2 Persons — *DM 49,00*

Atlantic-Hotel

An der Alster 72–79, 2000 Hamburg 1, Telefon (0 40) 24 80 01
Mitglied der Chaîne seit 1975
Atlantic-Grill und Atlantic-Brücke durchgehend geöffnet von 9 bis 24 Uhr

Mit einem Aufwand von etwa 2 Millionen DM wurden die 70 Jahre alten Küchen im Atlantic-Hotel in eine neue hochmoderne Küchenanlage umgestaltet. Diese Investition bildet den Abschluß der in den vergangenen acht Jahren getätigten Gesamtaufwendungen in Höhe von 12 Millionen DM, mit deren Hilfe das Atlantic-Hotel unter Wahrung seiner traditionsreichen Vorzüge in die Lage versetzt wurde, auch in Zukunft allen Ansprüchen moderner Gastlichkeit zu genügen.

Die moderne Küchentechnik erlaubt dem neuen Küchenchef Wolfgang Paulmann und seiner Brigade alle im Atlantic-Grill und der Atlantic-Brücke servierten Gerichte frisch zuzubereiten. Bei Banketten können bis zu 1000 Gäste bewirtet werden.

Im Atlantic-Grill wurde die Weinkarte auf die neuen Speisen abgestimmt. Sie führt inzwischen eine reiche Auswahl an Bordeauxweinen aus dem Hause de Luze und Burgunderweinen von Bernard Grivelet, dem Besitzer von Schloß Chambolle-Musigny. In der Atlantic-Brücke wurden Zapfhähne für drei verschiedene Biere direkt an der Bar angebracht.

A la Carte:

	DM
Getrüffeltes Kalbsmedaillon, frischer Stangenspargel, Sauce Hollandaise, neue Malta Kartoffeln	42,00
Tournedos Woronow Kartoffelkrusteln, verschiedene kalte Beilagen	32,00
Junges Hühnerbrüstchen auf Piemontaiser Art Safranspaghetti mit Trüffelstreifen	29,50
Lammkoteletts Neuseeländer Art, gefüllte Auberginen, Kenia Böhnchen, Dauphine Kartoffeln	32,00

Rezepte vom Küchenchef:

Wolfgang Paulmann

Artischockenrahmsuppe „Georgettes“

Zutaten: Frische Artischocken, 4 Stück. Frische Sahne, 0,5 kg. Butter, 0,1 kg. Gehobelte Mandeln, 0,020 kg. Zitrone, 1/4 Stück. Frisch gemahlener Pfeffer, Salz, Worchester, Tabasco. **Zubereitung:** Alle Blätter der Artischocken abschneiden, ebenso den Bart entfernen. Die Böden in Streifen schneiden und im Topf mit der Hälfte Butter und etwas Wasser etwa 10 Minuten langsam dämpfen. Einige Spritzer Zitrone, Salz und Pfeffer hinzu und zur Seite stellen. Die Blätter auch in Butter anschwitzen, etwas Salz, Pfeffer hinzu mit der Sahne, etwas Wasser auffüllen, etwa 30 Minuten leicht kochen lassen und passieren. Abschmecken und die Artischockenstreifen mit Fond dazu. Obenauf etwas geschlagene Sahne und gehobelte, geröstete Mandeln.

Schottisches Moorhuhn

Zutaten: 4 Stück Moorhühner à 0,4 kg. Pfifferlinge, 0,4 kg. Portwein, 3 dl. Saure Sahne, 0,2 kg. Große Pasteten, 4 Stück. Eisbergsalat, 1 Stück. Joghurt, 2 Becher. Flüssige Sahne, 0,1 kg. Wacholderbeeren. Zwiebeln, 0,050 kg. Durchwachsener Speck, 0,080 kg. Verschiedene Kräuter. **Zubereitung:** Die Moorhühner mit einigen gestoßenen Wacholderbeeren füllen und mit Salz würzen. Danach je 30 g Butter in jedes Huhn geben und etwa 20 Minuten bei 180 Grad C braten. Die Hühner herausnehmen. In die Pfanne einige gestoßene Wacholderbeeren, mit Portwein ablöschen, den Sauerrahm auffüllen und bis zur gewünschten Konsistenz einkochen. Die restliche Butter unterrühren und passieren. 4 Stück fertige Pasteten kaufen. Zwiebeln und Speck in kleine Würfel schneiden und im Topf anschwitzen, die Pfifferlinge hinzugeben, mit Salz und Pfeffer würzen, und etwa 10 Minuten dämpfen. Die Pfifferlinge in die warme Pastete geben, darauf das Huhn anrichten und mit der Sauce nappieren. Eisbergsalat in Streifen schneiden. Den Joghurt mit der flüssigen Sahne etwas geschmeidiger rühren. Abschmecken mit Salz und Pfeffer. Den Salat hiermit anmachen. Obenauf die Kräuter garnieren.

Aus der Tageskarte:

	DM
Salat von Büsumer Krabben, frische Gurken, Champignons und Chicorée	21,--
Klassische Hummersuppe mit Caviarsahne	16,--
Frische Jacobsmuscheln à la nage, Patna Reis	32,50
Osso bucco Milanaise, Safranrisotto	29,--
Fricassée von Poularde mit Sherry-Essig-Sauce, gedünstete Gurken, grüne Nudeln	27,50
Unser Küchenchef empfiehlt:	
Heilbuttfilet mit frischem Fenchel in Pernodsauce Fleuron	34,--

Mittags vom Tranchierwagen:

Ochsenbrust gekocht, Meerrettichsauce, Schmorkohl, Vichykarotten, Bouillonkartoffeln, verschiedene kalte Beilagen — 24,50

Hamburg

Restaurant BAVARIA BLICK

Bernhard-Nocht-Straße 99, 2000 Hamburg 4,
Telefon (0 40) 31 48 00 und 31 44 53
Mitglied der Chaîne seit 1972
Täglich geöffnet von 11.30 Uhr bis 24 Uhr

Spezialitäten: Fisch-Spezialitäten, Internationale Spezialitäten

Hoch über den Dächern der Stadt und 50 m über dem Elbstrom gelegen, auf dem Dach des Gär- und Lagerhauses der Bavaria- und St. Pauli Brauerei, bietet der BAVARIA BLICK mit seiner einmaligen Lage einen unvergleichlichen Ausblick über den Hamburger Hafen.

Man fühlt sich wohl in dieser typisch hanseatischen Atmosphäre, die sich in der Inneneinrichtung durch das Zusammenspiel von Kupfer, wertvollem Rio-Palisander und raffinierten Beleuchtungseffekten präsentiert.
Die Decke besteht aus 9000 handgearbeiteten Kupferröhren. Aus ihnen fällt indirekte Beleuchtung herab. Die Rückwand zieren 11000 kleine handgefertigte Kupferemaille-Platten.
Dem bekannten dänischen Architekten Kurt Elvin Jensen ist es so hervorragend gelungen, diese gedankliche Verbindung zur Brauerei (Kupfer und Holz) zu schaffen.

Durch die Schaffung von 2 Ebenen kann der Besucher von jedem Platz aus den fantastischen Panoramablick genießen. Dieses, und die kulinarischen Genüsse von Küchenchef Johannes Schatte, und hier insbesondere die an der Waterkant so beliebten Fischgerichte, machen dieses Restaurant zu einem Tip der Eingeweihten bis weit über Hamburgs Grenzen hinaus.

Aus der Tageskarte:

Wacholdergeräuchertes Forellenfilet
mit Preiselbeermeerrettich, Toast und Butter — DM 11,50

Halbe Ente "Bigarade"
in Orangensauce, mit Rotkohl, dazu Mandelkroketten — DM 31,50

Andalusischer Garnelenspieß in würziger Knoblauchbutter gebraten,
garniert mit Artischockenböden, Oliven, Paprika, Tomaten
und Zwiebeln, auf Safranreis — DM 34,80

Frischer Nordsee-Steinbutt, gekocht, mit zerlassener Butter
und gehackter Petersilie, dazu Salzkartoffeln und Gurken-Kopfsalat — DM 35,00

F R I S C H E S E E Z U N G E "Müllerin Art"
Speckkartoffelsalat und Kopfsalat mit Zitrone — DM 39,50

Der Küchenchef empfiehlt:
Gespickter Hasenrücken - für zwei Personen - mit Maronenrahmsauce,
frischem Rosenkohl, gefülltem Pfirsich, dazu kleine Kartoffelpuffer — DM 53,90

Creme Charlotte mit frischen kalifornischen Erdbeeren — DM 8,80

Rezepte vom Küchenchef

Johannes Schatte

Tomatenrahmsuppe „Malakoff"

Zutaten: 750 g frische Tomaten, 1 kleingeschnittene Zwiebel, 40 g kleingeschnittener Sellerie, 80 g Butter, 1 Knoblauchzehe, Lorbeer, Basilikum, Wacholderbeeren, 3 dl saure Sahne, 2 dl Weißwein, 3 cl Wodka, frisch gemahlener weißer Pfeffer. **Zubereitung:** Die Tomaten brühen, schälen und entkernen. Zwiebel, Sellerie, Knoblauch und Wacholderbeeren in der Butter andünsten, die Tomaten hinzugeben, mit Wodka flambieren und mit dem Weißwein ablöschen. Die Hühnerbrühe hinzugeben und alles eine halbe Stunde kochen lassen, dann mit der sauren Sahne, dem restlichen Wodka und dem gemahlenen Pfeffer abschmecken.

Fischpfanne „BAVARIA BLICK"

Zutaten: 3 Stück Lachstranchen à 100 g, 3 Stück Neufundlandzungenfilets à 70 g, 100 g Scallops, 100 g Streifen vom Heilbutt, 60 g Krabben, 600 g Muschelfleisch, 0,1 l Weißwein, 2 cl Cognac, 150 g Butter, Salz, Zitrone, Worcestersauce, 20 g Krebspaste, 3 dl flüssige Sahne, 1 El fein gewürfelte Zwiebeln, 2 Eier. Für die Kartoffelbordüre: 400 g gekochte, pürrierte Kartoffeln, 2 Eier, Salz, Muskat. **Zubereitung:** Die Lachstranchen in eine Kasserole mit den in Butter gedünsteten Zwiebeln geben. Mit Salz und Pfeffer, Kümmel und Piment würzen. Mit Weißwein und etwas Brühe bedecken und garziehen lassen. Aus den Kartoffeln, ganzen Eiern, Salz und Muskat eine Herzoginmasse herstellen und diagonal in V-Form auf eine ovale Kupferpfanne spritzen. Den Lachs auf die vorbereitete Pfanne geben. Den Fond passieren und mit Krebspaste, Sahne und Cognac vollenden. Die Neufundlandzungenfilets mit Salz und Zitrone würzen, mehlieren, durch die aufgeschlagenen Eier ziehen und in Butter goldbraun braten. Scallops, Heilbutt, Krabben und Muschelfleisch mit Salz, frisch gemahlenem Pfeffer, Zitrone und Worcestersauce würzen, mehlieren und in der Butter leicht rösten. Mit Krebsschwänzen, Zitronenreitern und Dillspitzen garnieren.

A la Carte:

Internationale Gaumenfreuden

	DM
Lammchops vom Grill mit Kräuterbutter, Bohnenbündchen, Schmelztomate und Pommes frites	24,–
Masthuhn „Marengo" mit gebackenem Ei, Perlzwiebeln, Champignons und Brotcroûton, Herzoginkartoffeln	24,50

Wild und Geflügel

	DM
Entbeinte Brüsseler Poularde mit Trauben in Rahmsauce, dazu Sprossenkohl und Herzoginkartoffeln	19,80
Gespickte Hasenkeule in Ginrahm mit Schinkenpilzen, Apfelrotkraut und Kartoffelkroketten	26,50
Halbe Vierländer Mastente mit Rotkohl und Semmelklößen	31,50
Hirschkalbsmedaillons „Waldmann's Art" mit Waldpilzen, Wacholderrahmsauce, gefüllter Williamsbirne und Mandelbällchen	34,–

Spezialitäten von der Waterkant

	DM
Aalsuppe mit Schwemmklüten	5,80
Original Seemanns Labskaus mit Spiegelei, Matjesfilet, Senfgurke und Rote Bete	14,50
Hamburger Kluftsteak mit blonden Zwiebeln, Speckböhnchen und Bratkartoffeln	19,80

Aus Fluß und Meer

	DM
Gebackenes Steinbeißerfilet Remouladensauce, Kartoffelsalat,·Salatplatte	15,80
Scholle „Finkenwerder Art" in magerem Speck gebraten, Kartoffelsalat	16,50
Flunderfilets in Butter gebraten mit Krebsschwänzen, Champignons, Sauce Béarnaise und Petersilienkartoffeln	19,50

Hamburg

Hamburg EuroCrest Hotel

Mexikoring 1, 2000 Hamburg 60, Telefon (0 40) 630 50 51
Mitglied der Chaîne seit 1976
Restaurant durchgehend geöffnet von 12 bis 22.30 Uhr

Spezialitäten: Hummersuppe, Seezungenröllchen, Lendenschnitte Stephanie, Heidelbeersorbet.

Das Hamburg EuroCrest Hotel liegt in der Geschäftsstadt Nord direkt am Stadtpark. 15 Minuten und 9 km vom Stadtzentrum und 7 Minuten und 4 km vom Flughafen entfernt. 185 Zimmer, alle mit Dusche oder Bad, WC, Radio, Selbstwähltelefon, autom. Hosenbügler, Minibar und Farbfernseher. 2 Restaurants, Bierkeller, Bar und Veranstaltungsräume.

Unsere vollklimatisierten Konferenz- und Bankettträume eignen sich für Veranstaltungen bis zu 200 Personen. 2 kleinere Räume bis jeweils 16 Personen stehen ebenfalls zur Verfügung.

Modernes Tagungsgerät ist vorhanden.

Aus der Tageskarte: MENÜ 10

Pampelmusenfilets mit Ingwerstreifen
im Cocktailglas
* * *
Indische Trepangsuppe
Käsestange
* * *
Pfefferrumpsteak MALAYISCHE ART
mit pikanter Sauce
Soja, frischem Paprika, Zwiebeln
Kokosraspeln
gebackene Früchte, Krabbenbrot
Butterreis
Salatherzen in Orangendressing
* * *
Eisauflauf BENEDICTINE
mit Löffelbiskuit
und Sahne

DM 41,--

Rezepte vom Küchenchef

Erich Häusler

Fjordlachsfilet Bretoner Art

Zutaten (Rezept für 3 Personen): 450 gr Lachsfilet (schier), 150 g Grönlandgarnelen, 150 gr frische Champignons, 150 gr Tomatenfleisch, 60 gr Zwiebeln, 60 gr Butter, 120 gr Béarnaise (fertige Sauce), 50 gr Petersilie gehackt, 15 gr Kresse (frisch), 1 Zitrone, 450 gr Salzkartoffeln, 600 gr Eisbergsalat (1 Kopf), 150 gr Kräuterrahmdressing, 1 Tomate, Salz, Pfeffer. **Zubereitung:** Das Lachsfilet mit Pfeffer, Salz, Zitronensaft würzen und ganz kurz ca. 2 Minuten auf jeder Seite in geklärter Butter anbraten und warmstellen. Inzwischen in einer Sauteuse feingehackte Zwiebeln glasig anschwitzen, Champignons beifügen und so lange andämpfen, bis diese anfangen Wasser zu ziehen. Dann die Grönlandgarnelen beifügen, kurz durchschwenken und zum Schluß das Tomatenfleisch (in Würfeln geschnitten) dazugeben und mit frischer, gehackter Petersilie, Salz und Pfeffer würzen. Diese Garnitur über den heißgestellten Lachs placieren und mit Sauce Béarnaise überziehen. Mit einer Zitronenecke und frischer Kresse garnieren. Als Beilage geben wir die zuvor abgekochten Salzkartoffeln in etwas Butter geschwenkt und mit Petersilie bestreut. Zusätzlich reichen wir den in mundgerechte Stücke geschnittenen Eisbergsalat mit Kräuterdressing, den wir mit frischer Kresse und Tomatenstreifen appetitlich in einer Salatschale anrichten.

Geflügelbrüstchen in feiner Weißweinrahmsauce
getrüffelt mit Spargelspitzen und Tomatenconcassée
Butterreis 17,50
Breast of chicken in a whitewine sauce

Putenbrustschnitzel mit tropischen Früchten
in Curryrahmsauce, Ingwerreis 19,50
Turkey with tropical fruits

Schweinefiletmedaillons
mit frischen Champignons in Estragonrahmsauce
Erbsenrisotto 19,50
Fillet of pork with fresh mushrooms

Kalbsschnitzel Norddeutsche Art
mit Spiegelei
umlegt mit feinen Gemüsen, Lyoner Kartoffeln 27,00
Veal cutlet North-German Style

Lammkotelette Provençale
Prinzeßbohnen im Speckmantel
Knoblauchkräutertomate, Macaire Kartoffeln 19,50
Lamb chops, stringbeans and tomato

Hamburg

Hotel Inter-Continental Hamburg

Fontenay 10, 2000 Hamburg 36, Telefon (0 40) 44 10 81
Mitglied der Chaîne seit 1973
Restaurant geöffnet von 12 bis 15 Uhr und 18 bis 24 Uhr (außer Sonnabendmittag)
Spezialitäten: In unserem „Fontenay Grill": Grill-Spezialitäten und „Nouvelle cuisine". Die sorgfältig zusammengestellte Weinkarte bietet ein reichhaltiges Sortiment - vom einfachen Mosel bis hin zu den Ersten Gewächsen Frankreichs.

In malerischer Lage am Ufer der Außenalster mitten in einem ruhigen Wohngebiet liegt das Hotel Inter-Continental Hamburg. Es bietet seinen Gästen 307 behagliche Zimmer, die alle mit Privatbad, Dusche und WC, Radio, Farbfernsehapparat, Selbstwähltelefon, Minibar und selbst zu regulierender Klimaanlage ausgestattet sind. Durch umfangreiche Umbauarbeiten im letzten Jahr wurde die Angebotspalette des Hotels wesentlich erweitert.

Die neu erstellten Salons „Brahms" und „Ballin" im Penthouse des Hotels, mit dem herrlichen Blick über Alster und Stadt, sowie der exklusiven Ausstattung bilden den besonderen Rahmen für festliche Veranstaltungen. Des weiteren stehen Banquetträumlichkeiten für bis zu 1000 Personen zur Verfügung. Der gesamte Hallenbereich wurde neu gestaltet und im eleganten englischen Club-Stil eingerichtet. Durch die Vergrößerung und Neuausstattung der „Hansa-Kogge-Bar" bietet sich hier begleitet von einem Pianisten die Möglichkeit zum Tanz.

Den Gästen des Hauses steht die Wahl frei zwischen drei unterschiedlichen Restaurants und zwei Bars.

A la Carte:

Les coquilles St. Jacques au champagne, purée d' épinard 29,—
Jakobsmuscheln in Champagner mit Spinatpüree
Scallops in champagne with purée of spinach

La tranche de turbot aux poireaux et truffes 36,—
Schnitzel vom Steinbutt mit jungem Lauchgemüse und Trüffeln
Turbot with leeks and truffels

Le foie de veau «Vénitienne» 26,—
Kalbsleberstreifen in Butter mit feinen Kräutern
Sliced calf's liver in butter with fine herbs

Rezepte vom Küchenchef

Peter G. Hinz

Seezungenfilet „Nuncio"

Zutaten: 1 Seezunge à ca. 500 g, 1/8 l Weißwein, halbtrocken, 1/8 l Creme double, 50 g Butter, 50 g frische weiße Champignons, 1/4 Kopfsalatherz, 1/2 Zwiebel, 1/2 Stange weißer Lauch, Salz und Pfeffer, 1 Tasse Wasser, 1/2 Scheibe frisches Weißbrot. **Zubereitung:** Die Seezunge filieren. Gräten waschen und kleinhacken. Die Hälfte der Butter in einen Topf geben. Lauch, Zwiebeln und Gräten kleingeschnitten dazugeben und anschwitzen ohne Farbe nehmen zu lassen. Mit der Hälfte des Weißweins ablöschen, Wasser zugeben, ca. 15 Minuten kochen lassen. Anschließend durch ein Tuch passieren (für später reservieren). Restliche Butter auflösen, die Seezungenfilets durch die Butter ziehen. Mit der Innenseite – nach oben – in einer Cocotte nebeneinanderlegen ohne zu falten, das frisch geriebene Weißbrot leicht darüber streuen, mit Butter beträufeln. Den Wein um die Filets geben (Weißbrot darf nicht feucht werden) und unter dem Salamander garen. Die Seezungenfilets sollten eine goldgelbe Farbe bekommen. Die gewaschenen Champignons und den Salat in feine Julienne schneiden, in einem Sautoir anschwitzen. Mit dem Fond von der Seezunge und Fischfond ablöschen. Creme double zugeben, eine Minute kochen lassen. Mit Salz und frisch gemahlenem Pfeffer abschmecken. Die fertige Sauce um die Seezungenfilets geben.

Aus der Tageskarte:

La salade «Landaise» 24,—
avec artichauts, haricots verts, champignons et foie gras
Salat „Landaise"
von Artischocken, feinen Bohnen, Champignons und
hausgemachter Gänseleber
Salad „Landaise"
with artichokes, fine green beans, mushrooms and gooseliver

La terrine de foie gras «Maison», en gelée au Madère 26,—
Gänseleberpastete mit Madeiragelee
Home-made gooseliver paté in Madeira-jelly

La soupe «Pêcheur» au safran 9,—
Klare Fischsuppe von Edelfischen
Clear fishsoup with saffron

Les coquilles St. Jacques au champagne, purée d'épinard 29,—
Jakobsmuscheln in Champagner mit Spinatpüree
Scallops in champagne with purée of spinach

La tranche de turbot aux poireaux et truffes 36,—
Schnitzel vom Steinbutt mit jungem Lauchgemüse und Trüffeln
Turbot with leeks and truffels

Le foie de veau «Vénitienne» 26,—
Kalbsleberstreifen in Butter mit feinen Kräutern
Sliced calf's liver in butter with fine herbs

Hamburg

Hotel Norge mit Kon-Tiki Grill

Schäferkampsallee 49, 2000 Hamburg 6, Telefon (0 40) 44 17 21
Mitglied der Chaîne seit 1975
Geöffnet täglich von 12 bis 15 Uhr und von 18 bis 23 Uhr

Spezialitäten: Norwegische und skandinavische Spezialitäten, kaltes Büffet, Fischspezialitäten

Das Hotel Norge, ein norwegisches Haus unter norwegischer Leitung, besteht seit 1961. Das Haus in modernem skandinavischem Stil wurde etwa 1977 renoviert und bietet 165 Betten in Zimmern, die alle mit Dusche/Bad und WC, Fernseher, Radio, Mini-Bar und elektrischem Hosenbügler ausgerüstet sind. Sauna, Schwimmbad und Massage im Hause.

Das Hotel Norge verfügt über mehrere Konferenz- und Partyräume, einen Festsaal mit Platz für 200 Gäste, sowie Treffpunkt Kon-Tiki Bar.

Mit seiner vielseitigen Küche, international sowie skandinavisch, à la carte und jeden Abend ein kaltes Büffet im Kon-Tiki Grill, ist es auf jeden Geschmack eingestellt.

Die Lage zur Innenstadt ist sehr günstig, die City ist per U-Bahn (gleich neben dem Hotel) in fünf Minuten zu erreichen und der beliebte Park „Planten un Blomen" mit dem Hamburger Congress Centrum in nur zwölf Minuten Fußweg.

Frikassee vom Kalb
leichte Kräutersauce, Champignons, Reis 16,—

„Piccata Napolitaine"
auf Tomatenspaghetti, gem. Salat 18,—

Filetspießchen „Orient"
auf Curry-Reis, Piccalili, Mango Chutney 19,50

Rumpsteak „Brüsseler Art"
mit gedämpftem Chiccoree
Sc. Hollandaise gratiniert, Grilltomate, Pariser Kartoffeln 21,—

Hirschkalbsteak
mit gewürzten Sauerkirschen, Cognacrahm, Mandelbällchen 25,—

Seezungenfilets „Constance"
gebraten in Haselnußbutter
Tomatenviertel in Marsala, Reis 27,50

Gespicktes Kalbsfilet „sautè"
frische Champignons
Salate der Saison, pommes duchesse 2 Pers. (20 Min.) 48,—

Rezepte vom Küchenchef

Manfred Schutz

Norwegische Fischrahmsuppe

Zutaten: 500 g Fischgräten, 100 g Butter, 1 kleine Zwiebel, 50 g Sellerie, 50 g Lauch, 40 g Mehl, 2 Lorbeerblätter, 5 geschrotete Pfefferkörner weiß, 0,15 l flüssige Sahne, 0,1 l Weißwein, Salz, 60 g Krabben, 60 g Muscheln. **Zubereitung:** Zwiebel, Sellerie und Lauch klein schneiden, in 50 g Butter leicht andünsten. Die gewaschenen Fischgräten, Lorbeerblätter, Pfefferkörner dazugeben, mit Wasser auffüllen, aufkochen, dann 30 Minuten ziehen lassen. Die restliche Butter mit 40 g Mehl anschwitzen und mit 0,5 l kaltem passiertem Fischfond aufkochen. Das Ganze mit 0,1 l Weißwein, 0,1 l Sahne verfeinern, mit Salz abschmecken und 10 Minuten weiter kochen lassen. Als Einlage in jede Tasse Krabben, Muscheln und geschlagene Sahne.

Schneehuhn „à la Geilo"

Zutaten: 3 Schneehühner, 1 1/2 l Sahne, 0,08 kg Johannisbeergelee, 0,08 kg Norwegischer Ziegenkäse, 0,12 kg fetter Speck, 0,03 kg durchwachsener Speck, 0,03 kg Zwiebeln, Salz, 0,4 kg Rosenkohl, 0,2 kg Pfifferlinge, 0,4 kg Salzkartoffeln, 0,15 kg Preiselbeeren. **Zubereitung:** Die Schneehühner werden mit Salz und Pfeffer gewürzt, mit einer Scheibe fetten Speck umwickelt und in Bratfett (Öl) von allen Seiten angebraten. Herz und Leber werden extra gebraten und feingehackt. In einen Schmortopf kommen nun 1 1/2 l Sahne, 80 g Johannisbeergelee, 80 g Norwegischer geschnittener Ziegenkäse und die gehackten Innereien. In dieser Sauce werden die Schneehühner auf mäßigem Feuer gargekocht (ca. 45 Minuten). Die fertigen Schneehühner herausnehmen und ausbrechen. Die Sauce mit Salz etwas nachwürzen, dann unpassiert über die Schneehühner geben. Zwiebeln und mageren Speck in Würfel schneiden, in der Pfanne anschwitzen und die Pfifferlinge hinzugeben, mit Salz und Pfeffer würzen und über die angerichteten Schneehühner geben. Rosenkohl in Salzwasser garkochen, in Butter anschwenken und mit Salz und Pfeffer abschmecken.

Szegediner Kotelette
auf Weinkraut, Paprikasauce, Petersilienkartoffeln 13,—

3 Hammelrückensteaks
mit Zwiebelmus überbacken
Speckbohnen, Mintskartoffeln 18,—

Filets Mignons „Helgoländer Art"
pochiertes Ei, Spargel
Champignons, Karotten, pommes croquettes 18,50

Kalbsleberschnitte „Berliner Art"
gedämpfte Zwiebeln, Apfelscheiben, Kartoffelpüree 19,50

Kalbssteak „Helvetia"
gefüllt mit Schinken und Schweizer Käse
mit Spargel überbacken, Pariser Kartoffeln 21,—

CP Hamburg Plaza Hotel und Restaurant

Marseiller Straße 2, 2000 Hamburg 36, Telefon (0 40) 35 10 35
Mitglied der Chaîne seit März 1978
Die Restaurants sind täglich von 12 bis 15 Uhr und von 18 bis 23 Uhr geöffnet

Spezialitäten: Internationale und norddeutsche Spezialitäten

Das HAMBURG PLAZA ist das höchste Hotel in Deutschland, mitten im Zentrum Hamburgs und gleichzeitig mitten im Grünen, im Park „Planten un Blomen", gelegen, ein Treffpunkt für Hamburgs in- und ausländische Gäste. Hier trifft sich die Welt zu Gesprächen und Konferenzen. Und nach anstrengenden Kongressen und Tagungen bieten die Zimmer, Studios und Suites allen Komfort: Radio, Farbfernseher, Bad und Dusche, Telefon mit Direktwahl.

Die Restaurants im Hamburg Plaza servieren internationale und norddeutsche Spezialitäten. Typisch hamburgisch: die „Vierländer Stuben" mit deftig-herzhaften Gerichten. Der „English Grill" bietet erlesene Spezialitäten aus aller Welt.

Erholung und Entspannung findet der Gast in der Fitness-Etage mit Schwimmbad, Massageraum, Trimm-Dich-Geräten und Sonnenterrasse.

SPÉCIALITÉS

Frische Heilbuttschnitte vom Rost, Sauce Béarnaise, Butterkartoffeln 23,00
Broiled halibut steak with sauce Béarnaise
La darne de Flétan grillée, Sauce Béarnaise

Nordsee-Seezunge in Butter gebraten nach Art der schönen Müllerin 35,00
Dänischer Gurkensalat, Petersilienkartoffeln
North-Sea sole – Meunière
La sole Meunière

Gedünstete Fjord-Lachsschnitte in leichter Spinatsauce
grüner Salat in Joghurt-Chilidressing, Reis natur 32,00
Braised Baltic saumon with spinach sauce
Le tronçon de saumon poché à la crème d'épinard

Geschnetzeltes vom Kalb – Züricher Art – mit Berner Rösti 25,00
Chipped veal in cream with roast potatoes
L'émincé de veau Zurichoise

Rezepte vom Küchenchef

Hans-Jürgen Klenz

Steinbuttstreifen

Zutaten (für 3 Personen): 360 g Steinbuttfilet in grobe Streifen geschnitten, 90 g Lachs (ohne Haut und Gräten), 60 g Grönland-Shrimps, 80 g feingewürfelte Zwiebeln, 50 g Morcheln in Streifen geschnitten, 0,4 l Sahne, 0,4 l Fleischbrühe, 4 cl Sherry (trocken), 4 cl Weißwein (trocken), 80 g Butter, 30 g geschnittenen Schnittlauch, 150 g Patna-Reis, Salz, Cayenne-Pfeffer, 2 Scheiben geriebenes Weißbrot. **Zubereitung:** Lachs-Klößchen: Lachsfleisch durch die feine Scheibe eines Fleischwolfes geben, würzen, 1 Eigelb, geriebenes Weißbrot, 1 Eßlöffel Sahne hineingeben. Dann das steif geschlagene Eiweiß darunterziehen. Mit Kaffeelöffel in kochendes Salzwasser abstechen und ca. 5 Minuten ziehen lassen. Abschrecken in eiskaltem Wasser. – Im Stieltopf etwas Butter mit gewürfelten Zwiebeln anschwitzen. Die Steinbuttstreifen hinzugeben und auch kurz angehen lassen. Würzen, dann mit Weißwein und Sherry ablöschen. Die Sahne dazugeben und ca. 5 Minuten schwach kochen lassen, abschmecken und mit etwas fester Butter binden. Die Morcheln in etwas Butter und Zwiebeln anschwitzen, Shrimps, Lachsklößchen und Schnittlauch dazugeben, würzen und beim Anrichten über die Steinbuttstreifen garnieren. – Reis Pilaw: Etwas Butter und Zwiebeln anschwitzen, Patna-Reis dazu. Auffüllen,mit der Fischbrühe, zugedeckt ca. 20 Min. im heißen Ofen garen.

MASTKALBSTEAK MIT FEINEM RAGOUT, KRÄUTERRÜHREI
SPARGELSPITZEN, SAUCE CHORON UND SAUCE BEARNAISE GRATINIERT
NUSS-KROKETTEN, SALAT -ALICE- DM 36.00
VEAL-STEAK WITH FINE STEW, SCRAMBLED EGGS
ASPARAGUS TIPS, CHORON SAUCE AND SAUCE BEARNAISE STYLE
POTATO RISSOLES WITH NUTS, SALAD -ALICE-

FRISCHE ENTENKEULE IM EIGENEN SAFT GEGART
PREISELBEERSAUCE, APFELSTEW, BROCCOLI IN MANDELBUTTER
GLACIERTE KARTOFFELN DM 24.00
SAUTÈED YOUNG DUCK'S DRUMSTICK, CRANBERRY SAUCE
APPLE-STEW, BROCCOLI IN ALMOND BUTTER, GLAZED POTATOES

SPEZIALITÄT DES KÜCHENCHEFS
CHEFS SPECIALITY

FRISCHE STEINBUTTSTREIFEN, LACHSKLÖSSCHEN, KRABBEN
UND MORCHELN IN LEICHTER SHERRYCREME, PILAWREIS DM 27.00
SLICES OF FRESH TURBOT, SMALL SALMON-DUMPLINGS
MORELS AND CHIVES IN SHERRYCREME, RICE PILAF

FÜR 2 PERSONEN
FOR 2 PERSONS

BRITISCH-KOLUMBIANISCHE FISCHERPFANNE:
STEINBUTT, HEILBUTT, LACHS UND CREVETTEN
IN PERNODSAUCE, PATNA-REIS PRO PERSON DM 26,00
BRITISH COLUMBIAN SEAFOOD PLATTER:
TURBOT, HALIBUT, SALMON SHRIMPS
IN PERNOD SAUCE, PATNA RICE

Kranzler Grill Congress Centrum Hamburg

Am Dammtor, 2000 Hamburg 36, Telefon (0 40) 3 59 24 52
Geöffnet täglich von 12 bis 15 Uhr und von 18 und 21 Uhr

Das à la carte-Restaurant KRANZLER GRILL befindet sich im Congress Centrum Hamburg (CCH) und paßt sich deshalb den Besonderheiten dieses Betriebes an. Es gibt nur eine feststehende à la carte-Karte, keine Tageskarte oder Spezialitätenkarte.

Jährlich werden etwa drei kulinarische Aktionen im KRANZLER GRILL durchgeführt, z. B. unter dem Motto DIE STEIERMARK BITTET ZU TISCH oder ITALIENISCHE KÖCHE BITTEN ZU TISCH oder JUL-BORD-SCHWEDISCHES WEIHNACHTSBÜFFET.

Hauptgerichte

Main Dishes

Hanseaten-Platte
Räucheraal und Sprotten, Hamburger Rauchfleisch, Katenschinken, Mettwurst und mixed pickles 14,50
Hanseatic platter
Smoked eel, sprats, country ham, country sausages, smoked pork

Finkenwerder Ewerscholle
Dillkartoffeln, Kopfsalat 15,00
Fried plaice
Dill potatoes, heart of lettuce

Hamburger Kluftsteak mit krossen Zwiebeln, Bratkartoffeln, bunter Salat 16,50
Plank steak with crisp onions, German fried potatoes, salad bowl

Putenbrust in Morchelsauce
Erbsen und Spargel, Patna Reis 17,00
Breast oft turkey in morils-sauce, peas and asparagus, patna rice

Niedersachsen

Gewandhaus Keller Restaurant

Altstadtmarkt 1, 3300 Braunschweig, Telefon (05 31) 4 44 41 und 4 44 42
Mitglied der Chaîne seit 1973
Geöffnet von 11 bis 24 Uhr, außer sonntags

Spezialitäten: Braunschweiger Spargel

Das Gewandhaus ist wahrscheinlich in der ersten Hälfte des 13. Jahrhunderts erbaut worden und dürfte das älteste Kaufhaus sein, welches den Gewandschneidern und Tuchhändlern (Privileg 1278) als Lager und Verkaufshaus diente. Der älteste Teil ist der massiv aufgeführte Keller, der von acht rundbögigen Kreuzgewölben überspannt wird. Ende des 16. Jahrhunderts wurde das Gewandhaus umgebaut und erweitert. Wo gearbeitet wird, wurde auch schon damals getrunken und gegessen. Seit 1352 gibt es ein Schankprivileg im Gewandhauskeller. Eine Küche war damals ebenfalls schon vorhanden. 1944 brannte das Gewandhaus durch Bombardierung aus, doch blieb der Keller erhalten. Im Zuge des Wiederaufbaus nach dem Kriege wurde der Keller umgebaut und erweitert.

Rezepte vom Küchenchef

Udo Meier

Lammrückenspieß „Gewandhaus"

Zutaten und Zubereitung: Pro Person 3 – 4 ausgelöste und vom Fett befreite Lammkoteletts von frischen Tieren. Mit einer Mischung aus gutem Öl, Salz, Pfeffer, zerdrücktem Knoblauch, Estragon, Thymian, Basilikum, Majoran und Oregano einreiben und einziehen lassen. Die Fleischstücke auf einen Spieß ziehen, in einer heißen Pfanne scharf anbraten und unter dem Grill fertiggrillen, bis das Fleisch innen leicht rosa ist. Zwiebelringe leicht andünsten, dann frische, dünnblättrig geschnittene Champignons (1 Eßlöffel), Tomatenwürfel (1 Eßlöffel) und frisch gehackten Schnittlauch hinzufügen. Das Ganze mit einem Löffel Café de Paris-Butter kurz schwenken und über den Lammrückenspieß geben. Mit wenig Salz und Pfeffer, sowie gehackter Petersilie bestreuen. Dazu servieren wir Delikatessbohnen und Waffelkartoffeln.

GEWANDHAUS-SPEZIALITÄTEN

Gerichte, welche Sie nach unserer Meinung im Gewandhaus besonders gut essen.

Feinste, frische Grönland-Shrimps, warm .... *10,75 DM*
in holländischer Kräutersauce, Patnareis

Hummerkrabbenschwänze - Pacifique .... *21,00 DM*
mit Pastis geflämmt, geschmolzene Tomate, feine Kräuter, Ingwerreis, Kopfsalat

Hummerkrabben am Spieß .... *19,00 DM*
Curryreis, Kopfsalat in Rahm

Reisgericht Gewandhaus .... *17,50 DM*
Filetstreifen von Rind und Kalb, Seezunge, Crevetten, Mandarinen, Palmitos, Curryrahm, Kroepoek

Gewandschneider-Leibgericht
verschiedene Filets im Topf mit Champignons, Setzei, Spargel, Röstkartoffeln und Salat .... *16,00 DM*

Filet-Spieß Mexico .... *18,50 DM*
mit Tequilla flämbiert, Palmenherzen, Safranzwiebelreis

Rinderfiletsteak Nossi-Bé .... *23,00 DM*
mit grünem Pfeffer, flambiert mit Armagnac, Champignons, Kopfsalat

Rinderfiletsteak Helder .... *23,00 DM*
geschmolzene Tomate, sauce bearnaise, Spargelspitzen auf Artischockenböden, Salat

Rumpsteak Chasseur .... *21,00 DM*
mit feinen Pfifferlingen, Preiselbeerbirne, Kopfsalat in Rahm

Mixed Grill Gourmet .... *35,00 DM*
reichlich Gegrilltes mit delikaten Beilagen *für 2 Personen*

Entrecôte Double Bordelaise .... *37,50 DM*
Grilltomate, Rindermark, sc. bearnaise, Salatplatte *für 2 Personen*

Chateaubriand - Doppeltes Rindslendenstück .... *44,00 DM*
mit feinstem Gemüse und Pilzen, sauce bearnaise *für 2 Personen*

Lammkoteletts gegrillt .... *17,50 DM*
geschmolzene Tomate, Kräuterbutter, Kopfsalat

Lammrücken Provençal .... *21,50 DM*
Grilltomaten, sauce soubise, Delikateßbohnen, Waffelkartoffeln, ab 2 Personen *pro Person*

Bremerhaven

Parkhotel

Im Bürgerpark, 2850 Bremerhaven, Telefon (04 71) 2 70 41
Mitglied der Chaîne seit 1976
Restaurant täglich geöffnet von 18 bis 23 Uhr

Spezialitäten: Jeden Donnerstag der große Steak-Abend

Das Parkhotel, im Bürgerpark sehr ruhig gelegen, verfügt nach der kürzlich erfolgten Einrichtung eines neuen Hoteltraktes über 50 Hotelzimmer mit 100 Betten. Alle Zimmer sind mit Dusche oder Bad und WC ausgestattet und modern und komfortabel eingerichtet.

Sehr beliebt ist der jeweils am Donnerstag stattfindende große Steak-Abend bei Kerzenlicht und Tanzmusik.

Für Konferenzen, Bankette, Hochzeiten und Empfänge (10 bis 500 Personen) stehen entsprechende Räumlichkeiten zur Verfügung.

PARKHOTEL

Spezialität des Tages

Hirschkalbsbraten in
Wacholder-Rahmsauce ,
Waldpilze in Kräuterrahm,
Kartoffelkroketten,
Zimtbirne 12,--DM

Dazu empfehlen wir
1 Karaffe Rotwein 3,50 DM

Rezepte vom Küchenchef

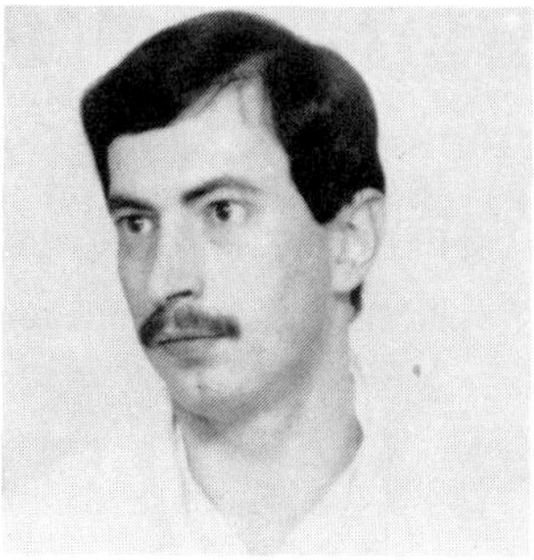

Bernd Sanders

Kolyanka

Zutaten: 600 g Schweinefilet, 120 g Schinken, 120 g Zwiebeln, alles in Rauten geschnitten, 3 mittelgroße entkernte Tomaten, 10 g Knoblauch granuliert, 1/10 l Sahne, 1/4 l Bratensauce. **Zubereitung:** Die Schweinefilets mit Pfeffer und Salz würzen, in eine Pfanne mit hohen Rand geben, kurz anbraten lassen, die anderen Zutaten hinzugeben und mit Sahne ablöschen. Danach die Bratensauce und die Tomaten beigeben, kurz durchkochen lassen. Mit Butterreis und gemischtem Salat servieren.

STEAKS	DM
Mixed Grill: 3 kleine Steaks, Grilltomate, Prinzeßbohnen, Pommes frites	13,00
Rumpsteak „Café de Paris" (200 gr.) mit Cognacbutter, Mais und Zuckererbsen, Kartoffelchips	13,50
Sirloinsteak (300 gr.) Rumpsteak, Röstkartoffeln, Selleriesalat	17,50
Entrecôte double (400 gr.) – für 2 Personen – Sc. Bearnaise, Pommes frites, Tomaten- und Kopfsalat	28,00
Pfeffersteak „St. Vincent" Filetsteak im Speckmantel mit gestoßenem Pfeffer, Champignons in Kräutern, Reistimbal	18,50
Château Briand – für 2 Personen – doppeltes Filetsteak, Sc. Bearnaise, mit feinen Gemüsen garniert, Pommes frites	38,00

Goslar 2

Harzhotel Kreuzeck

Am Kreuzeck 1, 3380 Goslar 2, Telefon (0 53 25) 7 41
Mitglied der Chaîne seit 1977
Täglich ist das Restaurant „Bergkanne" von 12 bis 23 Uhr geöfnet

Spezialitäten: Internationale Spezialitätenwochen.

„Après Stress" im Harzhotel Kreuzeck. Spielend entspannen. Tatkraft als Souvenir:
Schwimmen, Sauna, Boccia, Tennis, Mini-Golf, Trampolin, Fitness-Studio mit modernsten Geräten: Sie können Ihr Programm selbst gestalten und alle Freizeiteinrichtungen nutzen. Wenn Sie bei uns Tennis lernen oder den Harz zu Pferde entdecken wollen – auch das ist möglich. Mit aktiver Gemütlichkeit gewinnen Sie neue Kraft und Kreativität. Durch ein Programm, das so zwanglos ist, wie die Atmosphäre des Hauses.

Bevor unser Chef de cuisine in den Harz kam, war er in Paris, Rom und Berlin:
Die schönsten Rezepte dieser Welt. Versuchen und genießen. Wir zelebrieren Ihnen unvergeßliche Schlemmerstunden bei Kerzenschein und leiser Musik. Oder servieren originale Harz-Spezialitäten in der rustikalen „Altharzer Bierzeche". Bei heißer Musik von unserer Kapelle, mit täglich Tanz und herzlich harzlicher Stimmung.

Aus der Tageskarte:

Frische Spargelcremesuppe mit Schinkenklößchen und Sahne	DM 6,50
Leopardenschweifsuppe mit Safranreis	DM 6,50
St. Jacobsmuscheln auf Garnelen, auf Blattspinat, überbacken mit Käsesauce, Butterreis	DM 20,--
Jungbärenbraten in Mandelteig, Rahmsauce mit Pfeffer und Rosinen, Steinpilze à la creme, Kartoffelpüreé	DM 21,50
Kalbsfilet "Savoyard", Morcheln à la creme, gegrillte Tomate, Käsekartoffeln	
Kiwis, gebacken in Weinteig, warme Vanillesauce	DM 8,50

Rezepte vom Küchenchef

Lutz Rudnicki

Froschschenkel-Essenz

Zutaten: 1 kg Froschschenkel, 0,05 kg frischer Staudensellerie, 0,05 kg das Weiße vom Lauch, Salz, Coriander, Pfefferkörner, Estragon, Kerbel, Rosmarin, 1/2 Menge Froschschenkelfleisch zum Klären. **Für die Einlage:** 1/2 Menge Froschschenkelfleisch, 1 Ei, etwas Trüffel, Salz, Pfeffer. **Zubereitung:** Froschschenkel vom Fleisch befreien, verbleibende Knöchelchen goldgelb anschwitzen. Das in Brunoise geschnittene Gemüse und die Gewürze dazugeben. Mit Cognac flambieren und mit neutralem Champignonfond auffüllen und zur Hälfte der Menge reduzieren, anschließend klären. Aus der anderen Hälfte eine getrüffelte Farce bereiten und zur Einlage extra kleine Quenelles formen.

Kalbsrückensteak, gefüllt mit St. Jacobsmuscheln in Avokadorahmsauce

Zutaten (Für 4 Personen): 0,600 kg fein pariertes Kalbsrückensteak, 0,300 kg St. Jacobsmuscheln, 1 Stück reife Avocado, 2 Eigelb, Sahne, Zwiebeln, Salz, Pfeffer, Zitrone. **Zubereitung:** St. Jacobsmuscheln mit Zwiebeln anschwitzen, mit trockenem Weißwein ablöschen, mit beurre marnie binden und etwas Sahne zugeben. Abschmecken mit Salz, Pfeffer und Zitrone. Heißstellen. Zwischenzeitlich das Kalbsteak würzen und anbraten, gleichmäßig von beiden Seiten. Eine Tasche schneiden und mit den vorbereiteten St. Jacobsmuscheln füllen. Heißstellen. 1/2 Avocado mit der Gabel zerdrücken, mit Salz, Pfeffer, Zitrone und Sahne verrühren, bis zum Kochen bringen und Eigelb darunterziehen. Über das Steak geben. Als Beilage empfiehlt sich getrüffelter Reis.

A la Carte:

Seezungenröllchen "Paillard"
(gefüllt mit Lachsfarce)
in Weißweinsauce, Garnelenschwänze,
Champignonköpfe und Butterreis — DM 22,--

Froschschenkel "Alkazar",
mit Schinkenstreifen, Champignons,
Tomate concasseé und Kräuter mit Cognac flambiert,
mit Sherry vollendet, Butterreis — DM 19,50

Schweinelendchen "Villenneuve",
flambiert mit Calvados, mit Morcheln, Rahm,
Tomate, Apfelscheiben, Mandelcroquetten und Kopfsalat — DM 21,50

Scampis "Biarritz",
in Hummersauce mit Rotwein, Champignons,
tomates concasseés, Liaison mit Cognac — DM 27,--

Gebackenes Masthuhnbrüstchen "Maryland",
mit gebratener Banane auf Maispfannkuchen,
durchwachsenem Speck und gegrillter Tomate,
Butterreis — DM 17,--

Hotel Inter-Continental Hannover

Friedrichswall 11, 3000 Hannover, Telefon (05 11) 1 69 11
Mitglied der Chaîne seit 1965
Geöffnet täglich von 12 bis 15 Uhr und von 18 bis 24 Uhr

Spezialitäten: Deutsche Nouvelle Cuisine Bourgoise und internatinale Spezialitäten

Das Hotel Inter-Continental Hannover liegt im Herzen der Stadt, gegenüber dem Neuen Rathaus.

300 behaglich eingerichtete Zimmer modernsten Komforts stehen zur Verfügung, ferner Räumlichkeiten mit modernstem technischen Komfort für Veranstaltungen jeder Art von 4 bis 450 Personen. Coiffeur- und Kosmetiksalon, Florist, Boutique mit internationaler Damen- und Herrenmode und Geschenkartikeln, Autovermietung, internationale Zeitungen und Zeitschriften, eine der besten Hannoveraner Konditoreien – das alles steht den Gästen in der Ladenstraße des Inter-Continental zur Verfügung. Parken ist kein Problem in der Tiefgarage mit 300 Einstellplätzen.

Die Bierstube bietet bei Bier vom Faß und deftiger Hausmannskost eine gemütliche rustikale Atmosphäre. Oder die Brasserie: mit kleinen Snacks und regionalen Spezialitäten in zwangloser Umgebung. Cocktails, Discotheque, Dancing in der eleganten Grenadier Lounge. Für Feinschmecker gibt's die behagliche „Prinz Taverne", ein internationales Feinschmeckerrestaurant mit Spezialitäten vom Grill.

Fleischgerichte

Rinderfilet „Perigourdine"
ab 2 Personen, pro Person — *32,—*

Lammfilet in Blätterteig
ab 2 Personen, pro Person — *29,—*

Frische Ente mit Feigen
ab 2 Personen, pro Person — *25,—*

Kalbsfilet mit Morcheln — *33,—*

Mignonettes vom Kalb „Cardinal de Rohan" — *31,—*

Kalbsnieren „Dijonnais" — *31,—*

Scheiben vom Angus Sirloin „Maître Caielli" — *32,—*

Tournedos mit frischer Gänseleber — *34,—*

Schweinefilet in Estragonrahm — *26,—*

Rezepte vom Küchenchef

Hans-Dieter Nebel

Steinbuttfilet in leichter Kräutersauce mit Kopfsalatstreifen (kalt)

Zutaten: 360 g Steinbuttfilet, pochiert – 3 Eßlöffel Tomaten-Concassé, 3 Teelöffel Dill, gehackt, 3 Teelöffel Petersilie gehackt und unausgedrückt, 3 Teelöffel Schnittlauch geschnitten, 3 Eßlöffel Pfeffercornichons in Scheiben, 120 g Kopfsalatstreifen. Für die Sauce: 150 g Joghurt, 120 g Mayonnaise, 3 dl Sahne, Salz, Pfeffermühle, Dillessenz, 1 Spritzer Limonensaft. **Zubereitung:** Steinbuttfilets auf Blattsalat, die Beilagen sowie die in der Küche zubereitete Sauce separat in Schalen auf Silberplatte anrichten. Das Gericht wird vom Maître d'Hotel vor dem Gast vollendet.

Das Besondere

HOTEL INTER•CONTINENTAL Hannover

Prinz Taverne

AKTUELL ... AKTUELL ... AKTUELL ..

CHAMPAGNE "HENRIOT blanc de blancs"
Glas 8,50

"KALTE ENTE"
Oberbergener Pulverbuck, Sylvaner
Champagne Henriot blanc de blancs
Glas 7,50

1975 KLÜSSERATHER BRUDERSCHAFT, Riesling
Kabinett
Erzeugerabfüllung Wendelin Simon, Bekonder/Mosel — Fl. 29,--

NEUE MATJES ... NEUE MATJES ... NEUE MATJES ... NEUE MATJES ... NEU

NEUE MATJES AUF EIS
Grüne Bohnen mit Speck
Holsteiner Vesperbrot
14,--

NOUVELLE CUISINE BOURGOISE ... NOUVELLE CUISINE BOURGOISE ... NOUVE

OMELETTE MIT FRISCHEN PFIFFERLINGEN	15,--
STEINBUTTFILET IN LEICHTER KRÄUTERSOßE MIT KOPFSALATSTREIFEN	29,--
TIEFSEEKRABBEN MIT LIMETTENSOßE UND WASSERKRESSE	32,--
FRISCHER NORWEGER "MOEWE LACHS" NACH ART DER MÜLLERIN	29,--
FRISCH GERÄUCHERTE REGENBOGENFORELLE	15,--
FILETMITTELSTÜCK IM BLÄTTERTEIGMANTEL	32,--
REHMEDAILLON IN SAUERRAHMSOßE MIT FRISCHEN PFIFFERLINGEN	32,--

Berlin

Berlin

Restaurant Alexander

Kurfürstendamm 46/Ecke Bleibtreustraße, 1000 Berlin 15,
Telefon (0 30) 8 83 34 60 und 8 83 35 60
Mitglied der Chaîne seit 1969
Geöffnet täglich von 9 bis 24 Uhr

Spezialitäten: Ständig wechselnde handgeschriebene Speisekarte, sechs Sorten Bier vom Faß, große Weinkarte

„Alexander" – ein Zwei-Etagen-Restaurant mit Sommerterrasse auf dem Ku-Damm. In der 1. Etage befinden sich Gesellschaftsräume. Gemütlich: im Winter speist man am offenen Kaminfeuer. Eigene Parkplätze Einfahrt Bleibtreustraße.

AUS FLUSS UND MEER

Krebse

Lebendfrische Flusskrebse
in Kräutersud, mit Toast und Butter
3 Stück 23.-

Lebendfrische Forellen aus eigenem Bassin

Forelle blau, pochiert, mit Sahne-meerrettich, zerlassener Butter und Petersilienkartoffeln 21.-

Forelle Müllerin, gewürzt mit Zitrone, Kräutern u. Worcestersauce, in Mehl gewendet und gebraten, dazu Petersilienkartoffeln 21.-

Forelle Strassburger Art, gebraten, mit frisch gerösteten Mandeln u. Peters.kartoffeln 23.-

Matjesfilets Hausfrauen-Art
mit neuen Kartoffeln 13.50

Restaurant
ALEXANDER

UNSERE SPEZIALITÄTEN

Schweizer Geschnetzeltes mit Käse, Champignons u. Rösti 23.-

Filetstreifen Stroganow in Burgundersauce u. Kräuterreis 24.-

Rumpsteak Madagaskar, mit grünem Pfeffer und Champignons in Weinbrandsauce, dazu Pommes Frites 23.-

Kalbssteak Lustige Witwe mit Banane, warmer Cumberlandsauce und Butterreis 24.-

Pfeffersteak Herrenart, mit grünem Pfeffer in Cognac flambiert, dazu Pommes Frites und Paprikasalat - am Tisch flambiert - 30.-

Porterhouse-Steak mit Sauce Béarnaise und gebackenen Zwiebelringen, dazu Pommes Frites. Für 2 Personen 58.-

Chateaubriand mit feinem Gemüse, Sauce Béarnaise und Pommes Frites. Für 2 Personen 60.-

Fondue Bourguignonne - Filetwürfel, die Sie selbst am Tisch im Fonduetopf zubereiten, mit Saucen und Beilagen Für 2 Personen 64.-

Eine ganze Kalbshaxe - soweit vorrätig - nach der schönen Gärtnerin Für 2 Personen 52.-

Lammkoteletts vom Grill mit frischen grünen Bohnen und Pommes Frites 21.-

Kalbssteak vom Grill mit frischen Pfifferlingen, Grill-Tomate und neuen Kartoffeln 32.-

Frische Pfifferlinge mit Kräuterrührei und neuen Kartoffeln 21.-

Frische Pfifferlinge als Beilage zu anderen Gerichten 13.-

Hotel Berlin Ambassador

Bayreuther Straße 42–43, 1000 Berlin 30, Telefon (0 30) 24 01 01

Täglich geöffnet von 12 bis 01 Uhr
Spezialitäten: Französische Küche

In ruhiger und doch zentraler Lage am Wittenbergplatz, 5 Minuten vom Kurfürstendamm. Alle Zimmer mit Bad, Dusche und WC, Radio, Durchwahl-Telefon und Fernsehen, Snack, Restaurant, Grillroom und Bar. Geheiztes Dachschwimmbad mit Sonnenterrasse, Sauna und Heilmassage. Räume in variabler Größe für Tagungen, Konferenzen, Festessen und Familienfeiern. Frisiersalon, Stadtküche, Parkplätze und Tiefgarage.

Rezepte vom Küchenchef

Hans Hinz

Rinderfilet im Pfefferschinken

Zutaten und Zubereitung: Rinderfilet sehr kurz anbraten. 1 Scheibe kurz gebratene Entenleber obenaufgeben sowie eine gute Duxellemasse. Einen rohen Champignon feinschneiden und obenaufgeben. In dünne Scheiben französischen Pfefferschinken einschlagen und portionsweise in Blätterteig geben. Blätterteig mit Rosette garnieren und ca. 15 – 20 Minuten backen. Dazu gute Glace de viande mit Rotwein, Eschalotten und Sardellenmus abgeschmeckt und mit Butter aufmoniert. Dazu Erbsenschoten. Kurz blanchieren ca. 5 Minuten, und in Butter ansautieren.

Auszug aus der à-la-carte-Karte

Spargelmus auf kalter Krebssauce

Legierte Essenz von Bressepoularden
mit Sauermilch und feinen Gemüsen

Pochierter Seeteufel in der
Fenchelknolle, Noilly-Prat-Sauce

Cassissorbet in der Charentais-Melone

Wachtel mit frischem Trüffel
in Champagner

Rinderfilet mit Entenleber im Pfefferschinken "Baron Philippe", Erbsenschoten

Käse in Weinblättern

Calvadosschaum

Restaurant „Giraffe"

Inh. Elsa Bernstein

Klopstockstraße 2, 1000 Berlin 21, Telefon (0 30) 3 91 47 17
Mitglied der Chaîne seit 1969
Täglich geöffnet von 9 bis 24 Uhr

Spezialitäten: Sehr gute Steakgerichte und Spezialitäten aus verschiedenen Ländern

Das Restaurant „Giraffe" im Berliner Hansaviertel bietet eine außergewöhnliche Küche und gepflegte Gastlichkeit. Die Ausstattung des Restaurants ist behaglich, ohne überladen zu sein: teure Rustikalität, die qualitätsbewußte Besucher zu schätzen wissen.

Das Restaurant kann im Winter 110 Gäste, im Sommer mit Veranda- und Gartenplätzen unter Bäumen 200 Gäste aufnehmen.

Fisch

Shrimps in Dillrahm und Spargel im Reisrand 12,50

Forelle „blau" mit frischer Butter
Sahnemeerrettich und Schwenkkartoffeln 12,50

Forelle, gebraten nach Straßburger Art
mit Cognac abgelöscht, Mandeln und Salat 13,50

Lachssteak „Baseler Art"
gebraten mit Zwiebelringen, geb. Petersilie
Sc. béarnaise und Gurkensalat 17,–

Hummerkrabben in Bierteig
mit Sc. Choron und frischem Salat 17,50

Hummerkrabben „Thermidor"
mit Champignons, Spargel,
gratiniert mit Sherrycreme, Mandelreis
für 2 Pers. 39,–

Rezepte vom Küchenchef

K. H. Böer

Karibische Muschelsuppe

Zutaten: 75 g geraspelte Kokosnuß, 100 g junge Spinatblätter, 2 Tomaten, 50 g Schalotten, 1 Eßlöffel Butter, 200 g Jacobsmuschelfleisch, 1/2 l Brühe, 1 Knoblauchzehe, Salz, Pfeffer, Safran, 1/8 l Sahne, 4 Eigelb. **Zubereitung:** Kokosflocken 30 Minuten in Wasser kochen, passieren, Flocken wegwerfen, Blattspinat putzen, waschen, hacken und 4 – 5 Minuten dünsten, Tomaten abziehen, entkernen und in Würfel schneiden; Schalotten schälen, würfeln und in Butter goldgelb anschwitzen; Muscheln, Kokosmilch und Brühe dazugeben, Knoblauchzehe zerdrücken, mit Salz und Safran 10 Minuten kochen lassen, Spinat, Tomatenwürfel und Pfeffer dazugeben, mit Eigelb und Sahne legieren.

Kalbsrückensteak „Savoyarde"

Zutaten: 3 Kalbsrückensteaks (à 200 g), getr. Morcheln, Kochschinken, Butter, 1/4 l Sahne, Madeira, Schalotten, Cognac, krause Petersilie. **Zubereitung:** Morcheln 1 Nacht in Milch einweichen, blanchieren und abtropfen lassen. Schalotten würfeln und in Butter anschwitzen, Morcheln dazugeben, mit Cognac flambieren und mit Madeira ablöschen, mit der Sahne leicht kochen lassen, mit Salz und Pfeffer würzen. Kalbsrückensteaks mehlieren und braten, Schinken in Streifen schneiden und in Butter anschwitzen, über die Steaks geben. Krause Petersilie zupfen, waschen und in heißem Fett backen, leicht salzen. Dazu Mandelkroketten reichen.

Steakgerichte

mit Pommes frites oder Kartoffelkroketten serviert:

Putersteak „Singapore"
in Curryrahm mit Banane, Ananas und Reis 15,–

Filet „Mignon" mit Champignons u. Sauce béarnaise 15,50

Kalbssteak natur mit Spargel und Erbsen 18,50

Jungschweinsteak „Vigneronne"
mit Schnecken gefüllt, frz. Erbsen und Kräuterbutter 18,50

Rumpsteak „Ratatouille"
mit Auberginen, Zucchini, Paprika, Tomaten 18,50

Filetsteak „Maître"
mit Kräuterbutter und Prinzeßbohnen 19,50

Kalbssteak „Orlow"
mit Champignons und Zwiebelmus, gratiniert
Grilltomate und Prinzeßbohnen 20,–

Berlin

Restaurant „Grille"

Kurfürstendamm 202, 1000 Berlin 15, Telefon (0 30) 883 55 64
Mitglied der Chaîne seit 1976
Täglich geöffnet von 12 bis 1 Uhr

Spezialitäten: Berliner und internationale Spezialitäten, eigene Kompostionen, saisonbedingte Frisch-Spezialitäten

Das Restaurant „Grille" liegt am Kurfürstendamm in einer Einkaufs-Passage etwas versteckt, so daß nur Eingeweihte, Stammgäste und gezielt suchende Gäste das Haus überhaupt finden.

Das Lokal ist rustikal eingerichtet mit kleinen Nischen, in denen man ungestört und doch alles überblickend verweilen kann. In der Mitte des Gastraums lädt eine kleine Bar zum Aperitiv ein.

Eine junge Service-Brigade vermittelt einen individuellen, angenehmen Aufenthalt. Die Besucher der „Grille" sind zu 90% Stammgäste. Eine Tischvorbestellung ist unbedingt erforderlich, da das Restaurant fast immer ausgebucht ist.

Eisgekühlte Hühnerkraftbrühe " Nikolai "
mit roten Beeten, frischen Gurkenwürfeln und 10g Kaviar 8,00

Bachforelle " Pawlowa "
gefüllt mit Meerrettichcreme
Tomatenwürfel und 25 g Kaviar 25,00

Seezungenfilet " Zar Petrowitsch "
mit Salpikon von Hummerkrabben
Hummersce. und 20 g Kaviar 28,00

Russisches Zarenfrühstück
Eierkuchen gefüllt mit rotem und schwarzem Kaviar,
25 g je Sorte 22,00

Kalbssteak " Romanoff "
gefüllt mit Gänseleber, garniert mit frischen
Gurkenscheiben und 25 g Kaviar 30,00

Tournedos " Katarina "
garniert mit Ananas, Artischockenböden
und 20 g Kaviar, mit Rahmkartoffeln 30,00

Rezepte vom Küchenchef

Hans-Peter Jainta

Seezungenfilet „Zar Petrowitsch"

Zutaten und Zubereitung (für 3 Personen): 6 frische Seezungenfilets mit frischem Pfeffer und Salz leicht würzen, in trockenem Weißwein, einem Stück Butter und feingeschnittenen Zwiebeln pochieren. 3 Hummerkrabben in Scheiben schneiden und mit ca. 6 – 8 frischen Champignons in Butter soutieren. Die Seezungenfilets auf einer Platte anrichten, die Hummerkrabben auf die Seezungenfilets verteilen. Aus dem Sud der Seezungenfilets eine leicht gebundene Sauce herstellen unter Zugabe von 1 Teelöffel Krebsbutter, einem Schuß Cognac. Nachdem die Sauce passiert ist, 3 Eßlöffel Smetana unterziehen. Die Seezungenfilets mit der Sauce nappieren und je nach Großzügigkeit mit Beluga-Malossol-Kaviar ausgarnieren. Dazu reicht man trockenen Reis und Kopfsalat in leichtem Joghurtdressing.

Wir bieten nur den feinsten russischen Beluga-Malossol Kaviar Auslese.

Kaviar auf Toast, 25 g 14,00

Pellkartoffeln mit 30 g Kaviar
saurer Sahne und frischer Butter 22,00

Kaviar auf selbstgebeiztem Edellachs
Souwaroff, 30 g 25,00

Schlemmerschnitte " Grille "
mit 20 g Kaviar auf Tatar 18,00

Kaviar auf geräuchertem Forellenfilet, 30 g 25,00

" Lucca - Auge "
Holländische Imperial Auster mit 10 g Kaviar
per Stück 8,50

Blinis auf russische Art
Buchweizenpfannkuchen mit 50 g Kaviar
saurer Sahne und flüssiger Butter 34,00

Kaviar auf kleinem Reibekuchen, 50 g 34,00

Kaviar zum Sattessen !
Sie bedienen sich selbst aus einer großen Dose
wir wiegen nach und berechnen Ihnen per 10 g . . 4,50
und reichen dazu Toast und Butter

Bristol Hotel Kempinski

Kurfürstendamm 27, 1000 Berlin 15, Telefon (0 30) 88 10 91
Mitglied der Chaîne seit 1968
Durchgehend geöffnet

Seit 115 Jahren ist der Name Kempinski in Berlin ein Begriff: 1862 gründete Berthold Kempinski in der aufstrebenden Reichshauptstadt ein Weinlokal, wenig später ein Speiselokal – und schon um die Jahrhundertwende ging „man" ins Kempinski. 1926 wurde das Restaurant Kempinski am Kurfürstendamm/Ecke Fasanenstraße errichtet und bald zum Treffpunkt der großen Welt. Nach dem Krieg wurde 1952 das Bristol Hotel Kempinski Berlin eröffnet – ein 350-Zimmer-Haus der Luxus-Klasse mitten im Herzen Berlins am belebten Kurfürstendamm. Der exklusive Kempinski-Grill, das traditionsreiche Kempinski-Restaurant und das Boulevard-Restaurant Café Carrousel mit seinen Kurfürstendamm- Terrassen sowie Bristol Bar und Bristol Lounge laden zum Genießen und Verweilen ein.

Küchdirektor Bernhard Schambach und seine Brigade sorgen für das leibliche Wohl der Gäste. Im Laufe der nächsten zwei Jahre sind großzügige Umbaumaßnahmen im Küchen- und Servicebereich vorgesehen, die gewährleisten sollen, daß der Gast auch weiterhin nach dem Wahlspruch des Hauses verwöhnt werden kann: Erlesenes bieten – Vorzügliches leisten!

Aus der Tageskarte:

3 Solo Krebse a la nage 16,50

Hausgebeizter Lachs mit rohen Champingnons, Kresse und Kaviarsauce 21.--

Vom Wagen:
Frische Rinderbrust gekocht mit Meerrettichsauce, frischem Wirsing Bouillonkartoffeln und kalten Beilagen 21.--

Salat von Broccoli, Spargel, Tomaten, Orangen und lauwarmer Forelle 16.--

Frischer Lachs mit Lauch in Muscadet 27,--

Schweinefilet mit frischer Pfefferminzbutter, Tomaten und Kohlrabi 24,50

Rezepte vom Küchenchef

Bernhard Schambach

Ente in der Melone

Zutaten und Zubereitung: Die Ente rosa braten, die Brust auslösen und warmstellen. Die Keulen mit den Knochen der Karkasse unter Zugabe der halbierten, von den Kernen befreiten Melone weiterschmoren. Mit der Hälfte des Portweins ablöschen und noch etwa 20 Minuten schmoren lassen. Dann den restlichen Wein dazugeben und die Flüssigkeit zur gewünschten Menge einkochen. Die Keulen werden in den Melonenhälften angerichtet, die tranchierte Brust darauf plaziert. Die in zwei Scheiben geschnittene Stopfleber ganz kurz anbraten, darüberlegen und mit etwas grünem Pfeffer bestreuen. Die Sauce durch ein Sieb passieren und dazugeben. Als Beilage werden Kartoffeln, Crêpes und Eisbergsalat gereicht.

Scampi in Dillschaum

Zutaten und Zubereitung: Die geschälten und vom Darm befreiten Scampis mit Pfeffer und Salz würzen und in Butter braten. Zwei Eigelb mit dem Wein und einem Spritzer Zitrone zu einem Weinschaum aufschlagen, den feingeschnittenen Dill in die Sauce geben, abschmecken und über die Scampi geben. Dazu wird ein Risotto mit reichlich Gemüsejulienne gereicht.

A la Carte:

Der Küchenchef empfiehlt besondere Spezialitäten der Kempinski Hotels

Geschnetzeltes Kalbsfilet mit Seezungenfilet in Sahne und Dill mit frischen Tomaten	27,50
Ente mit grünem Pfeffer und Portwein in der Melone	27,50
Gratin von frischen Meeresfrüchten mit jungen Gemüsen	28,50
Kalbfleischröllchen Boursin mit frischen Champignons	27,00

Nachspeisen

Mousse au Chocolat	6,00
Salat von frischen Früchten	9,50
Rote Grütze mit Vanillesauce	5,00
Eisauflauf Kempinski	6,50

Wir halten eine große Auswahl an köstlichen Desserts für Sie bereit, bitte verlangen Sie unsere Dessertkarte.

Restaurant im Reichstag

Platz der Republik, 1000 Berlin 21, Telefon (0 30) 397 21 72
Mitglied der Chaîne seit 1975
Durchgehend geöffnet von 10 bis 17 Uhr

Das „Restaurant im Reichstag" verfügt über 160 Plätze. Es ist, ebenso wie die „Kaffeestube", nostalgisch eingerichtet. In der „Cafeteria" – im rustikalen Stil – finden 60 Gäste Platz.

In den über diesen Räumen liegenden Sitzungssälen können die Bundestagsabgeordneten, wenn dort getagt wird, auch ihre Speisen einnehmen. Diese werden dann auf Wärmewagen nach oben geschafft. Der Küche ist es möglich, bis zu 1000 Portionen bereitzustellen.

A la Carte:

Rumpsteak „Schleswig-Holstein" mit Röstzwiebeln, Bratkartoffeln, Salatbeilage Rumpsteak à la « Schleswig-Holstein » avec des oignons frits, pommes sautées et salade Rumpsteak „Schleswig-Holstein" with home fried potatoes, onions and mixed salad	DM 17,–
Seezungenfilet in Butter gebraten „Husumer Art" mit Krabben und Champignons, Salzkartoffeln, Salatbeilage Filets de sole au beurre avec des crabes, champignons, pommes à l'anglaise et salade Filet of sole, butter, crab, mushrooms, boiled potatoes and mixed salade	DM 19,75
Lübecker Pfeffersteak mit Cognac-Rahm, Kartoffelbällchen, gemischtem Salat Filet au poivre flambé au cognac avec croquettes de pommes et salade Fillet of beef with fresh green pepper, „flambé au cognac", fried potato balls and mixed salad	DM 24,75
Kieler Krabbenpfanne (für 2 Personen) mit Kalbfleisch, Seezunge, Krabben, Schoten, Champignons, Tomaten und Reis Crabes frites à la manière de « Kiel » avec veau, sole, petits pois, champignons, tomates et riz (pour 2 personnes) Crab-pan „Kiel style" with veal meat, filet of sole, crab, green peas, mushrooms, tomatoes and rice (for two persons)	DM 34,50

Rezepte vom Küchenchef

Alfred Renner

Makrelen in Curry-Apfel-Sahne

Zutaten: 2 kleine Makrelen, Salz, Zitronensaft oder Essig, 1 Zwiebel, Pfefferkörner, 1 Eßlöffel Mehl, 1 Eßlöffel Curry, 2 Eßlöffel Butter, 1/4 l Fleischbrühe, 2 Äpfel, etwas abgr. Zitronenschale. **Zubereitung:** Makrelen ausnehmen, in Stücke teilen. Gut waschen und im Topf knapp mit Wasser bedecken. 1 geschälte Zwiebel, Pfefferkörner, Salz und Zitronensaft zufügen, in dem Sud 15 Minuten leise ziehen lassen, nicht kochen. In der Zwischenzeit das Mehl und den Curry in dem zerlassenen Fett verrühren, Brühe zugießen und aufkochen lassen. Äpfel schälen, raspeln, dazugeben. Die Sauce mit etwas Zitronensaft und wenn nötig mit weiterem Curry abschmecken. Die Makrelenstücke aus dem Topf nehmen und abtropfen lassen, in die Curry-Sauce geben und servieren. Dazu paßt Reis oder Kartoffelpüree. Als Getränk 1 Pilsner oder 1 gut gekühlter Aquavit. Vorbereitungszeit 10 Min. Garzeit 30 Minuten.

Aus der Tageskarte:

Tagesmenükarte

Kaltschale
oder
Lauchcremesuppe

Gedeck I DM 9.50	Belgrader Fleischklopse mit Curry-Rahmsauce auf Patnareis und gemischtem Salat
Gedeck II DM 10.50	Gebratene Schweinebrust in Bratenjus mit legiertem Rosenkohl und Petersilienkartoffeln
Gedeck III DM 12.70	Braisierte Putenrolle in Madeirajus mit Spargelerbsen und Schwenkkartoffeln
Gedeck IV DM 14.50	2 zartrosa gebratene Lammkoteletts mit Kräuterbutter, Bouquett mit Speckböhnchen, Grilltomate und Fritkartoffeln
Gedeck V DM 17.90	Sautierte Schweinelendchen "nach Serbischer Art" mit Perlzwiebeln, Oliven, Paprikastreifen in Rotweinglace, Rosinenreis und Kopfsalat in Rahmdressing

------

Dessert: Vanillecreme mit Pflaumensauce

Berlin

Hotel Seehof

Lietzensee-Ufer 11, 1000 Berlin 19, Telefon (0 30) 32 10 51
Mitglied der Chaîne seit 1977
Durchgehend geöffnet

Spezialitäten: Jeden Mittwoch Berliner Kartoffelpuffer

Das Hotel Seehof, mitten in Berlin gelegen, bietet seinen Gästen Urlaubsatmosphäre: fast alle Zimmer haben Seeblick; bei gutem Wetter läßt man sich das Diner auf der großen Terrasse schmecken oder verbringt schöne Stunden an der Gartenbar im Grünen. Zum Feiern lädt auch die elegante Innenbar ein. Das hauseigene Schwimmbad ist vom Zimmer aus bequem mit dem Fahrstuhl zu erreichen.

Kalte Vorspeisen

Matjesfilet in Sauerrahm Hausmütterchen Art
mit Apfel, Zwiebeln und Gurke,
Butterkartoffeln 6,5o

Wacholdergeräuchertes Forellenfilet
mit Sahnemeerrettich 9,5o

Cocktail von Krevetten
in rosa Weinbrandcrème amerikanisch mit Wachtelei 1o,5o

Gebeizter Lachs Nordische Art
garniert 16,--

Gebeizter Lachs und geräuchertes Forellenfilet
mit Sahnemeerrettich 16,--

Galantine vom Huhn und Hirsch
mit Gänseleberparfait Cumberland Art
mit Orangen-und Pampelmusenfilets, Waldorfsalat 15,5o

Vorspeisenteller "Seehof"
Gebeizter Lachs, geräuchertes Forellenfilet, Galantine vom Huhn,
Gänseleberparfait, Waldorfsalat, Sahnemeerrettich 17,--

Beluga-Malossol-Kaviar (28 g)
mit gehacktem Ei, Zwiebeln und Petersilie 34,--

Rezepte vom Küchenchef

Roland Hiergesell

Forelle aus der Folie

Zutaten: 4 frisch geschlagene Forellen (das Stück ca. 350 g), 2 Bündchen frischer Dill, 2 Bündchen frische Petersilie, 1 Bündchen frischer Schnittlauch, alles fein gehackt. 400 g frische Champignons, gewaschen und geviertelt. 4 bis 6 schöne Tomaten, abgezogen und geviertelt. 1 Eßlöffel Kapern, 2 Eßlöffel feingehackte Zwiebeln, 200 g Grönlandkrabben oder Crevetten tiefgekühlt, 150 g Butter, Salz, Pfeffermühle, 1 bis 2 Zitronen, extrastarke Alufolie. **Zubereitung:** Die frischen Forellen innen nochmals waschen und mit Salz, frisch gemahlenem Pfeffer und Zitronensaft würzen. Die geviertelten Champignons, die Tomaten, die gehackten Zwiebeln, die Kräuter, die Kapern und die Grönlandkrabben in einer Schüssel gut mischen und leicht in Salz, Pfeffer und Zitronensaft würzen. Nun bereitet man auf einer großen Tischplatte vier ca. 40 x 40 cm große Bogen von der Alufolie vor, die auf der Innenseite mit weicher Butter bestrichen werden. Die Forellen werden daraufgelegt und die Füllung wird gleichmäßig verteilt und in die Forellen hineingegeben, darauf einige Butterflocken. Die Alufolie wird dann zu einer Tasche über die Forellen geschlagen und an den Rändern doppelt gefaltet, so daß die Tasche gut geschlossen ist. Der Backofen wird inzwischen 10 Minuten auf 230 Grad C vorgeheizt. Die Forellen in der Folie vorsichtig auf das Backblech legen und 25 Minuten bei 230 Grad C garen lassen. Das Gericht wird in der Alufolie serviert. Dazu reicht man: Dampfkartoffeln und grünen Salat.

Hauptgerichte vom Lamm, Schwein, Kalb und Rind

Lammkotelette "Richemond" mit Champignonpurée überbacken, Tomate provençale, grüne Bohnen, Pommes frites	24,5o
Lammcarré "Provençale" mit Knoblauch und Brösel überbacken, Tomate provençale, grüne Bohnen, Blattspinat, Kartoffeln Maxims - für 2 Personen - Zubereitung 35 Minuten	52,--
Jungschweinsfilet "Neuchâtel" mit Tomate und Schweizer Käse überbacken, Blattspinat, Pommes frites	19,5o
Zürcher Geschnetzeltes vom Kalb mit Champignons in Rahm, hausgemachte Spätzle oder Rösti	19,--
Kalbsleber Berliner Art mit gebratenen Apfelringen und knusprigen Zwiebeln, Kartoffelpurée	19,5o
Kalbsrückensteak natur vom Rost mit Gänseleberbutter, Tomate provençale, Pommes frites	24,--
Kalbsrückensteak "Princesse" mit Spargelspitzen überbacken, Rahmchampignons, Kartoffelkrusteln	24,5o
Filetspitzen "Stroganoff" mit Speck, Champignons, Gurke und rote Beete in Rahm, Butterreis	19,5o
Entrecôte à l'ancienne mit feiner Kräutercrème, Tomate provençale, grüne Bohnen, Pommes frites	22,5o
Filetsteak vom Rost mit Estragonbutter, Tomate provençale, Staudensellerie Bordelaise, Pommes frites	24,5o
Filetsteak "Strasbourg" mit Gänseleberparfait, Sauce Béarnaise, feine junge Gemüse, Kartoffelkrusteln	25,5o

Hotel Schweizerhof

Budapester Straße 21–31, 1000 Berlin 30, Telefon (0 30) 2 69 61
Mitglied der Chaîne seit 1970
Täglich geöffnet von 12 bis 1 Uhr

Obwohl das Hotel nur wenige Schritte vom Europa-Center, dem Kurfürstendamm und der Kaiser-Wilhelm-Gedächtniskirche, gleich gegenüber dem Zoo, also mitten in der Stadt liegt, wohnt man ruhig und sehr komfortabel. Das Haus-Portrait sieht wie folgt aus: 400 Zimmer, 30 Suiten. Restaurants, Bars, Nightclub. 27 Konferenz- und Geschäftsräume mit einer Fläche von insgesamt 2683 qm. Zeitungs- und Souvenir-Shop. Tiefgarage, Parkplätze, Boxen. Gesundheitszentrum: Hallenschwimmbad mit Sprudel-Thermen, Fitnessraum, Solarien, Saunen, Poolbar, Friseur. Für jegliche Indikation: Heilmassagen, medizinische und kosmetische Bäder.

Aus der Tageskarte:

Ogen-Melone mit Bündnerfleisch — DM 16,50

Avocadosalat "Valentino"
mit Langustenfleisch, Palmenmark, Tomatenstücken — DM 18,50

Kaltes Roastbeef mit frischem Salat
Lyoner-Kartoffeln und Sauce Tatar — DM 21,75

Salmschnitte in Johannisberg
mit Kräter- und Wurzelgemüse im Sud,
Butterkartoffeln — DM 24,--

Geschnetzeltes Lammfilet mit Niere "Dijonnaise"
in Estragonsenfsauce, Zucchini-Tomatengemüse
und gratinierten Kartoffeln — DM 27,50

Kalbsleberschnitte à l'Orange
in Orangenbutter saftig gebraten und
mit frischen Orangenscheiben garniert,
Mandelreis und Kopfsalatherzen in Sahne mit Kresse — DM 26,50

Für den Kenner:
Westfälischer Pfefferpothast im Kupfertopf
mit Gewürzgurke und Petersilienkartoffeln — DM 15,80

Rote Grütze mit flüssiger Sahne — DM 5,50
Crême Caramel — DM 4,50

Rezepte vom Küchenchef

Hans Jörg Schlenker

Basler Herrenschnitzel „Euler"

(Kalbfleischschnitzel gefüllt mit Gänseleber und Rohschinken mit goldgelben Röschti)

Zutaten und Zubereitung: 6 St. dünn geschnittene Kalbsschnitzel à 70 g mit 120 g getrüffeltem franz. Gänseleberparfait und 60 g Parmaschinken gefüllt, leicht mit Salz und frisch gemahlenem Pfeffer gewürzt, in Mehl und Ei gewälzt und mit frisch geraspeltem Weißbrot paniert, sodann in geklärter Butter gebraten. Als Garnitur Spargelspitzen und mit feingewiegtem Schnittlauch bestreut, Grilltomate und die Original Schwizer Röschti als Beilage.

Röschti

Neue Kartoffeln einen Tag vorher abkochen und pellen. Am Zubereitungstag raspeln, eine Eisenpfanne (Röschtipfanne) mit ca. 20 g Erdnußöl erhitzen und die geraspelten Kartoffeln in die Pfanne geben und mit Salz würzen. Mit einer Schaumkelle in Form drücken, von beiden Seiten goldgelb braten. Feingewiegte Zwiebeln und ausgelassene Speckwürfel obenauf.

A la Carte:

Schweizerhof-Spezialitäten

Zürcher Geschnetzeltes **DM 21,75**
zartes Kalbfleisch mit Champignons in Rahmsauce, mit goldgelben Röschti
Sliced veal steak, in cream sauce with golden Swiss potatoes »Röschti«
Emincé de veau à la »Zurichoise« à la crème et champignons »Röschti«

Tagliatelle verde »Albana« **DM 16,90**
grüne Nudeln mit in Butter gebratenen Schweinemédaillons
Green nodles with little pork patties
Nouilles vertes »Albana« avec médaillons de porc

»Appenzellerli« **DM 18,95**
mit Schinken und Käse gefüllte Schweinesteaks mit auserlesenen Gemüsen garniert
Pork steaks Filled with ham and cheese, choice of fresh vegetables
Steak de porc farci de jambon et fromage jardinière de légumes

Kalbsmédaillon in Morchelrahmsauce **DM 27,50**
in Butter gedünstete Kalbsmedaillons, mit Weißwein abgelöscht und Morchelrahmsauce
Filet of veal in creamed white wine morel-sauce, buttered noodles
Médaillons de veau aux morilles à la crème nouilles au beurre

St. Galler Ratsherrenteller **DM 22,75**
Kalbsmédaillon, Rindermédaillon, Schweinemédaillon, Räucherspeck, Grillwürstchen auf Röschti angerichtet, Sauce Valloise
Medallions of veal, beef, pork with bacon, sausage and »Röschti«
Mixed-Grill à la »Saint Galloise«

Poulardenbrust »Marie Antoinette« **DM 17,80**
in leichter Weißweinsauce, Broccoliröschen, Champignons, Spargelspitzen, Tomate concasée, Patna-Reis
Chicken breast in light white wine sauce with broccoli, mushrooms, asparagus tips, tomato, patna rice
Poitrine de volaille »Mère Antoinette« sauce au vin blanc, broccoli, champignons, pointes d'asperges, tomates concassées riz de Patna

Filetspitzen vom Rind und Schwein nach »Tolstoi« **DM 21,95**
in feuriger Wodkarahmsauce, Gurken-, Speck- und Champignonstreifen, Grüne Bohnen, Kartoffelpuffer
Sliced filet of beef and pork »Tolstoi« with fiery Wodka sauce, gherkin, bacon, mushrooms, potato pancake
Pointe de filet de boeuf et porc »Tolstoi« sauce crème à la vodka, concombre, lard et champignons, haricots verts

Tegeler Seeterrassen Palais am See

Gaststätten GmbH (Hans-Peter Hohmann)

Alt Tegel 46, 1000 Berlin 27, Telefon (0 30) 4 33 80 01
Mitglied der Chaîne seit 1977
Geöffnet, außer montags, von 11 bis 23 Uhr

Spezialitäten: Wild, Fisch, Steak

In den Tegeler Seeterrassen – Palais am See finden Veranstaltungen jeder Größenordnung statt (für 50 bis 1.000 Personen)

Die Gaststätten verfügen über Ballsäle, Vereinszimmer, Hochzeitszimmer, Kaffeeterrassen. Es sind 6 automatische Kegelbahnen (mit „Humboldt-Stuben") vorhanden.

G E F L Ü G E L - W I L D

Supreme v. Masthuhn, m.Spargel, Patnareis und Kopfsalat	DM 12,50
E n t e nach einem alten chin. Rezept mit Patnareis und Salatteller	DM 17,50
Hirschragout à la Forestiere", m. Apfelmus, Preiselbeeren, Kartoffelkroketten	DM 14,50
H a s e n f i l e t m. Sauerkirschen, Apfelrotkraut und Mandelbällchen	DM 18,50
Hirschmedaillons "Baden-Baden", m. Pfifferlingen, Haricots verts und Kartoffelkroketten	DM 22,50

Peter Huber

Ente nach einem alten chinesischen Rezept

Zutaten: (für 3 Personen) 1 Ente (ca. 1,5 kg), 50 g Fett, 50 g chinesische Pilze, 100 g Bambussprossen, 100 g Sojakeime, 200 g Reis, 1 Prise Salz, Pfeffer, 1 Messerspitze Knoblauch, 2 cl Weinbrand, 2 cl Sherry, 2 cl Weißwein, 1 Eßlöffel Sojasauce, 20 g Kartoffelmehl, 1 Kopfsalat, 2 Tomaten, 1/2 Gurke. **Zubereitung:** Die Ente waschen, trocknen, mit Salz, Pfeffer, etwas Knoblauch innen und außen würzen. In einem Bräter mit etwas Wasser ansetzen und bei ca. 250 Grad eine bis eineinhalb Stunden garen lassen. Dabei häufig übergießen. Ente erkalten lassen, ausbrechen und das Fleisch feinblättrig schneiden. Sauce: Den Bratfond entfetten und mit etwas Kraftbrühe auffüllen, danach durch ein Haarsieb passieren. Einlagen: Sojabohnenkeime, Bambussprossen, Pilze. Das Ganze mit etwas Kartoffelmehl binden. Würze: Sojasauce, etwas Knoblauch, Salz, Pfeffer und je 2 cl Sherry, Weinbrand und Weißwein. Zum Schluß das Entenfleisch dazugeben und nochmals aufkochen. Beilage: Körniger Reis (Kochzeit ca. 18 Minuten).

WARME VORSPEISEN u. ZWISCHENGERICHTE

Blätterteig-Pastetchen "Königin"	DM 8,50
Blätterteig-Pastetchen "Kardinal"	DM 10,50
Artischockenherzen, Schinkenjulienne im Reisrand, mit Sc. Hollandaise überbacken	DM 9,50
1/2 Dtzd. Weinbergschnecken in würziger Kräuterbutter	DM 8,50
Zarte Froschschenkel in Butter gebrachten, mit frischen Gartenkräutern	DM 12,50
Riesen-Scampis vom Grill, mit Kräuterbutter und Salaten o d e r im Reisrand mit Dillsauce	DM 18,50
6 Riesen-Scampis i.Bierteig gebacken, mit Knoblauch-Mayonnaise u.Salatteller	DM 22,50

T O A S T - SPEZIALITÄTEN

Geflügel-Toast "nach Art des Hauses": Hühnerbrust, Pilze, Spargel, Ananas	DM 10,50
Kleine Filets auf Toast "american" mit Artischockenherzen überbacken	DM 12,50

Berlin

Parkhotel Zellermayer

Meinekestraße 15, 1000 Berlin 15, Telefon (0 30) 88 20 51

Geöffnet täglich von 12 bis 15 Uhr und von 18 bis 22 Uhr

Spezialitäten: Kalorienarme Gerichte, meist in der Pfanne zubereitet, nach indischer, provencalischer, malayischer, amerikanischer und ungarischer Art

Das Parkhotel Zellermayer in zentraler Lage, nur einen Steinwurf weit vom faszinierenden Kurfürstendamm entfernt, bietet seinen Gästen die sprichwörtliche „Berliner Gastlichkeit" in stilvoller Atmosphäre. Die besonders ruhige Lage des Parkhotels, mit seinem bezaubernd gestalteten grünen Innenhof, wird besonders geschätzt.

Zum Hotel gehören die Jockey-Bar mit Weltstadt-Flair, das stilvolle Restaurant „Pavillon du Parc" mit seinen deutschen und ausländischen Spezialitäten, ein erstklassiges Speiserestaurant, Hotelbar, Konferenzzimmer und elegantes Foyer für Empfänge im Hause. Die Tiefgarage hat direkten Hotelzugang. – Alle Zimmer sind schallisoliert, haben Bad und WC, Telefon, Radio und TV-Anschluß.

Vorspeisen

Sardinenfilets
mit Zwiebelringen, Toast und Butter 7,-

✲

Sechs Weinbergschnecken
mit Kräuterbutter 7,50

✲

Gänseleberpastete
mit Toast und Butter 8,50

✲

Frische Nordseekrabben „Sylt"
mit Rührei, Toast und Butter 9,-

✲

Scampi Cocktail „Royal" 9,50

✲

Caviar Beluga, Malossol 28 gr. 24,-

Rezepte vom Küchenchef

Karlheinz Schmidt

Geschnetzeltes Singapore

Zutaten: Pro Person 90 g Brustfleisch von der Pute, in feine Streifen schneiden, in Sojasoße 1 Std. marinieren. – Bambussprossen, Palmitos, Lorcheln, 1 Stange Lauch, 20 g Glasnudeln, 1 rote Paprikaschote, 1/2 l Geflügeljus, 1 Eßlöffel Honig. Gewürze: Salz, Chili-Pulver, Soja-Soße. Beilage: Trockener Patna-Reis. **Zubereitung:** Fleisch in Butter anbraten und den Honig hinzufügen, dann das Fleisch aus der Pfanne nehmen. Dann erneut Butter hinein, nacheinander Paprika, Lauch, Bambussprossen, Palmitos und Lorcheln in die Pfanne geben und den Jus hineingeben. Das Ganze 5 Minuten durchkochen, das Fleisch wieder hinzugeben, kurz durchschwenken. Mit Salz und Chili-Pulver abschmecken und einen Eßlöffel der Soja-Marinade hineingeben, umrühren. Fertig. Die Glasnudeln sind in Salzwasser vorher zu kochen und nach Belieben hineinzugeben. Beilage trockener Patna-Reis.

Das ißt man in Berlin!

„Spree-Athener" Menu

Brathering mit Brot und Butter

*

Berliner Löffel-Erbsensuppe

*

Kasseler, Speck, Würstchen, Sauerkraut und Kartoffelpüree

*

Rote Grütze mit Vanillesauce

*

.... dazu Bier und Sauern mit Persiko

DM 24,50

„Bolle"-Teller

Berliner Boulette mit Specksalat, Kasseler, Wurst, Schinken, Harzer mit Schmalz und Schwarzbrot

DM 17,-

Nordrhein-Westfalen

Ratskeller Aachen

Markt, 5100 Aachen, Telefon (02 41) 3 50 01
Mitglied der Chaîne seit 1973
Durchgehend geöffnet

Im „Kurfürstenzimmer" des Ratskellers lebt leise Erinnerung an längstvergangene Zeiten, da die Kurfürsten des alten Deutschen Reiches neben dem König als vornehmste Gäste bei wiederholten Krönungsfeierlichkeiten in Aachen weilten.

	DM
Original Nürnberger Rostbratwürstchen mit Weinkraut und Kartoffelpüree	**9,20**
Jägerschnitzel mit pommes frites und Salaten	**15,50**
Turkey-Toast (Putersteak, Sahnesauce, Madagaskar-Pfeffer, Salat)	**9,80**
Leckerbissen nach Schweizer Art, mit Kartoffel-Kroketten und Saisonsalaten	**18,20**
*** Kaiser-Karl-Steaks mit Residenzkartoffeln und feinen Gemüsen**	**19,—**
*** Putersteak "Florida" mit glacierten Früchten umlegt, Kartoffel-Kroketten (am Tisch zubereitet)**	**23,50**
Paprika-Sahne-Steak mit Zuckererbsen und Butterkartoffeln	**22,80**
Rumpsteak mit grünem Pfeffer in Sahnesauce, mit gemischtem Salat und pommes frites	**22,80**
Original "Balkan-Spieß" mit Zigeuner-Sauce, Reis und Butterreis	**14,80**
"PAMPA-Steak" (300 Gramm) auf Holzbrett mit Chili-Sauce und Salatplatte	**27,50**
*** Zartes Puterbruststeak "Americaine" mit pommes croquettes, haricots verts, Grilltomate, gebackene Petersilie und feinen Erbsen**	**21,80**

Rumpsteaks mit frisch geschabtem Meerrettich

Zutaten und Zubereitung: 4 Rumpsteaks à 180 g mit Salz und Pfeffer würzen und in eine Grillpfanne legen, jede Seite 2 bis 3 Minuten bei großer Hitze grillen. Kurz vor dem Servieren in zerlassener Butter wenden. 1 Stück frischen Meerrettich schälen und mit einem Messer von der Blüte zur Wurzel in langen Streifen abschaben (vor der Verarbeitung empfiehlt es sich, die Meerrettichwurzel 2 Std. in Wasser quellen zu lassen). Die Steaks auf eine vorgewärmte Platte legen und den geschabten Meerrettich mit einem Stück grünem Salat auf die Steaks legen.

Schweizer Käse in Bierteig gebacken

Zutaten und Zubereitung: 250 g Mehl mit 1 Glas Pilsner Bier zu einem zähflüssigen Teig anrühren. 2 Eigelb, 1 Prise Salz und Zucker zugeben und verrühren. 4 Eiweiß zu einem festen Schnee schlagen und leicht unter den Teig heben. 4 Scheiben à 100 g original Schweizer Käse in Mehl wälzen und durch den Teig ziehen, sofort in reinem Pflanzenfett schwimmend ca. 5 bis 6 Minuten bei 180 Grad ausbacken. Auf einem Tuch gut abtropfen lassen und heiß mit Preiselbeerkompott servieren.

Legierte Fischsuppe

Zutaten und Zubereitung: 2 Eßl. Butter zerlassen, 200 g in Würfel geschnittenes Seelachsfilet, 1 Möhre, 2 mittlere Zwiebeln, 1/3 Stück Sellerie und 1 große Stange Lauch, in feine Streifen geschnitten, zugeben und bei mäßiger Hitze mit 2 Lorbeerblättern und 3 Nelken langsam dünsten. Nach 30 Minuten mit 1/8 l Weißwein kurz ablöschen. Ist die Flüssigkeit verdampft, 50 g Mehl zugeben und mit nochmals 1/8 l Weißwein und 1 l Wasser auffüllen. Weitere 30 Minuten unter ständigem Umrühren kochen lassen. Anschließend durch ein feines Haarsieb passieren. 100 g feste Butter langsam unterrühren. Unmittelbar vor dem Servieren 2 Eigelb mit 1/8 l Sahne verrühren und in die Suppe einlaufen lassen (nicht mehr kochen!). Mit Zitronensaft abschmecken. Die Fischsuppe mit einem Klecks Schlagsahne servieren und nach Belieben etwas gedünsteten Fisch oder Shrimps, oder Krabben untermischen.

Mild geräuchertes Bachforellenfilet
mit Sahnemeerrettich, Toast und Butter — **9,80**

Filet de truite, creme de raifort, toast et beurre
Smoked fillet of trout, horse-radish-cream, toast and butter

*** Matjesfilet auf Eis mit grünen Bohnen**
Salzkartoffeln und Stück Butter — **10,20**

Filet de jeunes harengs, haricots verts, pommes nature et beurre
White herring fillet on ice, French beans,
fresh butter and boiled potatoes

Cocktail von Meeresfrüchten mit Toast und Butter — **15,00**

Cocktail de fruits de mer, toast et beurre
Crab-meat cocktail, toast and butter

Hausgebeizter Silberlachs mit Sahnemeerrettich
Waldorfsalat, Toast und Butter — **18,20**

Saumon fumé avec creme de raifort, toast et beurre
Smoked salmon with horseradish-cream,
Waldorf-Salad, toast and butter

Bielefeld

Spezialitäten-Restaurant Löwenhof + Rauchfang

Niederwall 43–45, 4800 Bielefeld, Telefon (05 21) 6 04 44

Geöffnet täglich, außer dienstags, von 11 bis 24 Uhr

Spezialitäten: Schweizer, westfälische und internationale Spezialitäten

Seit 1879 befindet sich das Spezialitäten-Restaurant im Familienbesitz. Der Gast hat die Wahl zwischen dem eleganten „Löwenhof" mit originellem Wandschmuck und dunkler Balkendecke und dem rustikalen „Rauchfäng" mit dem Schweizer Barbuffet und dem mit Schieferplatten abgedeckten Kamin, der mit westfälischen Würsten und Schinken appetitanregend wirkt. Für besondere Veranstaltungen stehen geschmackvoll gestaltete Gesellschaftsräume (mit separatem Eingang) zur Verfügung.

Kalbspiccata „Mailänder Art" auf Butterspaghetti angerichtet, mit Champignons und Schinkenjulien, Tomatensauce und Kopfsalat
DM 18,50

Kalbsnierentopf „Perico Chicote"
Nieren, rosa gebraten, mit frischen Champignons in Cognac-Kräuterrahm, dazu Salatherzen mit Kresse, Trüffelreis .... DM 19,50

Rinderfiletspitzen „Stroganoff" mit Gurkenstreifen, Champignons und Schinken in Sauerrahmsauce, Butterreis und Gurkensalat .... DM 20,00

Saftiges T.-Bone-Steak vom Holzteller mit Grilltomate, Sce. Bearnaise und pommes frites ...... DM 27,00

Rezepte vom Küchenchef

Karl-Heinz Klempsmann

Kalbsnieren „Löwenhof"

Zutaten: (für 3 Personen): 450 g Kalbsnieren (mit dünner Fettumrandung), Streuwürze, Salz und Pfeffer, etwas Mehl, Butter zum Braten, 30 g feinwürfelig geschnittene Schalotten, 90 g feinblätterig geschnittene, rohe Champignons, Cognac zum Flambieren, 75 g Sherry, 240 g Rahm, 30 g Butter „Café de Paris", 30 g Schlagrahm, 3 halbe Artischockenherzen. **Zubereitung:** Die Kalbsnieren in 1 cm dicke Scheiben schneiden. Mit Streuwürze, Salz und Pfeffer würzen. Mit 1 1/2 Eßlöffel Mehl bestäuben. Rasch in Butter rosa anbraten und warmstellen. 30 g feinwürfelig geschnittene Schalotten und 90 g feinblätterig geschnittene, rohe Champignons im Bratfett dämpfen. Nieren dazugeben und mit Cognac flambieren. Die Nieren in Kokotte anrichten. Den Bratensatz mit 75 g Sherry ablöschen, 240 g Rahm in das Sautoire geben und auf die Hälfte einkochen lassen. Evtl. mit Streuwürze, Salz und Pfeffer abschmecken und die Sauce etwas abkühlen lassen. 30 g „Café de Paris"-Butter und 30 g Schlagrahm unterziehen. Drei halbe Artischockenherzen feinblätterig schneiden, in die Sauce geben und über die Nieren geben. Dazu als Beilage feine Nudeln oder Trockenreis und Kopfsalat mit Kresse.

Kalbsleber „Kalkutta" in Butter gebraten,
mit gewürfelten Bambussprossen, Bananen, Äpfeln,
Ananas, Pfirsich und Mango Chutney,
auf Curryreissockel
DM 18,80

NASI GORENG
Gebratenes Schweinefilet mit Krabben, Schinken,
Reis und Streifen von Eierkuchen,
Salat von Sojakeimen
DM 17,00

Schweinerückenstück „Kopenhagen"
mit Speckstreifen, Perlzwiebeln, Champignons und
Äpfeln in Rahmsauce, dazu Bratkartoffeln mit
Zwiebeln und frischem Krautsalat
DM 16,00

Rahmgeschnetzeltes „Züricher Art" mit Champignons
in Sahnesauce, Kopfsalat und original Berner Rösti
DM 17,50

Düsseldorf Hilton

Georg-Glock-Straße 20, 4000 Düsseldorf, Telefon (02 11) 43 49 63
Mitglied der Chaîne seit 1970
Restaurant täglich geöffnet von 19 bis 23 Uhr

Spezialitäten: Restaurant San Francisco: Berühmt für seine feinen Fleisch-Spezialitäten der Hereford-Rinder, wie z. B. die Hochrippe vom Silberwagen tranchiert; täglich neue, vom Küchenchef handgeschriebene Spezialitätenkarte, auf der frische Marktprodukte (je nach Saison) dominieren.

Die modernen, klaren Linien des zwölfstöckigen Gebäudekomplexes lassen kaum etwas vermuten von der Behaglichkeit und dem diskreten Luxus, mit dem das größte Hotel der Landeshauptstadt aufzuwarten hat. Seine insgesamt 383 Gästezimmer, 8 Suiten und nicht zuletzt die Präsidentensuite bieten in ihrer bequemen und geschmackvollen Ausstattung alle Voraussetzungen dafür, dem Gast ein „gemütliches zu Hause auf der Reise" zu geben. Alle Zimmer sind mit Bad und Dusche, Farbfernsehen, einer reich bestückten Getränkebar, Klimaanlage, Radio und Durchwahltelefon ausgestattet.

Als internationaler Treffpunkt verwöhnter Feinschmecker erfreut sich das Restaurant SAN FRANCISCO größter Beliebheit. Hier dominieren frische Marktprodukte die handgeschriebene Tageskarte von Küchenchef Günter Scherrer. Alle Gerichte, die je nach Saison variieren, entsprechen in Qualität und ihrer ausgesprochen leichten Zubereitungsweise höchsten Gourmet-Ansprüchen. Besonders zu erwähnen sind auch die berühmten Dessert-Kreationen von Maître Kurt Aeberhard, deren Zubereitung er mit viel Fantasie und erlesenen Zutaten meist vor den Augen des Gastes zelebriert.

AUSZUG AUS DER HANDGESCHRIEBENEN SPEZIALITÄTENKARTE VON KÜCHENCHEF GÜNTER SCHERRER, AUF DER TÄGLICHE FRISCHE MARKTPRODUKTE DIE MENÜAUSWAHL BESTIMMEN:

Kleine Casserole von Austern nach Feinschmeckerart

Meerwolf in der Salzkruste gebacken

Fische Entenleberterrine nach Jacques Le Divellec
mit Langustinenschwänzen und feinen Gemüsen

Bresse-Taubenbrüstchen, rosagebraten, mit Ochsenmark,
Sellerie und Bohnenpürée.

Rezepte vom Küchenchef

Günter Scherrer

Meerwolf in Salzkruste

Zutaten (für 4 Personen): 1 Meerwolf, ca. 1,8 kg, 12 Sauerampferblätter, 20 gr Kerbel, 10 gr Dill, 50 gr Blattpetersilie, 1 Lorbeerblatt. **Für die Kruste:** 1/5 l Wasser, 2 Eiweiß, 2500 gr grobes Salz. **Zubereitung:** Den Meerwolf ausnehmen, ohne den Bauch ganz aufzuschlitzen; ein Querschnitt unterhalb der Kiemen genügt. Den Fisch schuppen, Flossen und Kiemen mit der Schere abschneiden. Den Meerwolf waschen und gut abtrocknen. Die gewaschenen, unzerhackten Kräuter locker in den Fischbauch einfüllen. Für die Kruste das Wasser mit dem Eiweiß vermengen, zu dem Salz geben und gut verrühren, bis alles Salz feucht ist. Auf einem großen Backblech eine 2 cm Salzschicht ausbreiten. Den Meerwolf darauflegen und mit dem restlichen Salz einhüllen. Das Salz fest andrücken. Den Fisch im vorgewärmten Ofen (200°) etwa 35 Minuten backen. Zwischendurch mehrmals mit Wasser befeuchten, damit die Kruste nicht platzt.

A la Carte:

HOCHRIPPE VOM TEXAS STEER

AUSGEWÄHLTE AMERIKANISCHE QUALITÄT,
AUF DEM SILBERWAGEN NACH IHREM WUNSCH TRANCHIERT, MIT KARTOFFEL IN DER FOLIE GEBACKEN, SAUERRAHM UND SAN FRANCISCO SALAT
35,00

VOM BRATSPIESS

Knusprige Ente von Barbarie für 2 Personen, feine Mandarinen Sauce, Apfeltartelettes 35,00 pro Person
Ganzes Zuchtküken auf Kalifornische Art 19,50

VOM HOLZKOHLENGRILL

AMERIKANISCHES COLORADO BEEF
Das Fleisch korngefütterter junger Hereford-Rinder aus den Prärien des Amerikanischen Westens

Sirloin Steak New York cut (Entrecôte)
Wir empfehlen Ihnen:
Minute – 225 gr 32,00 *Nob Hill* – 340 gr 42,00
Golden Gate – 450 gr 50,00

Porterhouse Steak mit frischem geschabten Meerrettich, für 1 Person 45,00, für 2 Personen 80,00

VOM GRILL

T-Bone Steak vom jungen Kalb mit Kräuterbutter 32,50
Filet Mignon, Sauce Béarnaise 32,00
Westfälisches Schinkensteak mit glasiertem Ananasring 22,00
Geschabtes Amerikanisches Rumpsteak mit Roquefort gefüllt 25,00

Alle Gerichte vom Spieß oder Holzkohlengrill werden serviert mit: Gebackener Kartoffel in Silberfolie, oder Pommes frites, Zwiebelringen und einem San Francisco Salat, der nach Ihrem Wunsch zubereitet wird.

Düsseldorf

Hotel Inter-Continental Düsseldorf

Karl-Arnold-Platz 5, 4000 Düsseldorf 30, Telefon (02 11) 43 48 48
Mitglied der Chaîne seit 1969
Restaurant geöffnet von 7 bis 15 Uhr und 18.30 bis 24 Uhr

Spezialitäten: Saisonspezialitäten während des ganzen Jahres (Spargel, Wild usw.); zwei kulinarische Spezialitätenwochen pro Jahr; großer Silvesterball, Neujahrsbrunch.

Zentral zwischen Flughafen, Messegelände und Hauptbahnhof gelegen, bildet das im Jahre 1969 erbaute Hotel Inter-Continental Düsseldorf ein ideales Domizil für den modernen Geschäftsreisenden.

In zwei großen Bauabschnitten konnte die Renovierung sämtlicher Gästezimmer, die den Einbau von schalldichten Fenstern einschließt, sowie des Bankett- und Veranstaltungszentrums durchgeführt werden. Technischer Komfort und eine gediegene Atmosphäre bilden eine gelungene Kombination. Bankett- und Konferenzräume in verschiedenen Größen bieten sich an als geeigneter Rahmen für Bankette, Seminare, Konferenzen und Familienfeiern.

Für das leibliche Wohl sorgen unser Restaurant „Rôtisserie" (einschließlich „Stammtisch" und „Schwarzer Salon"), die Snack Bar „Brasserie" sowie die „Kürassier Lounge", eine Bar mit historischer Atmosphäre.

Die moderne Küchentechnik erlaubt es Küchenchef Egon Hofmann und seiner Brigade, in allen Räumlichkeiten bis zu 900 Gäste gleichzeitig bewirten zu können. In diesem Zusammenhang möchten wir nicht unerwähnt lassen, daß wir unsere Angebotspalette durch ein umfangreiches Catering Service erweitert haben.

Aus der Tageskarte:

L'Emince de Veau aux Crevettes "Epicurienne"	DM 34,50
Le Foie de Veau au Vinaigre de Jerez	DM 28,00
Sabayon au Beaujolais aux Fraises	DM 14,00

MITTAGS-TAGESKARTE:

Ententerrine mit Kresse-Radieschen-Salat	DM 16,00
Hausgebeizter Lachs mit schwedischer Dillsauce	DM 24,00
Lammnüßchen "Provençale" Frische, grüne Bohnen, Lyoner Kartoffeln	DM 26,00
Rouget "Baron Brisse" Spinattörtchen, Dampfkartoffeln	DM 24,00
Poulardenkeule in Estragonrahm Champignonreis	DM 21,00

Rezepte vom Küchenchef

Egon Hofmann

Jakobsmuscheln mit feinen Lauchstreifen in Safran

Zutaten (für 4 Personen): 20 Stück frische Jakobsmuscheln, 2 dl trockener Weißwein, 1/2 dl Nolly Prat, 2 dl Fischfond, 2 dl Sahne, 10 gr gehackte Schalotten, 50 gr Butter, Salz, Zitronensaft, Safran. **Zubereitung:** Gehackte Schalotten und Lauchstreifen mit etwas Butter und Weißwein kurz dünsten. Die Jakobsmuscheln beigeben, mit Nolly Prat, Weißwein und Fischfond bedecken, Safran hinzufügen und ziehen lassen. Die Muscheln kurz vor dem Garwerden herausnehmen und den Sud bis zur Hälfte einkochen. Die Sahne beifügen und nochmals zur Hälfte einkochen. Die Butter flockenweise unterrühren und die fertige Sauce mit dem Lauch über die Muscheln geben.

Filet Mignons de Boeuf aux deux Moutardes

Zutaten (für 4 Personen): 8 Filet Mignons à 75 Gramm, 20 gr Butter, 3 dl kräftiger, brauner Kalbsfond, 3 dl Sahne, 80 gr grüner Kräutersenf, 80 gr brauner Gewürzsenf, Salz, Pfeffer. **Zubereitung:** Die Filets mit Salz und Pfeffer würzen und in zwei verschiedenen Sauteusen rosa braten. Herausnehmen und den Bratensatz mit dem Kalbsfond ablöschen. Die Sahne beigeben und auf 1/3 herunterkochen lassen. In jede der beiden Sauteusen eine der Senfsorten einrühren. 4 der Filets mit der grünen Sauce und 4 mit der braunen Sauce bedecken und servieren.

A la Carte:

2 Personnes

Le Chateaubriand, Sc. Bearnaise 68,-
Doppeltes Rinderfilet mit Sc. Bearnaise,
frische Gemüse der Saison, Ofenkartoffel
Chateau Briand, Sc. Bearnaise

Le Carre d'Agneau à la Provençale, ou aux Fines Herbes 64,-
Lammrücken mit feinen Kräutern oder
Provençale, frische grüne Bohnen und
gratinierte Rahmkartoffel
Roast Saddle of Lamb Provençale or with
fresh Herbs

La Selle de Veau «Fiorentine» 65,-
Kalbsrücken «Fiorentina»
Frische Gemüse der Saison, Ofenkartoffel
Roast Saddle of Veal «Fiorentina»

La Brochette «Maître Rôtisseur» 61,-
Grillspieß «Maître Rôtisseur»
Salat der Saison, Ofenkartoffel und Sauerrahm
Charcoal grilled Brochette «Maître Rôtisseur»

Restaurant „Naschkörbchen"
Stockheim GmbH & Co. KG

Wilhelm-Marx-Haus, Heinrich-Heine-Allee 54–58, 4000 Düsseldorf, Telefon (02 11) 32 56 03 und 32 73 01

Täglich, außer sonn- und feiertags, geöffnet von 12 bis 24 Uhr

Das Restaurant „Naschkörbchen", im Herzen der Stadt Düsseldorf gelegen, bietet seinen Gästen in gepflegter Atmosphäre ein gediegenes Lunch oder Dinner, auch noch nach dem Theater.

Der Stockheim-Party-Dienst ist auf private Festlichkeiten spezialisiert. Stockheim liefert kalte Buffets (ab 20 Personen) und stellt auf Wunsch Besteck, Porzellan, Gläser und Bedienungspersonal, gibt Anregungen für ein passendes Motto und beschafft Requisiten und Dekorationen.

Aus der Tageskarte:

Crêmesuppe von frischen Austernpilzen	7,50
Avocado gefüllt mit Kalbsmilcher	15,50
Frische Pfifferlinge im Eimantel auf Toast	14,50
Lachsscheibe in Senfsauce Radicchiosalat, Dillkartoffeln	27,--
Junge dicke Bohnen mit Kaiserfleisch Petersilienkartoffeln	17,50
Entrecôte "Naschkörbchen" Austernpilze, Risolêekartoffeln	25,50
Salat von frischen Beeren mit flüssiger Sahne	10,--
Frische Feigen in Portwein, auf Vanilleeis	9,--
Frische Preiselbeeren mit Kirschwasser, Zitroneneis	9,--

Rezepte vom Küchenchef

Rüdiger Pfitzer

Kalbsnieren in Calvadossauce, Champignons, Petersilienkartoffeln, Kopf- und Tomatensalat

Zutaten (für 3 Personen): 600 g Kalbsniere, 30 g Schalotten, 200 g Champignons, 6 cl Calvados, 150 g Crème fraiche, 1 Bund Basilikum, 300 g Kartoffeln, 1 Bund Petersilie, 300 g Tomaten, 1 Kopfsalat, Rotweinessig, Olivenöl, Salz, schwarzer Pfeffer, Knoblauch. **Zubereitung:** Kalbsniere vom Fett befreien, in Scheiben schneiden. Pfanne mit Olivenöl erhitzen, Niere kurz anbraten, zur Seite stellen. Schalotten anschwitzen, die in Scheiben geschnittenen Champignons zugeben und alles anschwenken. Mit Calvados ablöschen, Crème fraiche zugeben, leicht köcheln, zurückziehen und die Nieren unterschwenken. Mit Salz, schwarzem Pfeffer und etwas frischem Knoblauch würzen. Basilikumblätter als Garnitur. Dazu Salzkartoffeln in reichlich Petersilie geschwenkt, Kopf- und Tomatensalat in French Dressing.

A la Carte:

Grillspezialitäten

DM

Entrecôte „Strindberg", Zwiebeln, Kräutersenf, Pommes frites 25,00
Entrecôte „Strindberg", onions, mustard with fine herbs
Entrecôte „Strindberg", oignons, moutarde aux fins herbes

Rinderfilet natur, 250 g,
Salat „Patron", Grilltomate, Pommes frites 32,00
Fillet of beef, grilled tomato
Filet de boeuf nature, tomate grillée

Pariser Pfeffersteak am Tisch flambiert,
Reistimbale, gemischter Salat in Roquefort-Dressing 30,00
Parisien pepper steak
Steak au poivre „Parisien" flambé

Lammnüsschen „Gärtnerin", Blattspinat, Kräuterbutter,
Majorankartoffeln 23,00
Medaillons of Lamb, spinach
Noix d' agneau „Jardinière", épinards, beurre „Maître d' hôtel"

Kalbsfilet „Femina", mit Ingwer, Ananas und Kirschen flambiert,
Reis, Blattsalat in Honigsahne 23,50
Fillet of veal with ginger, pineapple, flamed cherries
Filet de veau „Femina" avec gingembre, ananas, cerises flambées

Kalbsrückensteak „Horcher", Gänseleberparfait auf Artischockenböden,
Prinzeßböhnchen, Petersilienkartoffeln 29,50
Veal steak „Horcher", goose-liver on hearts of artichoke
Steak de veau „Horcher", parfait de foie gras sur coeurs d' artichaux

Hirschmedaillons „Diana", Waldpilze, gefüllte Rotweinbirne,
hausgemachte Spätzle 28,00
Joung venison steaks „Diana" with mushrooms
Médaillons de cerf „Diana", champignons

Kalbsnieren in Calvadossauce, Champignons,
Petersilienkartoffeln, Kopf- und Tomatensalat 18,50
Kidneys in Calvadossauce
Rognons de veau avec sauce au Calvados

Duisburg

Bundesbahnhotel und Hauptbahnhofgaststätten

Mercatorstraße 15, 4100 Duisburg 1, Telefon (02 03) 33 90 47
Mitglied der Chaîne seit 1969
Durchgehend geöffnet von 7 bis 23 Uhr

Direkt am Puls der Stadt, im Hauptbahnhof Duisburg, befindet sich das Bundesbahnhotel. Es ist für jeden leicht zu finden. Die vielfach preisgekrönte Meisterküche, gepflegte Drinks und ein guter Service sorgen für Zufriedenheit und Wohlergehen der Gäste. Telefon, Theater- und Kinokasse, Reisedienst, Wäscherei und Plätterei stehen zur Verfügung.

PREISGEKRÖNTE MEISTERKÜCHE

Rezepte vom Küchenchef

Ernst-Volker Hoffmann

Spezialtellergericht „Culinar"

Zutaten und Zubereitung: Ein mit Gänselebermus zart gefülltes Kalbsrückensteak wird rosa saftig in Butter gebraten, danach bestreichen wir es halbseitig mit einem leichten Reis-Zwiebelmus, anschließend die andere Hälfte mit feinem Ragout fin, nappieren dann das Steak mit sauce hollandaise und sauce choron. Nachdem wir gratinieren, garnieren wir mit Streifen gebratener Kalbsleber aus. Diese richten wir dann auf einem dekorativen Grillteller in der Mitte an. Um den Genuß dieser Speise zu vervollkommnen, placieren wir um sie herum fein ansautierte Pfifferlinge, eine gegrillte Tomate, einige Mandelbällchen, einen kleinen Reistimbale und einen Eßlöffel französischer Erbschen in einer römischen Pastete.

IM RESTAURANT
FINDEN SIE EINE GEMÜTLICHE
„NIEDERRHEINISCHE
BAUERNECKE".

ZWEI KLEINERE
KONFERENZRÄUME BIETEN
FÜR GESCHÄFTLICHE
BESPRECHUNGEN, TAGUNGEN
UND ARBEITSESSEN
EINEN ZWECKMÄSSIGEN
RAHMEN.

DAS „CULINAR"
EIGNET SICH BESONDERS FÜR
KLEINERE GESELLSCHAFTEN,
PARTIES UND FAMILIENFESTE.

IM GROSSEN SPEISESAAL
FINDEN FESTE UND
VERANSTALTUNGEN BIS ZU
80 PERSONEN STATT.

Hilchenbach (Rothaargebirge)

Hotel Restaurant „Deutscher Hof"

5912 Hilchenbach, Telefon (0 27 33) 43 39
Mitglied der Chaîne seit 1975
Geöffnet täglich von 6.30 bis 2.00 Uhr

Spezialitäten: Wildspezialitäten

Der schöne Fachwerkbau „Deutscher Hof" strahlt eine so anheimelnde Atmosphäre aus, daß es wohl zu verstehen ist, wenn hier die Künstler von Bühne, Fernsehen und Film wohnen und essen, wann immer sie sich in der Umgebung aufhalten.

1/2 Matjesfilets-Röllchen "Schwedische Art"
Schildkrötensuppe / Chesterstange
Gespickte Rehkeule "St. Hubertus"
feine Waldpilze aus hiesigen Wäldern,
Kartoffelbällchen, Williams-Christ-Birne
mit Preisselbeeren, Eisbecher "Advokat" DM 29,50

Delikate "Herbst-Schnitte"
(gekochter Schinken und Braten)
Gurken, Tomaten, Ei-Scheiben
in Sce. Vinaigrette,
Bauernbrotschnitte DM 8,50

Rehrücken "Diana" mit bayerischen
Pfifferlingen, geschmorte Williams-
birne m. Preisselbeeren gefüllt,
pommes croquettes (ab 2 Personen)
pro Person DM 28,50

Gespickter Hasenrücken "Försterin"
mit Burgunderkraut, Kartoffelbällchen,
Apfelkompott mit Preisselbeeren
(für 2 Personen) pro Person DM 16,50

Hilchenbach (Rothaargebirge)

Frau Hedwig Kindermann

Lebendfrische Bachforelle „blau" DM
mit zerlassener Butter oder „Müllerin",
Pommes nature, Kopf-Gurkensalat 15,80

Gekochte Rinderbrust „du Marche" DM
mit marktfrischen Gemüsen,
Dampfkartoffeln, Meerrettichsenf 14,50

Siegerländer Spießbraten,
Bratkartoffeln, Krautsalat 15,50

Hasenrückensteak „Nimrod" DM
Wacholderrahm, feine Pilze,
Ananas, pommes croquettes,
Apfelmus mit Preisselbeeren 16,50

Rehmedaillions „Rothaargebirge"
Pfifferlinge
Williams-Christbirne
mit Preisselbeeren, Mandelcroquetten 25,-

Siebelnhof mit Restaurant „Chesa"

Siebelnhofstraße 45, 5912 Hilchenbach, Telefon (0 27 33) 44 44 und 30 66
MItglied der Chaîne seit 1971

Spezialitäten: Gefüllte Salmschnitte „Méditerrané" in Hummerschaum mit Trüffel

In dem neuen, vielseitig gegliederten Restaurant mit einem repräsentativen Entree findet der Gast sehr bald eine behagliche und private Atmosphäre. Moderne Stilelemente und landschaftsgebundene Charakteristika bilden bei der Innenausstattung des gesamten Hauses eine sinnvolle Synthese. Die reizvolle Umgebung des Siebelnhofes und die gemütliche „Chesa" geben den richtigen Rahmen für Gesellschaften und private Geselligkeiten. Was Küche und Keller bieten, dürfte auch verwöhnteste Ansprüche zufriedenstellen.

Der Siebelnhof verfügt über 50 Betten. Die geschmackvoll eingerichteten Einzel-, Doppelzimmer und Appartements besitzen fast alle Balkon- oder Loggiaanschluß, großzügige Sanitäreinrichtungen sowie Selbstwähltelefon.

»Spätsommer im Siegerland«

Diner Amical-Siebelnhof, Hilchenbach
9. September 1977

Eiskalter Siegerländer Korn

1976er
Oberbergener Baßgeige
Ruländer – Spätlese, trocken – Kabinett
Weingut Schwarzer Adler
Franz Keller, Oberbergen

1975er
Ahrweiler Forstberg
Spätburgunder Rotwein
Erz.-Abf. Weingut Adeneuer

Fürst von Metternich
Sekt-Bereich Johannisberg
extratrocken

Café Marinissimo - Digestif

»Sejerlänner Hirdedeller«
Blood-, Läwer-, geräjcherde Broadwurscht
on Schwoartemaje em Knäller

Doffelnsobbe
us ner im Fuur gebackene Doffel

Schumm va fresche Frelln
bet Surambelstibb

Wasseriss bet fresche Haubergswolwern

Hirschrögge em Blärerdeich,
Fleischmoos bet Brandewing,
fresche Pfäfferlenge em Schmand,
gebackener Doffelnsbräjj

Isebahnsbähnersch Schmackes
bet Brombernsoaft

Rezepte vom Küchenchef

Erich Steuber

Kalbsfilet à la façon du Chef

Zutaten und Zubereitung (für 3 Personen): Ca. 480 g bestes Kalbsfilet. Gut enthäuten. Kleine hochgeschnittene Filets schneiden, kurz mit Rosmarin und Salz und grobem Pfeffer würzen. Sodann kurz in Butter anbraten. Orangenfilets fertigstellen, Butter, Grand Marnier und flüßige Sahne. Die kleinen hochgeschnittenen Kalbsfilets werden am Tisch des Gastes nochmals kurz in heißer Butter gewendet. Orangenfilets werden kurz miterhitzt (die Orangenform muß Filets soll erhalten bleiben). Nur kurz sautieren. Mit Sahne und Grand Marnier ablöschen. Als Beilage empfehle ich kleine Fenchelherzen oder frische französische Nadelböhnchen und gratinierte Kartoffelscheiben.

Frische Erdbeeren „Chesa"

Halbe Früchte auf einen dünn geschnittenen Frisch-Ananasring legen. Sodann mit gut aufgeschlagener Sabayon überziehen, nun kurz im Salamander leicht Farbe geben. Sofort heiß servieren!

Allerlei aus der Chesa-Küche

»Siebelnhof's Bauernschmaus« mit Fleisch, Ei, Tomaten, Zwiebeln, auf Schinkennudeln	12,75
Schweine-Selchrückenstück »böhmische Art«, mit Gurke, Zwiebeln, Paprika und Kartoffelstreifen	13,80
»Chesa-Hirtenspieß« mit Salaten auf Gemüsereis (versch. Fleisch, Leber, Speck)	14,90
2 Schweinelendchen »Don Alfredo« mit Rahmchampignons auf grünen Nudeln in Knoblauchsahne	17,80
Rostbraten mit geschmorten Früchten, Sce. Hollandaise, pommes frites, Kopfsalat	17,80
Kalbsschnitzel »Cordon bleu« mit Herzogin-Kartoffeln, Zuckererbsen	19,00
Rumpsteak »Forstmeister Art« mit Speckpfifferlingen, Grilltomate, Kartoffelkroketten	21,00
Entrecôte »Café de Paris« in zart-schmelzender Kräuterbutter, knuspriges Rösti, gem. Salatteller	19,75

Börsen-Restaurant Herchenbach & Staats KG

Unter Sachsenhausen 10–26, 5000 Köln 1, Telefon (02 21) 13 56 26 und (02 21) 13 42 64
Mitglied der Chaîne seit 1975
Geöffnet täglich von 12 bis 24 Uhr, sonntags ab 15 Uhr

Spezialitäten: Oxtail clair „Lord Parker", Fischfeingericht à la maison, Lammrücken Châtillon

Das „Börsenrestaurant" bestand im Jahre 1952 aus zwei Restaurationräumen: der „Börsenschenke" und dem „Börsenkeller", Letzterer wurde 1965 um einen kleinen Raum, das „Merkur-Zimmer" erweitert. 1971 kam schließlich ein vierter Raum hinzu, das „Obere Restaurant". – Während die rustikal eingerichtete Börsenschänke den Charakter einer kölschen Kneipe hat, vermittelt der großzügig angeordnete Börsenkeller (mit ca. 110 Plätzen) den Eindruck eines gehobenen Speiserestaurants. Das Merkur-Zimmer mit 14 Plätzen eignet sich gut für Veranstaltungen, Das Obere Restaurant (ca. 50 Plätze) ist mit seiner vornehm-gediegenen Einrichtung der oberen Spitzenklasse der Speiserestaurants zuzurechnen. Um Mißverständnisse auszuschließen: die Qualität von Küche, Keller und Service ist – bei angemessenen Preisen – im gesamten Börsenrestaurant „ausgezeichnet" (im wahrsten Sinne des Wortes).

Fischgerichte

	DM
Forelle blau mit zerlassener Butter, Salzkartoffeln und Kopfsalat	Preis nach Größe
Heilbutt in Courtbouillon, Sauce Mousseline, Salzkartoffeln und Kopfsalat	20,[illegible]
Edelsalm vom Rost, Kräuterbutter, Petersilienkartoffeln, Gurkensalat in Rahm	24,[illegible]
Mixed Grill von Seefischen mit Hummerscampi, Grilltomate, Röstspeck, Patna-Reis und grüner Salat . .	23,[illegible]
Gebratene Seezunge „Müllerin-Art", Salzkartoffeln und gemischte Salate	25,-

Küchenchef Gottfried Staats

Chinesische Hummerscampi „Bombay Style"

Zutaten und Zubereitung: 4 Stück Hummerscampi in wenig geklärter Butter sautieren und mit Scotch Whisky flambieren. Anschließend mit Currypulver bestäuben und mit flüssiger Sahne auffüllen. Im Ofen 8 – 10 Minuten garen, die Scampi herausnehmen. Die Sauce einreduzieren lassen und mit frischer Butter aufmontieren. In der Zwischenzeit schwenken wir in einem kleinen Topf je 30 g Weintrauben (abgezogen und entkernt), Bananenstäbchen, Stückchen von frischer Ananas, kleine Melonenkugeln und Mandarinen mit Butter an. Anrichten: Auf einen heißen Teller Reisrand stürzen. In den Reisrand die Hummerscampi legen, das ganze Obst darüber und mit der Sauce überziehen. Geraspelte Kokosflocken über das Gericht geben und servieren.

Fleischgerichte

			DM
Filetsteak vom Rost, Sce. Béarnaise, Kartoffelstäbchen, gemischte Salate	150 g 23,—	200 g 28,—	250 g 32,—
Schweinelendchen „Fiorentina", gewürzt mit Knoblauch und Salbei, Blumenkohl „Polnische Art", Petersilienkartoffeln			20,—
Kalbsgeschnetzeltes „Schweizer Art", frische Champignons, Rösti, gemischte Salate			19,—
Filetgulasch „Stroganoff", frische Champignons, Senfgurke, Tomate, Kartoffelkroketten			21,–
Kalbssteak nature oder au four, feine Erbsen, gestiftelte Karotten, Schwenkkartoffeln			23,50
Gefülltes Kalbsrückensteak „Börsen-Restaurant", mit Banane, Sauce Choron, glaciertem Pfirsich, Spargelbouquet, Kartoffelbällchen			24,—
Flambierte Kalbsnieren „Französische Art", Kaiserschoten, Butterreis			24,—
Entrecôte mit frischem grünen Pfeffer, Saison-Gemüse, Kartoffelstäbchen			24,—
Lammkotelette in heißer Kräuterbutter, Prinzeßböhnchen, Lyoner Kartoffeln			23,50
Pariser Pfeffersteak mit Armagnac flambiert, Salatplatte, gebackene Kartoffelstäbchen			27,50

Köln

Restaurant „Haus Marienbild"

Gustl und Rosemarie Richter

Aachener Straße 561, 5000 Köln 41 (Braunsfeld),
Telefon (02 21) 49 31 66 und 49 57 78
Mitglied der Chaîne seit 1961
Geöffnet täglich, außer donnerstags, von 11 bis 1 Uhr nachts

Spezialitäten: Kölsche Reibekuchen mit hausgebeiztem Silberlachs, Mexikanische Putensuppe, Wildgerichte aus den Jagdgebieten der Stammgäste

Seit fast 20 Jahren bewirtschaftet das Ehepaar Richter das „Haus Marienbild" in einem unter Denkmalsschutz stehenden Gebäude. Im Mai 1959, als die Richters das 300 Sitzplätze-Restaurant „Haus Marienbild" übernahmen, entstand die „Marienbild-Küche", die vom Chef festgelegt wurde und vom 20-Mann-Küchenteam exakt durchgehalten wird. Gustl Richter erklärt die „Marienbild-Küche" so: „Jedem das Seine. Dem Franzosen zum Beispiel die französische Küche. Wir versuchen deutsche Küche zuzubereiten, auch Gerichte, die nicht im Kochbuch stehen, aber nach dem Geschmack des Publikums ausgerichtet sind." Er bietet auf seiner Speisekarte täglich über 200 Gerichte an. Er ist bekannt für gute Ideen, was aktuelle Namensgebung angeht, besonders bei großen Essen bestimmter Gruppen oder Vereine.

Aus der Tageskarte:

Jungschweinsrückensteak auf "Schwyzer Art"
in Rahmsauce mit Käsewürfeln, hausmacher Spätzle u.gem. Salat DM 16,75

Rinderroulade nach Art des Hauses
mit einem Bohnenbukett - Spinattimbale und hausmacher Kartoffelklößen DM 16,75

Zwei Poulardenbrüstchen gebraten "M i a m i"
mit gebratenen Früchten - Champignons, Sc.Bearnaise, pommes frites 18,75

Wiener Zwiebelfleisch mit Spiegelei
(gebratene Rinderbrust) mit gemischtem Salat und Bratkartoffeln DM 18,75

P r a g e r S c h i n k e n "H r a d s c h i n"
mit gedämpften Zwiebeln überbacken, Weinkraut und Kartoffelpüree als Beilage - Eine rustikale Spezialität! - DM 19,75

Frischer A n g e l s c h e l l f i s c h
gekocht mit zerlassener Butter, gemischtem Salat und Petersilienkartoffeln DM 18,75

Rezepte vom Küchenchef

Gustl Richter

Kölsche Reibekuchen auf „Marienbild Art"

Zutaten und Zubereitung: Pro Person zwei heiße knusprige Reibekuchen frisch aus der Pfanne werden mit je ca. 40 g hausgebeiztem oder geräuchertem Lachs belegt.

Kölsche Camembert

Zutaten und Zubereitung: Einen Champignon- oder Edelweiß-Camembert in zwei Halbmonde schneiden, auf einen kroß ausgebackenen Reibekuchen legen, mit Eigelb bestreichen und mit etwas geriebenem Schweizerkäse bestreuen, in den Salamander geben und kurz überbacken. Dazu ein Römerpastetchen mit Preiselbeeren und gebackener Petersilie.

A la Carte:

Köstliches vom Kalb

DM

Sardellenschnitzel »Schloß Schönbrunn«
ein paniertes Kalbsschnitzel mit Sardellenfilets belegt
übergossen mit brauner Butter und frischem Schnittlauch –
18,75 gemischten Salat und pommes frites reichen wir dazu (3 + 4)

Gebratene Kalbsbriesscheibchen »Bayerischer Wald«
in Steinpilzrahmsauce mit gebratenen Apfelringen
21,75 und Hausmacher Spätzle

Frische Kalbsnierchen nach Gastronomen Art
In Butter gebraten werden die Nierchen mit gehackten Schalotten
in einer Estragon-Senfsauce angerichtet – einen Tomatenreis
21,75 und gemischten Salat reichen wir als Beilage

Täglich frische *Kalbsleber »Berliner Art«* mit Apfelringen –
20,75 Röstzwiebeln – gemischtem Salat und Kartoffelpurée

Eine Marienbild-Spezialität ist unser »Kalbslebersteak«
das schönste Stück aus der Kalbsleber umrahmt mit gebackener Petersilie
24,50 und Röstzwiebeln – dazu einen herzerfrischenden bunten Salatteller

Als Schonkost geeignet ist unser Kalbssteak »Doria«
20,75 mit frischen Gurkenwürfeln in Dillbutter, Tomatenreis und Kopfsalat

Kalbsfiletstreifen »Feuerball« in Pfefferrahmsauce
21,75 mit Zuchtchampignons, Hausmacher Spätzle und gemischtem Salat

Kalbssteak »Husaren-Art« mit kleinen ausgesuchten Champignons
23,75 in Tomatensauce mit feinen Kräutern – Mandelbällchen

v. Beckerath-Stuben

Uerdinger Straße 42, 4150 Krefeld, Telefon (0 21 51) 6 47 16
Mitglied der Chaîne seit 1965
Geöffnet von 11.00 – 15.00 und 17.30 – 24.00 Uhr,
Sonntags und an Feiertagen geschlossen
Spezialitäten: Frische Scampi, Jakobsmuscheln, Salm, Poularden.

Obwohl H. R. Lambert dieses Haus erst im Februar 1977 übernommen hat, ist es in Krefeld und Umgebung schon sehr bekannt und hat ein gutes Renommee. Das Restaurant hat 60 Plätze und ist in modernem, rustikalen Stil eingerichtet.

Unsere Spezialitäten Seite

½ Dtz. Weinbergschnecken „meine Art" 8,50
Chef's Salatschüssel 15,00
Räucherlachs oder Räucheraal 17,00
Salat Raphael mit Crevetten und Orangenfilets 12,00
Unser Salatteller 4,80
Melonen-Cocktail mit Crevetten 16,00

frische Tomatensuppe mit Gin und Sahne 4.80
Zwiebelsuppe „Parisienne" 4.80
Soup au cresson – aufgeschlagene Kressesuppe 4.80
Klare Schildkrötensuppe 4,80
Indische Schildkrötensuppe – mit Sherry-Ei + Curry 5,50

Schnitzel von frischem Salm in Citronenschaum 26,00
Schollenfilets in Mandelbutter 20,00
ganze Seezunge „Müllerin Art" oder à la Colbert 28,00
Jakobsmuscheln nach Art von Alain Chapel, mit Lauchstreifen und Crevetten 26,00
Scampi mit Apfelspalten in Curry-Orangencrème 26,00
Züricher Geschnetzeltes mit „Rösti" und Salatteller 23,00
„Ratsherrenteller" – 3 kleine Filets mit einem „Rösti", sc. bearnaise, Salat 19,00
Pfeffersteak „Patron" 26,00
Filetsteak „Woronow" mit Wodka flambiert 27,50
„Citronen-Piccata" – zarte Kalbsfilets in Citronenbutter gedünstet, Reis 25,50
Poulardenbrust in Estragon, Reis - Spargel 23,00
„Grillpfanne" nach Art des Hauses, mit feinen Gemüsen garniert 24,00
Rumpsteak „Café de Paris", mit Prinzessböhnchen 24,00

Rezepte vom Küchenchef

R. Lambert

Scampi „Amoureuse"

Zutaten und Zubereitung (für 4 Personen): Pro Person 4 Scampi! Die Scampi roh abschälen und längst halbieren – Darm entfernen – waschen, marinieren mit Weinbrand, Citronensaft, Pfeffer, Salz. Schalotten fein gehackt in Butter angehen lassen, dazu die vorbereiteten Scampi, und à Person 50 g feingeschnittene Champignons. Würzen mit etwas Salz und Cayenne-Pfeffer – 1/10 l trockenen Weißwein und 1/10 frische Sahne auffüllen. Ca. 5 Minuten langsam köcheln lassen, reichlich gehackten Dill zugeben. Seperat 2 ganze Eier und 2 Eigelb mit 1/10 l Weißwein zu einem Weinschaum aufschlagen. Die vorbereiteten Scampis dazugeben – und 2 Glas Pernod. Alles zart mit einem breiten Holzlöffel zusammerühren und gleich servieren. Beilage trockener Reis/frischer grüner Salat.

Aus der Tageskarte:

ZWISCHENGERICHTE

PIPERADE à la basque
klassisches Gemüsegericht – sehr delikat 12,00

TORTILLA DE PATATA
Spanisches Omelette mit feinen Streifen von Kartoffeln, Zwiebeln, Tomaten – pikant gewürzt 12,00

HAUPTGERICHTE

CALAMARE FRITTO
gebackener Tintenfisch in scharfer Sauce mit Reis und Kopfsalat 15,00

BROCHETA DE RINONAS
Kalbsnieren mit Artischocken, am Spieß gebraten, Reisbeilage und Salatteller 18,00

POLLO CON PERAS al WHISKY
sautiertes Masthähnchen mit Birnen, mit Whisky flambiert. Bunter Reis und Kopfsalat als Beilage 20,00

ARROZ CON CAMERONES
frische Shrimps in pikanter Sauce, im Reisrand angerichtet, Salatteller 20,00

ab 2 Personen

PAELLA VALENCIANA
Spanische Reispfanne – feine Zubereitung à Person 24,00

ZARZUELA de MARISCOS
feines Gericht mit spanischen Gemüsen, Scampis, Langousten, Crevetten und Muscheln à Person 28,00

DESSERT

MELONEN COCKTAIL
mit Portweinsauce 6,00

BRAZO DE GITANO
Bisquitroulade mit Rumcrêmefüllung 4,50

Restaurant-Café „Naafs-Häuschen"

bei Wahlscheid im Aggertal

5204 Lohmar 21, Telefon (0 22 06) 16 65
Mitglied der Chaîne seit 1974

Spezialitäten: Wildspezialitäten, Fischspezialitäten

Schon 1824 schenkte Peter Naaf in seinem „Häuschen" – im „Naafs Häuschen" – erstmals Bier und Korn aus.

Zum Ausflugsziel wurde „Naafs Häuschen" erst richtig, als am 1. August 1910 die Eisenbahnstrecke Köln–Dieringhausen festlich eingeweiht wurde. Die Gaststätte wurde zum Speiserestaurant, dessen Küche bald einen guten Ruf hatte. 1911 wurde über den Ställen ein Saal für 150 Personen ausgebaut; später entstanden aus dem Saal Einzelräume, weil die Nachfrage nach Fremdenzimmern wuchs.
Die damaligen Besitzer von „Naafs Häuschen" waren die Urgroßeltern des jetzigen Inhabers Helmut Otto. „Naafs Häuschen" ist ein Familienbetrieb geblieben: Helmut Ottos Frau Ingeburg leitet die Küche, in der auch noch die Mutter des Besitzers tatkräftig mitwirkt.

Fische

Goldbarschfilet *gebacken mit sce. remoulade, Salatplatte* . . **10,00**

Große „Hamburger Elbscholle" *in Butter gebraten, Kopfsalat und Schwenkkartoffeln* . . . . ab **13,50**

Bergische Bachforelle *blau oder gebraten aus eigenem Bassin zerlassene Butter, Kopfsalat und Petersilienkartoffeln* . . ab **14,50**

Frischer „Ostender Heilbutt" *gesotten mit zerlassener Butter oder sce. hollandaise; oder gebraten mit Kräuterbutter, Kopfsalat und Petersilienkartoffeln* . **16,50**

Heilbuttschnitte „Feinschmecker-Art" *Spargel, sce. hollandaise, Kopfsalat, Petersilienkartoffeln* . . **18,00**

Hummerkrabbenschwänze *in Kräutersauce, Salate, Butterreis* . **18,50**

Seezunge „Müllerin", *Salate, Butterkartoffeln* . . . ab **22,00**

Rezepte vom Küchenchef

Frau Ingeburg Otto

Schweinelende „Naafs Häuschen"

Zutaten (für 3 Personen): Eine Schweinelende ca. 600 g, zwei Äpfel, Salz, Pfeffer, Calvados, 50 g Bratfett, Creme fraiche, 1 Stange Staudensellerie, Brunnenkresse, Pariser-Kartoffeln. **Zubereitung:** Schweinelende parüren und vom Kopf bis zur Spitze eine Tasche einschneiden. 2 cm lange, in Calvados marinierte Apfelstreifen einlegen und mit einem Holz schließen. Mit Pfeffer und Salz würzen, scharf anbraten und anschließend bei normaler Hitze (ca. 15 Minuten) à point braten. Zum Schluß mit Calvados ablöschen. Die Lende herausnehmen und auf einer Platte warmhalten. Den Bratensatz mit Creme fraiche verfeinern und etwas reduzieren, dann abschmecken. Beim Anrichten wird das Fleisch mit etwas Sauce nappiert, die Restsauce à part reichen. Beilagen: Staudensellerie mit sce. hollandaise gratinieren, oder Brunnenkresse in Weindressing, Pariser-Kartoffeln.

Spezialitäten des Hauses

Hühnertopf „indisch" *mit Butterreis, Currysauce und Mango Chutney*	**13,00**
Zigeunerspieß *auf Curryreis, gemischter Salatteller*	**15,50**
„Spezialtopf" *Kalbsmedaillions auf Curryreis, pochiertes Ei, Champignons, Spargel*	**16,50**
Pikantes Hausgericht *für 2 Personen kleines Filet, Schweinesteak und Kalbsteak, darüber ein Omelette mit Champignons, Salatteller, pommes frites*	**24,50**
Zwei Kalbsrückensteaks „Prinzeß" *Stangenspargel mit sce. hollandaise, Salatteller, pommes frites*	**18,50**
Kalbsteak „Bombay" *in Mandeln paniert und Butter geb. Banane, Mango Chutney, Currysahnesauce, Salatteller, Butterreis*	**17,50**
Berner „Herrensteak" *mit Tomaten, Schinken und Käse überbacken, Salatteller und pommes frites*	**18,00**
RANCHERSTEAK *von der Steakbank (300 gr) Kräuterbutter und großer Salatteller*	**23,00**
Pariser Pfeffersteak *vom Rinderfilet, Cognacsauce, Salatteller, Butterreis oder pommes frites*	**21,00**
Lendenschnitte „Naafs-Häuschen" *mit feinen Gemüsen umlegt pochiertes Ei, sce. choron, sce. hollandaise*	**21,50**
„Mix Grill", *drei verschiedene Filets und Tomate vom Grill Delikateßböhnchen und pommes frites*	**19,50**
Langustinos „Elisabeth" *im Speckmäntelchen gegrillt sce. bernaise, Salatteller, Butterreis*	**21,00**

Manderscheid

Hotel Restaurant Fischerheid

Kurfürstenstraße 31, 5562 Manderscheid/Südeifel,
Telefon (0 65 72) 7 01 und 7 02
Mitglied der Chaîne seit 1977
Täglich geöffnet von 8 bis 22 Uhr

Spezialitäten: Wildgerichte, Forellen

Die gepflegte Atmosphäre des Hotels Fischerheid verbürgt Ruhe, Entspannung und Erholung. Das Haus empfiehlt sich für Hochzeiten, Festlichkeiten oder Tagungen. Eigene Forellenfischerei, Liegewiese, Diätküche.

Fische und Krustentiere

Wir empfehlen bassinfrische Eifeler Forellen

Forelle, blau Salzkartoffeln - Butter - Salat	12,—
Forelle, gebacken nach der Müllerin Salzkartoffeln - Butter - Salat	13,—
Forelle in Mandeln paniert in Butter gebacken - Salzkartoffeln - Butter - Salat	15,50
Forelle Riesling etwas für Feinschmecker - Salzkartoffeln - Butter - Salat	16,50
Seezunge gebacken nach der Müllerin Salzkartoffeln - Butter - Salat	18,50
Zanderfilet in Krebssauce Salzkartoffeln - Salat	18,—
Ostender Steinbutt gekocht mit holländischer Sauce - Salzkartoffeln - Salat	19,—
5 Stück Hummerkrabben gebacken - Remoulade - Pommes frites - Salat	20,—
Aal in Dillsauce Butterreis - Salat	18,50
Languste Newburg Reis - Blätterteigfleurons - Salat	25,—
Bouillabaisse nach Marseiller Art Eigene Herstellung	15,—

Wir empfehlen für besondere Anlässe
unsere Gourmet Platte — **auf Anfrage**

Rezepte vom Küchenchef

Richard Dietzel

Bassinfrische Eifeler Bachforelle Riesling

Zutaten und Zubereitung: Fischsud: 1 Fl. Mosel, 1 l Kraftbrühe, 20 g Salz, 50 g in Scheiben geschnittene frische Champignons, 2 Schalotten in Scheiben geschnitten, 50 g Weißes vom Lauch in Scheiben geschnitten – diese Zutaten in Butter ansautieren und dem Fischsud zugeben. Forellen dressieren und im Fond garen lassen. Beilagen: Frische Butter, Salzkartoffeln, Kopfsalat.

Lammrücken am Spieß

Zutaten und Zubereitung (für 3 Personen): 1,5 kg Lammrücken – bratfertig. Würzen und leicht mit Knoblauch spicken, mit Olivenöl bepinseln und am Spieß ca. 25 Minuten braten. Fleisch soll zartrosa sein. Herstellen der Sauce: Tomatenconcassee, Kräuter aus der Provence, Knoblauch, Schalotten, Salz und Weißer gemahlener Pfeffer – alles in geklärter Butter gar sautieren. Kartoffeln: Überbackene Bechamel-Kartoffeln. Geschmorte Sellerieherzen.

Festliche Gerichte für 2 Personen vom Lavagrill oder vom Spieß

DM

Entrecote double — 35,—
verschiedene feine Gemüse - Pommes frites - Salat

2 Porterhouse Steaks mit Hofmeister Butter — 40,—
feinste Buttererbsen im Nest - Kartoffelschnee - Salat

Chateaubriand — 45,—
Berner Sauce - verschiedene feine Gemüse
Edelpilze im Nest - Pommes Chateau

Gespickter Hasenrücken nach Wilderer Art — 38,50
am Spieß gebraten
Apfelrotkohl - Pilze in Wacholderrahmsauce - hausgemachte Spätzle

Lammrücken am Spieß — 39,50
gebraten auf provencalische Art
Sellerieherzchen - Bechamelkartoffeln au gratin - Salat

Flambierte Leckereien am Tisch zubereitet für 2 Personen

12 paar Froschschenkel — 27,—
nach Tessiner Art mit Grappa flambiert
Reis - geröstetes Stangenweißbrot - Salat

2 Flambierte Pfeffersteaks — 46,50
eine echte scharfe Sache
Pariser Kartoffeln - Bunter Salatteller

2 Rehschnitzel — 47,—
mit in Kirschwasser flambierten Sauerkirschen
Mandelcroquetten - Apfelmus und Preiselbeeren - Salat

Haus Herrentann (Hotel-Restaurant)

Ungermannsweg 19, 4050 Mönchengladbach 6 (Hardt),
Telefon (0 21 61) 55 93 36
Mitglied der Chaîne seit 1975
Durchgehend geöffnet von 9 bis 1 Uhr
Spezialitäten: Wildgerichte, wechselnde Saisonspezialitäten nach Jahreszeit

Als Stammhaus der „Stätten der Gastlichkeit" blickt Haus Herrentann auf eine mehr als 25-jährige Tradition zurück. Am Rande der Industriestadt Mönchengladbach gelegen, inmitten eines Landschaftsschutzgebietes, bietet es dem Besucher, im Sommer wie im Winter, eine Atmosphäre der Erholung und Entspannung. Im Hotelbereich erwarten den Gast gemütliche Zimmer, teilweise antik eingerichtet, im Komfort jedoch den heutigen Erfordernissen entsprechend. Hervorzuheben wäre hier das „Hochzeitszimmer" mit antikem orientalischem Baldachin-Bett, verziert mit handgeschnitzten Ornamenten. Es gilt bei den Brautpaaren der näheren und weiteren Umgebung als Geheimtip.

Das Restaurant mit seinen 150 Sitzplätzen wird oft als gelungenes Beispiel im Bereich gastronomischer Bauten bezeichnet. Hier verbinden sich rustikale Bauweise und moderne Innenausstattung harmonisch miteinander. Der Gast findet kleine Nischen ebenso wie Plätze mit Blick hinaus in die botanische Anlage des Hauses. An warmen Sommertagen bevorzugt man die Park-Terrasse, an langen Winterabenden sind die Tische in der Nähe des offenen Kamins sehr begehrt. Abgetrennt vom Restaurant, im ersten Stockwerk, liegt das „Danziger Zimmer". Es ist mit seinen wuchtigen Möbeln aus dem Danzig des 18. Jahrhunderts kleineren Gesellschaften mit intimem Charakter vorbehalten.

Für das leibliche Wohl der Gäste sorgt Küchenmeister Peter Brauer mit seiner Brigade. Gastronomische Spezialitäten verteilen sich über das ganze Jahr. Besonders beliebt und schon zur Tradition des Hauses gehörend, findet alljährlich im Spätherbst zur Eröffnung der Jagdsaison eine Hubertus-Woche statt. Dazu erweitert sich das kulinarische Angebot auf alle heimischen Wildarten. Um dem Gast die Qual der Wahl zu nehmen, wurde schon vor Jahren ein Gericht mit der Bezeichnung „Krone des Hauses" entwickelt. Hinter diesem Namen verbirgt sich eine Auswahl von Wildspezialitäten, serviert in kleinen Portionen, mit dazu passenden Beilagen.

Rezepte vom Küchenchef

Peter Brauer

Kalbsteak „Tel Aviv", Schwarzwurzeln in Paprikarahm, Schweizer Kartoffelkugeln, (Rezept für 3 Personen).

Zutaten: 3 Kalbsteaks (à 150 g), 2 Avocados, 2 kleine Zwiebeln, 1/4 l süße Sahne, 1/8 l Weißwein, 0,5 kg Schwarzwurzeln, 0,1 kg Butter, 0,9 kg Kartoffeln (große), 0,06 kg Schweizer Käse, 0,01 kg Paprikapulver edelsüß = 1 Tee-Löffel, 1 kleine Paprikaschote, rot, 0,05 kg Mehl, 2 Eß-Löffel Öl, 1 Zitrone. **Zubereitung: Kalbssteaks:** Avocados schälen, vierteln und in dünne Scheibchen schneiden. Eine kleine Zwiebel schälen, fein würfeln und mit etwas Butter anschwitzen, dann die Avocados dazugeben und mit Salz und Pfeffer würzen. Mit 1/8 l Sahne auffüllen und einkochen. Vor dem Anrichten mit etwas Weißwein und einer Prise Zucker abschmecken. Kalbsteaks plattieren, mit Salz und Pfeffer würzen, mehlieren und in heißer Pfanne mit Öl braten. Kurz vor dem Anrichten Öl abgießen und mit etwas Butter nachbraten, anrichten und Avocados obenauf geben. **Schwarzwurzeln:** Schwarzwurzeln waschen, schälen und in 4–5 cm lange Stücke schneiden. In Salzwasser mit etwas Zitronensaft kochen. Zwiebel und Paprikaschote in feine Würfel schneiden und mit etwas Butter glasig dünsten. Mit 2 Eß-Löffel Mehl und Paprikapulver bestäuben, etwas schwitzen lassen und dann mit 1/4 l Schwarzwurzelfond und 1/8 l Sahne auffüllen. Gut durchkochen lassen und mit Salz, Weißwein und einer Prise Zucker abschmecken. Beim Anrichten die Soße über die Schwarzwurzeln geben. **Kartoffelkugeln:** Aus großen geschälten Kartoffeln Kugeln ausstechen und diese in Salzwasser kernig kochen, dann auf ein Sieb schütten und trocknen lassen. Den Käse in feine Würfel schneiden, die Kugeln in Butter leicht bräunen, salzen und vor dem Anrichten den Käse hinzugeben.

Aus der Tageskarte:

Gepökelte Ochsenzunge mit Champignons in Madeirasoße, Mandelkroketten und junge Erbsen	DM	16,50
Schweinesteak "mexicanisch", mit Paprikaschoten, Zwiebeln, Champignons, pommes frites und Salate der Saison	DM	17,00
Putersteak "Hawaii", mit Ananas und Pfirsich, Sc. Hollandaise, Strohkartoffeln und Kopfsalat	DM	19,00
Kalbssteak "Tel Aviv" mit Schwarzwurzeln in Paprikarahm und Schweizer Kartoffelkugeln	DM	23,50
Filetspitzen "balinesisch" am Tisch zubereitet und flambiert mit Bambus, Champignons und Sojakeimen in Ingwerrahmsoße, Butterreis und frische Salate	DM	23,00
Lammkotelettes "provencalisch" mit Grilltomate, Prinzeßbohnen und pommes frites	DM	22,50

Restaurant „Schweizerhaus"

Kurt Pfeiffer

Warburger Straße 99, 4790 Paderborn, Telefon (0 52 51) 6 19 61
Mitglied der Chaîne seit 1974
Geöffnet täglich außer samstagsnachmittags und sonntags von 11.30 bis 15.00 Uhr und von 17.30 bis 22.00 Uhr

Spezialitäten: Schweizer Küche. Fisch. Hechtklößchen, Jacobsmuscheln. Lammkotelett „Provencale". Kalbssteak „Finesherbes".

Kurt Pfeiffer hat in vielen großen Hotels in der Schweiz als Koch und als Küchenchef gearbeitet. Dies ist ein Grund dafür, ein „Schweizerhaus" in Paderborn zu führen. Hier werden die Gäste mit erlesenen Spzialitäten aus der Schweiz verwöhnt.

Die Inneneinrichtung entspricht dem eidgenössischen Stil. Die Gäste, zu denen auch Abgeordnete aus Bonn, Wirtschaftskapitäne und Künstler gehören, fühlen sich in diesem behaglichen Gasthof wohl.

Tischbestellungen sind unbedingt erforderlich.

Sonntags hält Kurt Pfeiffer sein „Schweizerhaus" geschlossen.

Etwas Besonderes für Sie

Kalbssteak „Schweizer Haus",
Salat . . . . 24,—

Farmersteak
mit golden Sweetkorn, Rösti und buntem Salat . . 21,50

Züricher Kalbsgeschnetzeltes
mit Champignonsauce, Berner Rösti
und gemischtem Salat . . . . 21,—

Piccata „Napolitaine"
mit Tomatenspaghetti, Salat
(Kalbsmedaillon in Ei und Käse gebraten) . . . 24,—

Tessiner Sinfonie,
Butterreis und gemischter Salat (Kalbsschnitzel mit
Pfirsich gefüllt, in Mandeln paniert) . . . . . . 24,—

Hausspezialität: RIZ COLONIAL
(Filetspitzen, Krabben in pik. Sauce) mit Curryreis
und Salat 19,50

Rezepte vom Küchenchef

Kurt Pfeiffer

Coquilles „Saint Jacques" Maison

Zutaten und Zubereitung: Ca. 150 g ausgebrochene Jacobsmuscheln in eine Pfanne mit Olivenöl geben, dazu einen Teelöffel Eschalotten sowie eine Messerspitze Knoblauch und einen Eßlöffel Tomatenwürfel. Gut anschwitzen und kurz vor dem Fertigwerden etwas Salz, schwarzen Pfeffer, Thymian, Basilikum dazugeben. Unbedingt heiß servieren und dazu einen trockenen Elsäßer Wein reichen.

Unsere Fischspezialitäten
Fische und Krustentiere

Zanderfilet „Provencale",
garniert, bunter Salat . . . . 19,—

Seezunge „Schöne Müllerin"
mit Salzkartoffeln, Salat . . . . Preis nach Größe

Steinbutt pochiert
in Champagnersauce . . . . 24,—

Seezungenfilet „nach meiner Art" . . . 25,—

Seezungenfilet „Walewska" . . . . . . 25,—

Seezungenfilet „Verdi"
mit Alfredo-Nudeln, dazu gem. Salat . . . . . 25,—

Seezungenfilet „Alsacienne",
in Gewürztraminer gedämpft, auf Blattspinat überbacken . . . . 25,—

Salm gebraten,
„Silvia", eine Spezialität aus Stockholm . . . 24,—

Salm pochiert
in Champagner „Schweizer Haus" . . . . . . 24,—

Scampis am Spieß,
„Tessiner Art" . . . . 25,—

Scampis „Provencale" . . . . 25,—

Scampis „Thermidor" . . . . 25,—

Scampis in Dillrahm . . . . 25,—

Gambas Ailoli
(Spanien), Spezialität mit einem Glas Rotwein . . 24,—

Rotisserie Landhaus Sprockhövel

Bochumer Straße 67, 4322 Sprockhövel 1, Telefon (0 23 24) 7 34 33

Restaurant von 12 bis 15 Uhr und ab 18 Uhr geöffnet. Ferien während der Sommerferien in NRW. Sonntags und Montagmittag geschlossen.

Spezialitäten: Spezialitätenwochen mit Hummer, Spargel, Champagner

In idyllischer Ruhe liegt das Landhaus Sprockhövel und bietet mit allem Komfort ideale Möglichkeiten zum Entspannen und Erholen. Gern werden dort auch Ihre persönlichen Parties organisiert. Mit Brillanz, mit Gutessen und gutem Geschmack, mit Guttrinken und gepflegten Weinen, mit allem, was gewünscht wird, auch mit Bierzelt und Mitternachtsimbiß.

FLAMBIERTES AB 2 PERSONEN

Pfeffersteaks	
Filet „Provencal"	DM 32,-
Filet „Madame Daniel"	DM 30,-
Filet „Maitre"	DM 34,-
Schweinelendchen „Robert"	DM 25,-
Coquelet au Champagner	DM 30,-
Norweger Garnelen „Miracle"	DM 30,-

* * *

Mousse au chocolate	DM 8,-
Eissoufflé „Grand Marnier"	DM 12,-
Zabaione alla Marsala	
Vanilleeis und Framboise	DM 12,-

Rezepte vom Küchenchef

Günter Leick

Norweger Salm auf frischem Rhabarber

Zutaten und Zubereitung (für 3 Personen): Frischer, filierter Lachs in 200 g schwere Scheiben, ohne Haut und Gräten, schneiden. Zwischen Alufolie leicht klopfen. Mit Salz und Pfeffer würzen und kurz auf beiden Seiten anbraten, warmstellen. 3 – 4 dicke Stangen Rhabarber waschen, in fingerlange Stücke schneiden. In Crème fraiche, die mit Salz und Zucker abgeschmeckt ist, gardünsten. Rhabarber auf einer vorgewärmten Platte anrichten, die Lachsscheiben auflegen und die Crème fraiche mit etwas Whisky und grünem Pfeffer einkochen lassen anschließend über die Lachsschnitzel geben. Dazu werden ausgestochene Butterkartoffel gereicht.

Menu Gastronomique I DM 75,-

Inclusiv Champagner à la discretion

GEFÜLLTE GRAPE FRUIT MIT MEERESFRÜCHTEN
AUFGESCHLAGENE AUSTERNSUPPE BOSTONER ART
TOMATENSORBET
VOUL AU VENT TOULOUSER ART
FLAMBIERTER APFELPFANNKUCHEN

Les Hors d'œuvre

AUSTERNTELLER PATRON:
JACOBSMUSCHELN, AUSTERN, GEF. KREBSNASEN DM 27,-
HAUSGEMACHTE AALPASTETE DM 13,-
GEFÜLLTE AVOCADO MIT CREVETTEN DM 17,-
HAUSGEBEIZTER LACHS, KAVIAR UND REIBEKUCHEN DM 25,-
6 FRISCHE AUSTERN FINE CLAIRE NR. 1 DM 24,-
COCKTAIL VOM FRISCHABGEKOCHTEM HUMMER DM 26,-
PASTETEN VARIÉS:
AALPASTETE · GÄNSELEBERPASTETE · WILDPASTETE DM 24,-

Les Potages

AVOCADOCREME DM 6,-
LEGIERTE SCHNECKENRAHMSUPPE MIT KERBEL DM 7,-
COUSOMMÈ AU FUMET DE CELERIS DM 6,-
BOULA-BOULA, SCHILDKRÖTENSUPPE MIT ERBSPÜREE DM 7,50
ESSENZ VON FRISCHEN TRÜFFELN DM 15,-

Turm-Restaurant im Sparkassenhochhaus

Islandufer, 5600 Wuppertal 1, Telefon (02 02) 45 49 59
Mitglied der Chaîne seit 1966
Täglich geöffnet von 11 bis 24 Uhr

Spezialitäten: Frische bergische Bachforelle in Folie, gefüllt mit feinem Zwiebelmus

Das Turm-Restaurant in Stichworten: Spezialitäten-Restaurant (für ca. 90 Personen), vollklimatisiert, im 16. Stockwerk des Sparkassen-Hochhauses, Panorama-Bar, internationale Küche, Tortenspezialitäten.

Aus der Tageskarte:

Salat von frischen Matjes "Matrosen Art"
Apfel-Gurken-Bohnenwürfel, Nordseekrabben,
mariniert, mit Sauce Vinaigrette — DM 10,50

Frische "Bergische Bachforelle" in Folie
gefüllt mit feinem Zwiebelmus, bestrichen
mit Sardellen-Knoblauch-Butter,
Vapeurkartoffeln — DM 18,50

2 Schweinemedaillons "Saltim Bocca
à la Romana", aromatisiert mit frischen
Salbeiblättern, mit Parmaschinken belegt,
grüne Nudeln — DM 22,--

Kalbsleber "à la Anglaise" auf Prinzeß-
bohnen, Grilltomate, Speckscheiben,
Lyoner Kartoffeln — DM 19,--

Mittags vom Menüwagen

Frische Ochsenbrust, Meerrettichsauce,
Bouillonkartoffeln und frische knackige
Salate der Saison — DM 15,--

Rezepte vom Küchenchef

Wolfgang Stiepel

„Badische Schneckencreme"

Zutaten: 1 Dtzd. Schnecken, 30 g Weißes vom Lauch, 30 g Sellerie, 40 g Eschalotten, 1/2 l guten Kalbfond, Saft der Schnecken, 1/4 l Sahne, 3 Eigelb, 1 EL Meerrettich, 2 dcl Cognac, 1/4 l Weißwein, 1/4 l Weißwein, 1/4 Pfd. Butter, 50 g Mehl. **Zubereitung:** Lauch, Sellerie, Eschalotten in feine Würfel schneiden, in Butter leicht glacieren, mit Kalbs- und Schneckenfond auffüllen, ca. 1/2 Std. kochen lassen. Gewürfelte Schnecken, Cognac, Weißwein, Meerrettich dazugeben, kurz aufkochen lassen, mit Salz, Pfeffer, Worchester abschmecken, vor dem Servieren Sahne u. Eigelb verrühren und hinzufügen, nicht mehr kochen.

Kalbsnieren „Jean Louis"

Zutaten: 4 Kalbsnieren à 200 g, Salz, Pfeffer, Rosmarin, Dijon-Senf, Mehl, 4 Eier, frisch geriebenes Weißbrot, gehackten frischen Peperoni, 1/2 Pfd. Butter. **Zubereitung:** Kalbsnieren bis auf eine kleine Schicht vom Fett befreien und in Tranchen schneiden. Mit Salz, Pfeffer aus der Mühle und frischem Rosmarin würzen und mit Dijon-Senf bestreichen. Mit Mehl stäuben, durch's Ei ziehen und mit Mie de pain, dem feingehackten Peperoni beigefügt wurden, panieren. In geklärter Butter schön goldig braten. Feine grüne Bohnen, grillierte Tomate, Spargelspitzen, Pariser Kartoffeln als Garnitur. Kräftiger Fond de Veau lie á part.

A la Carte:

Warme Gerichte

Plats de viandes · Hot dishes

Piccata »Florentiner Art« 16,—
Spaghetti, Blattspinat

Kaukasischer Hirtenspieß 16,50
Paprikareis
Brochette kaukasienne
Meat-spit »Kaukasienne«

Schwarzwälder Rahmschnitzel 16,50
hausgemachte Spätzle

Tiroler Rostbraten 16,50
gebratene Zwiebelringe, Tomate, Salzkartoffeln, Salat

2 Stück Schweinelendchen 17,50
»Marquardt«, Apfelscheiben, Sc. Béarnaise, junge Erbsen, Stangenspargel, Grilltomate, Kartoffel-Kroketten
Filets de porc · Small pork fillets

Geschnetzeltes Schweinelendchen 17,50
in Senfrahmtunke, hausgemachte Spätzle

Wild und Geflügel

Volaille et gibier · Game and poultry

Geschnetzeltes vom Puter 15,—
»Indische Art« mit Currysahnetunke

Hühnerbrüstchen »Suprême« 16,—
Spargel, Champignons

1/2 Mastente »Bigarade« 16,50
Spargel-Erbsen, Mandelkrusteln

Puterbruststeak 17,50
in Cognacrahm, Mandelsplitter, Mango, Curryreis
Suprême de dinde · Breast of turkey

Hirschmedaillons »Baden-Baden« 22,—
gefüllte Birne, Waldpilze, Mandelkroketten
Médaillons de cerf · Medaillons of deer

Rehsteak »Försterin Art« 24,—
in Wacholderrahm, Pfifferlinge, hausgemachte Spätzle
Steak de chevreuil · Steak of roe

Wuppertal 2

Rotisserie Wicküler an der Oper

Friedrich-Engels-Allee 378, 5600 Wuppertal 2,
Telefon (02 02) 55 52 70
Mitglied der Chaîne seit 1966
Täglich von 11 bis 24 Uhr geöffnet
Spezialität: Hummer „Thermidor", Hummerfleischragout in einer Sauce Mornay gratiniert mit Butterreis

Man braucht kein Operfreund zu sein, um in der „Rôtisserie Wicküler an der Oper" zu speisen. Jedoch Genießer sollte man sein, besser noch ein Gourmet. In den völlig neugestalteten Restaurationsräumen wird man mit der Palette internationaler Spezialitäten erwartet: Das Haus in Stichworten: „Rôtisserie" und „Altdeutsche Bierstube" (für ca. 120 Personen), „Bergischer Raum" (für ca. 60 Personen), Parkplatz am Haus.

Aus der Tageskarte:

Frischer Matjes mit Speckbohnen
und Butterkartoffeln DM 10,50

Hühnerbrüstchen "Alexandra"
mit Spargelspitzen, Sauce Mornay
und Siam-Patna-Reis DM 14,50

Hirschragout "Jäger Art"
mit hausgemachten Spätzle,
gedünsteter Apfelkrone
mit Preiselbeeren gefüllt DM 17,50

Rezepte vom Küchenchef

Rainer Hönck

Frische Aalsuppe

Zutaten: 500 g frischer Aal, Salz, Pfeffer, 50 g Kapern, 1 Bund Petersilie, 50 g Mehl, 50 g Butter, 1/2 Zitrone, 1 Tasse Sahne, 2 Eigelb, 1 Tasse Weißwein. **Zubereitung:** Den mittelgroßen Aal abziehen und in kleine Stücke zerschneiden, diese in kaltem Wasser abwaschen bis sie kein Blut mehr abgeben. Dann in Salzwasser zum Kochen bringen und ca. 15 Minuten garziehen lassen, dann die Aalstücke herausnehmen und an der Seite warmstellen. In den Aalfond Kapern, Petersilie, etwas Weißwein geben und noch einmal aufkochen lassen. Mit mit Mehl verkneteter Butter diese Bouillon dicken. Etwas Pfeffer und Zitronensaft (sehr vorsichtig sein) hinzugeben und das Ganze dann mit Sahne mit verquirltem Eigelb kurz unterrühren. Aalstücke in die Suppentasse geben und mit der weißen Aalsuppe auffüllen. Hierzu kann man Blätterteigchesterstange servieren.

Rebhuhn polnische Art

Zutaten: 4 Rebhühner, Salz, Paprikapulver, ca. 8 Scheiben Speck, 100 g Schmalz, 1 1/2 Tasse Bouillon, 1 1/2 Tasse Weißwein, 1 Tasse Sahne, 1 Teelöffel Zucker, 10 frische Wacholderbeeren. **Zubereitung:** 1 Rebhuhn reicht für 1 Person. Die Tiere rupfen, ausnehmen und waschen und innen mit Salz und Paprikapulver ausreiben. Die hitzeempfindlichen Rebhuhnbrüstchen mit den dünnen breitgeschlagenen Speckscheiben einwickeln. Die Rebhühner mit Schweineschmalz in einem Topf anbraten, mit Bouillon und Weißwein ablöschen. Sahne, zerdrückte Wacholderbeeren und etwas Zucker hinzugeben, Topf zudecken, in heißem Ofen die Rebhühner ca. 40 Minuten garen lassen. Die Sauce kann mit geschnittenen Steinpilzen und Johannisbeergelee versetzt werden. Zu den Rebhühnern serviert man eine gedünstete Apfelkrone gefüllt mit Preiselbeeren, Rotkohl mit Backpflaumen und Macaire-Kartoffeln.

A la Carte:

Hummer - Homard

KÖNIG DER KRUSTENTIERE, IST AN FAST ALLEN EUROPÄISCHEN KÜSTEN ZU HAUSE.

HUMMER »THERMIDOR« 48,50
HOMARD »THERMIDOR«
Hummerfleischragoût in einer Sauce Mornay gratiniert

HUMMER »NEWBURG« 48,50
HOMARD »NEUCHÂTEL«
Hummerfleisch in Butter sautiert, mit Cognac flambiert und Sahne abgerundet.
Eine Spezialität des Hauses — am Tisch zubereitet

GANZER, GEKOCHTER HUMMER . . . . 100 g
HOMARD BRAISÉ
serviert mit einer Cocktailsauce

Hessen - Saar

Alzey

Hotel-Restaurant Krause

Inh. H. Wesp

Gartenstraße 2, 6508 Alzey, Telefon (0 67 31) 12 84

Geöffnet täglich, außer samstags, von 7 bis 24 Uhr

Spezialitäten: Wild-, Fisch- und Flambiergerichte, Spanferkel

Das Hotel Krause ist mit seinen 22 Zimmern (30 Betten) das größte und modernste Haus in Alzey. Es liegt – für Autofahrer besonders interessant – direkt an der Bundesstraße 40, jedoch so in eine stille und sonnenhelle Seitenstraße gelagert, daß die Einkehr hier zur Erholung wird.

Garage im Hotel. Alle Zimmer sind mit zeitgemäßem Komfort ausgestattet. Das Hotel hat gepflegte Wein- und Bierstuben, Gesellschaftsräume, einen großen Hotelgarten und eine Kaffeeterrasse.

UNSERE MENÜS

Menü I RINDSLENDENSCHNITTE vom Grill mit fr.Pfifferl.,grünen Böhnchen, Schweizer Rösti, Salate DM 28,--

Menü II KALBSMEDAILLON in Butter gebraten, mit fr.Pfifferl.,feinem Buttergemüse, Schweizer Rösti, Salate DM 20,--

Menü III Frisches REHSTEAK mit fr.Pfifferlingen, in Preisselbeerrahmsoße mit Spätzle, Salate DM 19,--

Menü IV WILDSCHWEINSTEAK vom Grill in Rahmtunke mit Pilzen, Spätzle, Preisselbeeren, Salate DM 18,--

Menü V KALBSSTEAK "Natur" in Butter gebraten, mit Edelchampignons, Schweizer Rösti und Salate DM 18,--

Menü VI SEEZUNGE in Butter gebraten "Indische Art" mit Curry, Ananas, Banane, Kartoffeln, Salate DM 17,50

Hotel zur Post

Gestade 17, 5550 Bernkastel-Kues, Telefon (0 65 31) 30 01
Mitglied der Chaîne seit 1967
Geöffnet von 7 bis 23 Uhr, Ferien vom Dezember bis Februar

Spezialitäten: Lammrücken „Gascogne", grüne Bohnenkerne in Kräuterrahm

Das Hotel zur Post wurde 1827 erbaut und diente zunächst als Poststation. In der dem heutigen „Hotel zur Post" angeschlossenen Weinhandlung werden über 150 Sorten Moselweine geführt.

Aus der Tageskarte:

Auftakt zum Mahl

1/2 Dutzend Weinbergschnecken in Kräuterbutter	8.40
Wacholdergeräuchertes Forellenfilet, Toast u. Butter	8.70
Frisch geräucherter Moselaal mit Landbrot	9.80
Froschschenkel nach Art des Hauses, frz. Weißbrot	9,40
Geräucherter Nordlandlachs, Toast und Butter	12,40
Cocktail von Grönlandkrabben, Toast und Butter	11.50
Cocktail von frischem Hummer, Toast und Butter	13,50
Beluga Malossol Kaviar (28 gr.) Toast und Butter	29,-

Suppen

Tomatencreme mit Sahne	3.50
Klare Ochsenschwanzsuppe mit Madeira	5.30
Ochsenschwanzsuppe mit erlesenen Kräutern überbacken	6.40
Klare Schildkrötensuppe mit Sherry	4.90
Französische Zwiebelsuppe überbacken	4.90

A la Carte:

Am Tisch zubereitet

Flambiertes Pfeffersteak vom Roastbeef, pommes frites, gemischter Salat, für 2 Personen (pro Person) 19.50

Geschnetzeltes vom Reh „Hotel Zur Post" mit Kirschwasser flambiert, Schattenmorellen, Sc. Creme, hausgemachte Spätzle, für 2 Personen (pro Person) 21.-

Schlemmereien vom Grill

Schweinerückensteak 13.20

Rumpsteak mit Kräuterbutter 15.90

Kalbsteak 16.90

Filetsteak 18.80

3 verschiedene Filets am Spieß mit Speck 16.40

Entrecôte double „Maitre d'Hotel" (pro Person) . . . 19,50

Châteaubriand (pro Person) 24.-

Zu allen Gerichten reichen wir Pommes frites und Salat

Aus der kalten Küche

Camembert 5,40

Schwäbischer Wurstsalat 5,60

Hausmacher Wurstbrett 5.90

Reichhaltiger Käseteller 10.40

Hunsrücker Bauernschinken 11,50

Gemischter Aufschnitteller 10.50

süße Sachen

Sahne mit Stickoxydul

Vanilleeis mit heißer Schokoladensauce 5,50

Gemischtes Eis mit Sahne 3.-

Früchteeisbecher „Postkutsche" 6,50

Birne „Belle Hélène" mit heißer Schokoladensauce . . 5,50

Flambierte Desserts

ab 2 Personen

Apfeltörtchen „Normandie" flambiert mit Calvados (pro Person) 7,-

Schattenmorellen „Jubilée" mit Vanilleeis (pro Person) 7,50

Cochem

Alte Thorschenke

Brückenstraße 3, 5590 Cochem/Mosel, Telefon (0 26 71) 70 59
Mitglied der Chaîne seit 1970
Ferien vom 5. Januar bis 10. März

Spezialitäten: Moselfische, Moselaal, Eifeler Gebirgsforelle, Wildgerichte

Das Haus ist eine historische Kostbarkeit des Mosel-Landes. Außen mit schönen verzierten Giebeln und reich geschnitztem Fachwerk ausgestattet. Innen gemütlich und stilvolleingerichtet und gegliedert. In der Eingangshalle kann man die oft bestaunte alte Baumwendeltreppe bewundern sowie auch einige alte Kaminplatten und den Knappen (Rüstung) des Wallmeisters.

Das Haus ist Teil der 1332 vom Trierer Kurfürsten Balduin errichteten Stadtbefestigung und war damals das Haus des Wallmeisters. Mit dem wuchtigen Stadttor, dem Enderttor, ist das schöne Fachwerkhaus mit seinen herrlichen Schnitzereien und dem Giebel eine malerische und romantische Baugruppe oder, wie die Denkmalpfleger sagen, ein Baudenkmal, das oft von Malern gemalt und von Dichtern besungen wurde. Heute ist es wohl das meistfotografierte Haus in Cochem. Früher ging von hier die alte Post von Thurn und Taxis ab, Richtung Köln – Frankfurt – Aachen, und es ist aus dieser Tradition auch noch ein alter Postbriefkasten am Hause, der gleichfalls viel Beachtung findet.
Eigentümer des Hauses sind die Freiherren von Landenberg.

Aus der Tageskarte:

In den folgenden Menüs sind Tagessuppe und Tagesdessert enthalten

		DM
I	Gefüllte Paprikaschote mit Tomatensauce, Butterreis	9,80
II	Pikantes Geschnetzeltes in Curryrahm Kreolenreis, Salate der Saison	12,30
III	Schnitzel "Mississippi", Gemüse, Butternudeln	13,80
IV	Kotelette vom Grill, Kohlrabi in Sahne, pommes frites	16,20
V	Cordon bleu vom Schwein, frische Vichykarotten, pommes croquettes	17,40
VI	Lammkotelette "Clamart", Artischockenböden mit Erbsen französisch. Art, Annakartoffeln	21,90
VII	Rindersteak "Kempinski", freine Prinzeßböhnchen im Speckmantel, pommes rissolees	22,60
VIII	Kalbssteak en papillote, Gemüseplatte, pommes lorettes	24,80

Rezepte vom Küchenchef

Direktor Schulz

Reven culinaire

Zutaten und Zubereitung: 4 Kalbsfilets à 40 g in Ei braten, 2 Medaillons von Poulardenbrust soutieren, gewürfelte, frische Champignons und Langostinos in Butter soutieren, mit Julienne von schwarzen Trüffeln versetzen, Concasse, Petersilie, Schnittlauch, Kresse, Dill, Estragon hinzufügen, mit Salz, Pfeffer, Sahne und Cognac abschmecken.

Je 2 Kalbsfilets mit einem Poulardenmedaillon ringförmig anrichten, mit einer hellbraunen Pfeffersauce leicht nappieren, in die Mitte das Ragout geben und mit Cognacbutter begießen.

A la Carte:

	DM
Wildpastete mit Senffrüchten und Sc.Cumberland	10,20
Melone mit Eifeler rohem Schinken	11,30
Shrimps-Cocktail mit Toast und Butter	13,50
Großer Salatteller mit Roastbeef und Braten, mit Eiern garniert	14,50
Pikantes Wildragout mit Waldpilzen, handgeschabte Spätzle, Apfelmus mit Preiselbeeren	15,20
Poulet in der Kokotte mit Blätterteig überbacken Frische Salate der Saison	14,80
Ungarischer Hirtentopf, Schwenkkartoffeln	15,30
Schweinesteak in Paprikarahm, feine Gemüse, pommes frites	16,30
Schweinefilets in Steinpilzrahm, Gemüseplatte, Annakartoffeln	23,40
Glacierte Gänsebrust a l'Orange, Broccoli, pommes lorettes	23,60
Rumpsteak "Mirabeau", feine Böhnchen, pommes frites	26,30
Matjesfilets "Hausfrauen Art" mit Salzkartoffeln	11,30
Seelachsfilets in Weißwein, Salzkartoffeln, Salate der Saison	16,30
Froschschenkel "nach Art des Hauses", Kreolenreis, Kopfsalat	18,40
Lebendfrische Eifelgebirgsforelle "blau" mit zerl. Butter oder "Müllerin Art", Petersilienkartoffeln, Salate	18,50
Heiße, frisch geräucherte Eifelgebirgsforelle, Folienkartoffeln, Apfelsahnemeerrettichsalat, Kräuterrahm	20,50
Frischer Moselaal in Dillsahne, Petersilienkartoffeln, Gurkensalat	21,30
Moselhecht in Käsedillsauce, Schwenkkartoffeln, Salate der Saison	23,40
Heringshaisteak mit Krabben in Vermouth, Salzkartoffeln, Kopfsalat	23,80

Frankenthal/Pfalz

Hotel Central

Karolinenstraße 6, 6710 Frankenthal/Pfalz, Telefon (0 62 33) 2 50 71 - 75
Mitglied der Chaîne seit 1978
Geöffnet täglich von 12 bis 24 Uhr

Im Hotel Central finden Sie zwei Restaurants: Die Rôtisserie „Zum Winzer" und die „Taverne". Die Rôtisserie „Zum Winzer" ist im rustikalen Stil mit alten Hölzern und wertvollen Antiquitäten ausgestattet. Sie bietet Platz für ca. 80 Personen. Im Kellergeschoß befindet sich außerdem die Hotelbar „Bacchuskeller". Alle Gästezimmer haben Dusche/WC und Selbstwähltelefon. Zum Hotel gehören Tennisplätze, ein Hallenbad (28°), Sauna, Fitnessraum, Parkhaus. Das Hotel liegt in der Stadtmitte, jedoch sehr ruhig, da Fußgängerzone.

A la Carte:

GRILLGERICHTE

Jungschweinsrückensteak „Azteken-Art" mit Pimentos, Mais und Zwiebeln
DM 15,50

Kalbsleber „englisch" mit gerösteten Speckscheiben
DM 16,50

Rumpsteak „Café de Paris" mit zartschmelzender Würzbutter
DM 17,50

„London Mixed Grill" verschiedene Lendchen, Röstspeck und Grillwürstchen
DM 18,—

Kräutergespickte Lammfilets „Diable"
mit englischem Senf und Knoblauchbutter überbacken
DM 18,—

„Schwyzer Pfännly"
drei Schweinelendchen vom Rost auf Kartoffelrösti, Rahmchampignons
DM 18,50

Kalbsrückensteak „Prinzeß" mit Spargelspitzen und Sauce Hollandaise
DM 18,50

Filetsteak „Central" mit Artischockenboden und Sauce Bearnaise
DM 20,50

„Idaho-Steak"
400 g schweres Ochsenkotelett mit Pfefferbutter und gebackenem Maiskolbe
DM 22,50

Rezepte vom Küchenchef

Harry Becker

Salatschüssel „Frankenthaler Markt"

Zutaten: 2 Karotten geraspelt, 1 Bund Radieschen, 1 Stange Lauch, 1/3 Salatgurke, 1/2 Paprika, 1 Zwiebel, 1/2 Rettich, 1 Stück Chicorée, 1/2 Kopfsalat und 3 Stück Tomaten. **Zubereitung:** Die angegebenen Zutaten werden gewaschen, dann läßt man sie abtropfen und schneidet alles in grobe Scheiben. Das Ganze wird mit einer Sc. Vinaigrette abgeschmeckt, sie besteht aus: 1/3 Essig, 2/3 Öl, Salz, Pfeffer, gehackter Petersilie, Kerbel, Estragon, Schnittlauch und fein gehackten Zwiebeln. Zum Schluß wird der Salat mit gekochten Eiern und Brunnenkresse garniert.

Pochierte Salmschnitte mit russischen Lorcheln in Champagnersauce

Zutaten: 3 Tranchen Salm à 210 g, 1/2 Fl Champagner, 20 g Schalotten, 50 g Butter, 1/4 l Sahne, 30 g Mehlbutter, 60 g Lorcheln, Saft einer halben Zitrone und 1/5 l Fischfond. **Zubereitung:** Die Salmschnitten mit Salz und Pfeffer würzen, in der Zwischenzeit Butter und Schalotten glacieren, Salmschnitten hinzufügen und mit Champagner und Fischfond auffüllen, bis die Salmschnitten bedeckt sind. Nun das Ganze im vorgeheizten Backofen 12 bis 15 Minuten pochieren. Nachdem die Salmschnitten gar sind, aus dem Fond nehmen und warmstellen. Den Fisch-Champagnerfond bis auf die Hälfte einkochen, passieren und 30 g Mehlbutter in den Fond geben und glattrühren. Dabei löst sich die Butter und bindet die Sauce. Zur Verfeinerung den restlichen Champagner, Sahne und Butter hinzufügen. Als Krönung werden die grob geschnittenen Lorcheln in die Sauce gegeben. Geschmacklich abgerundet wird zum Schluß mit Salz, Pfeffer und Zitronensaft. **Anrichten:** Die Salmschnitten von Haut und Gräten befreien, in Kupferpfanne anrichten und mit Lorchel-Champagnersauce nappieren. Als Beilagen empfehlen sich Kräutercrêpes und Feldsalat.

Aus der Tageskarte:

"Frankenthaler Ratsherrentopf"
drei versch. Lendchen mit pochiertem Ei
und Sc. Bearnaise auf Bratkartoffeln, Salatauswahl — 19,--

Kräutergespickte Lammfilets "südfranzösisch"
mit Knoblauchbutter auf Ratatouillegemüse,
Würfelkartoffeln — 19,50

Gewürfelte Kalbsnieren in Morchel-Cognacsauce,
pommes dauphin und Broccoligemüse — 21,--

Gebeizte Hirschkalbsnüßchen "Ramsau" mit Steinpilzen
in Rahm, Backpflaumen, Kartoffelkrusteln und
Rosenkohl — 24,50

Pochierte Salmschnitte mit russischen Lorcheln
in Champagnersauce,
Kräuterpfannkuchen und Feldsalat — 36,--

Spezialität vom Wagen !

Knusprig gebratener Kalbsnacken "Pfälzer Art"
mit Waldpilzen in Sahnesauce, hausgemachte Nudeln
und Salatauswahl — 17,50

Canadian Pacific Frankfurt Plaza Hotel

Hamburger Allee 2–10, 6000 Frankfurt 90, Telefon (06 11) 77 07 21
Mitglied der Chaîne seit 1971
Täglich geöffnet von 6.30 Uhr bis 24 Uhr (außer „Geheimratsstube")

Das unmittelbar am Frankfurter Messegelände gelegene Hotel bietet in 44 Etagen, davon 18 Gästeetagen, 600 Zimmer, die alle mit Bad/Dusche, WC, Farbfernseher und Minibar ausgestattet sind. An Restaurants und zur Unterhaltung stehen im Erdgeschoß „Die Bäckerei" mit einer eigenen Backstube, „Die Geheimratsstube" – das Restaurant der Gourmets – und „Die Biblio-Theke", die Bar mit den tausend Büchern, zur Verfügung. In der ersten Etage: „Blue Infinitum", Frankfurts stärkste Diskothek. Das gesamte Hotel ist vollklimatisiert. Sauna, Massage- und Fitnessräume fehlen natürlich auch nicht.

Rezepte vom Küchenchef

Alfred Scheurer

Pâte de Canard à l'Orange

Zutaten: 5 Stück Enten à 2.000 g, 10 lb Entenleber, 5 lb Schweinefett, 5 lb Schweinefleisch, 3 lb Kalbfleisch, 4 lb Spickfett, 1/2 l Cognac, 1/2 l Madeira, 1/2 l Grand Marnier, 2 onz Echalotten, 2 Knoblauchzehen, 12 Stück Orangen, 2 onz Pastetengewürz, 9 onz Salz, 1 onz frischer Pfeffer, 1 Stück Zimtstange, 4 Stück Lorbeerblätter. Gewürze: Mayoran, Thymian, Rosmarin. 1 l Madeiragelee. **Zubereitung:** Kalbfleisch und Schweinefleisch kurz scharf anbraten, abkühlen lassen und mit Cognac und Madeira marinieren, würzen mit Lorbeerblatt, Pfefferkörnern und Pastetengewürz. Leber putzen und verlesen, scharf anbraten, abkühlen lassen, die gleiche Marinade wie oben anwenden. Die Entenbrüste scharf anbraten, gut würzen, marinieren, sorgfältig behandeln, wird später als Garnitur für die Pastete verwendet. Die Entenkeulen entnerven, kurz und scharf anbraten, abkühlen lassen, marinieren mit Nelken, Lorbeer, Zimtstange, schwarzem Pfeffer, Mayoran, Thymian, Rosmarin, Echalotten, Knoblauch, Pastetengewürz, Orangenzeste, Orangenjus, Cognac, Grand Marnier, Madeira. Von den Entenknochen eine Glace kochen. Die Farce gleich zubereiten wie bei der Terrine de Canard.
Die Farce: Die Keulen kurz anbraten, ablöschen mit der Marinade, einreduzieren, Echalotten und Champignons anziehen. Das Fleisch, Fett, Leber, Champignons durch den Wolf lassen – 1 mal grob, 2 mal fein – die Masse im Blitz aufarbeiten, abschmecken, die Glace dazu. Gehackte Trüffeln und Morcheln darunterziehen. Die Entenbrüste medium braten und in Spickspeck, der mit etwas Farce bestrichen ist, einrollen. Die Terrinen mit Spickspeck auslegen und die Farce einfüllen, bei ungefähr 80 Grad Wärme ca. 1 1/2 Std. pochieren. Beim Abkühlen beschweren. Mit ausgelassenem Spickspeck (Abfälle) die Terrine übergießen, im Frigor stehen lassen.

Hausgemachte Gänseleberpastete mit frischen Trüffeln
Home made Gooseliver Pâté with fresh Truffles 18,50

Ardenner Schinken mit Melone der Saison
Smoked Ham from the Ardennes with Melon in Season 11,50

Beluga Malossol Caviar (56 g), auf Eissockel mit Buchweizenblinis
Russian Malossol Caviar (2 ounces) on Ice Socle with Blinis 58,00

Avocadobirne gefüllt mit Champignons, Artischocken und Tomaten
Avocado Pear stuffed with Mushrooms, Artichocke and Tomato 12,00

Steigenberger Hotel Frankfurter Hof

Kaiserplatz, 6000 Frankfurt a. M., Telefon (06 11) 2 02 51

Spezialitäten: Internationale Küche, Haute Cuisine, Hessische Spezialitäten

Ein großes Haus – 460 Einzel- und Doppelzimmer mit 700 Betten, 28 Appartements und Suites, 15 Säle und Salons mit allen technischen Einrichtungen für Akustik und Video – und doch ein Haus, in dem es sich behaglich wohnen läßt dank der Harmonie der Formen, Farben, Materialien, der Gobelins und der vielen Kunstgegenstände aus allen Epochen.

Das „Französische Restaurant" ist im kostbaren deuxième Empire eingerichtet, rustikal dagegen das Grill-Restaurant. Eine „Flaschen-Bibliothek" gibt es in der Aperitif-Bar, wertvolle alte Stiche in der „Lipizzaner-Bar" zu bewundern und urgemütlich ist die „Frankfurter Stubb".

Der Frankfurter Hof verbindet Tradition mit zeitgemäßem Komfort.

Aus der Tageskarte:

LES SPECIALITES

Ecrevisses fraîches à la nage p.piece DM 6,00
Frische Krebse im eigenen Sud pro Stück

Essence de faisan DM 6,50
Fasanenessenz

Rognons de veau sautés au thym frais DM 23,50 DM 5,00
Chanterelles au beurre, pommes mont d'or
Kalbsnierchen, mit frischem Thymian, gebraten

Cassoulette de loup de mer et scampi DM 39,00 DM 20,50
à l'estragon, riz créole
Wolfsbarsch mit Kaisergranatschwanz in Estragonsauce

Rezepte vom Küchenchef

Bernhard Stumpf

Frische Jakobsmuscheln im eigenen Sud

Zutaten und Zubereitung: 600 g frische Jakobsmuscheln gut waschen, mit gehackten Echalotten und Streifen von jungen Karotten, Sellerie und Lauch gewürzt in Butter angehen lassen, mit trockenem Weißwein und Fischfond gut bedecken. Die Muscheln garziehen lassen, herausnehmen, die Brühe mit Gemüse auf 2/3 einreduzieren. Das Gemüse sollte noch kernig sein. Den Sud mit 100 g frischer Sahne aufkochen, etwas reduzieren, Muscheln dazugeben, 100 g Sahne mit 2 Eigelb verrühren und neben dem Feuer den Sud leicht binden. Etwas frisch gemahlenen Pfeffer dazugeben und mit etwas Pernod aromatisieren. Dazu trockenen Reis servieren.

A la Carte:

SEE- UND MEERESSPEZIALITÄTEN

		DM
31	Forellenfilets im Wurzelsud Dampfkartoffeln	17,50
32	Ganze Seezunge, in Kräuterbutter gebraten Salzkartoffeln	27,00
33	Meeresfrüchte aus dem Ofen (u. a. Seezungenfilet, Scampi, Heilbutt) Sardellenbutter, Dampfkartoffeln	22,00
34	Seeteufel, pochiert, in Schnittlauchbuttersauce Reis	19,50

1/2 frischer Hummer aus unserem Meerwasserbassin

350 – 400 g DM 39,50
pro weitere 50 g DM 4,50

Wählen Sie zwischen:
1. Gegrillt, mit flüssiger Butter oder
2. »Thermidor« mit einer leichten Rahmsauce mit Parmesan oder
3. Lauwarm mit geschlagener Zitronenbutter

Zubereitungsdauer 45 Minuten

FLEISCHGERICHTE

41	Filetspitzen in Sherry-Rahmsauce Mischpilze, Artischockenviertel, Spätzle	18,50
42	Schweinelendchen in Calvadosrahm mit Apfelspalten Hausgemachte Nudeln	17,50
43	Poulardenbrust in grüner Pfeffersauce Spinattimbale	16,00
44	Kalbsleberschnitte mit Apfelringen und gerösteten Zwiebeln, Kartoffelbrei	19,00

Frankfurt

Frankfurt Intercontinental

Wilhelm-Leuschner-Str. 43, 6000 Frankfurt/M., Telefon (0611) 23 05 61
Rôtisserie geöffnet von 12 bis 15 Uhr und 19 bis 24 Uhr

Spezialitäten: Canard à la Press (am Tisch zubereitet)

Die Rôtisserie im Frankfurt Intercontinental ist ein elegantes Restaurant im englischen Club-Stil. Die Regeln der internationalen Küche sind hier – unter dem Dach des Frankfurt Intercontinental – zu ungeschriebenen Gesetzen geworden. Der Küchenchef Klaus Rupp stellt eine Speisekarte zusammen, aus der Spezialitäten wie „Canard à la Press", „Pfeffersteak à l'Armagnac" und „Côte de Boeuf Rôtie" besonders hervorzuheben sind. Als weitere Spezialität empfiehlt Restaurantdirektor Kurt R. Fischer lebendfrische Hummer aus dem Meerwasser-Bassin.

Menus für Veranstaltungen in den 13 Bankettträumen werden individuell für den Veranstalter von der Bankettabteilung des Hauses zusammengestellt.

Les Poissons et Crustacés

La Darne de Turbot grillé 30,50
Steinbutt vom Rost
Grilled Darne of Turbot

Les Filets de Sole Walewska 33,00
Seezungenfilets Walewska
Fillets of Sole Walewska

Le Steak d'Espadon grillé, Beurre d'Anchois 24.
Gegrilltes Schwertfischsteak mit Sardellenbutter
Grilled Steak of Swordfish with Anchovy Butter

Rezepte vom Küchenchef

Klaus Rupp

Mousseline vom Steinbutt mit Krebsen

Zutaten und Zubereitung (für 6 Personen): 500 g schieres, rohes Steinbuttfleisch durch die feine Scheibe des Wolfes drehen, durch ein Haarsieb streichen und im Mixer in 4 cl süßer Sahne und 6 Stück Eiweiß aufschlagen und abschmecken. Backformen mit frischer Butter ausstreichen, die Masse einfüllen und bei 220° im Wasserbad (Ofen) pochieren. 6 Stück Krebse im Sud kochen und ausbrechen. Die Schwänze (Darm entfernen) sowie die Scheren warmstellen. Die Schalen kleinstoßen, mit etwas Mirepoix in geklärter Butter anrösten, mit Cognac flambieren und mit Weißwein ablöschen. Frische, entkernte Tomaten zugeben und dünsten. Das gewonnene Püree durch ein Haarsieb streichen. Brandteig mit Parmesan vermischen und kleine Klößchen in Salzwasser abstechen und pochieren. 300 g Fischfond um 2/3 reduzieren, 200 g Sahne zugeben und wiederum einkochen, mit Fischvaloute binden, das Krebspüree unterziehen sowie etwas gehackten, frischen Estragon. Die Klößchen zugeben und mit 150 g Sc. Hollandaise und 100 g geschlagener Sahne vervollständigen. Die Mousselines auf eine Platte stürzen, mit der Sauce nappieren und mit den Krebsschwänzen und Krebsscheren garnieren.

Les Grillades sur la Braise

Le Poussin à la Tournebroche Pommes Gaufrettes, Salade de Cresson 29.00

Stubenküken am Spieß gebraten, Waffelkartoffeln, Kressesalat

Roast Baby Chicken, Gaufrette Potatoes, Salad of Water Cress

L'Entrecôte Café de Paris 27.50

Entrecôte Café de Paris

Sirloin Steak Café de Paris

Le Paillard de Veau 24.00

Paillard vom Kalb

Veal Minute Steak

Le T-Bone Steak 35.00

T-Bone Steak

Les Côtelettes d'Agneau Vert Pré 25.00

Lammkoteletten Vert Pré

Lamb Cutlets Vert Pré

Le Filet de Boeuf Maître Rôtisseur 30.50

Filetsteak Maître Rôtisseur

Fillet Steak Maître Rôtisseur

Le Foie de Veau à l'Anglaise 29.50

Kalbsleber vom Grill

Grilled Calf's Liver

Kurhotel Siegfriedbrunnen

Hammelbacherstraße 7, 6149 Grasellenbach/Odenwald,
Telefon (0 62 07) 4 21
Mitglied der Chaîne seit 1969
Durchgehend geöffnet von 8 bis 24 Uhr

Spezialitäten: Fisch, Fleisch vom eigenen Gutshof

Kurhotel Siegfriedbrunnen ist eines der führenden Häuser im Herzen der unvergleichlich schönen, von Bergen und Wäldern geprägten Odenwaldlandschaft mit ihren zahlreichen historischen Stätten. Hier verbindet sich die gediegene, behagliche Atmosphäre traditionsbewußter Gastlichkeit mit den Annehmlichkeiten eines modernen Hotels.

Das Hotel mit Gästehaus liegt abseits der Hauptverkehrsstraßen in einem ruhigen, reizvollen Tal. Es bietet jeden Komfort: Alle Zimmer besitzen Bad oder WC, Telefon, eine gemütliche Wohnecke und der überwiegende Teil einen Südbalkon. Das beheizte Hallenschwimmbad (28 Grad) mit Solarium und Sonnendachterrasse kann, ebenso wie Kneippabteilung, Sauna und Fitnessraum, von allen Zimmern des Hotels und Gästehauses aus bequem erreicht werden, ohne daß der Gast ins Freie treten muß. Das Hallenbad ist ganzjährig geöffnet.

Dem angenehmen Aufenthalt der Gäste dienen gepflegte, stilvolle Räume, wie beispielsweise die Brunnenstube, die Ochsenstube, das Café und der historisch interessante Nibelungensaal. Außerdem verfügt das Hotel über Lesezimmer, klimatisierte Konferenzräume, bequeme Sitzecken.

Die weithin bekannte Küche mit ihren internationalen Spezialitäten hat den Ruf des Hauses als Feinschmeckerlokal begründet.

Kalte Vorspeisen

Ententerrine mit Pflaumen u. Zwetschgenwassergelee, Briochetoast 8,50

Salmterrine mit Brunnenkressemus grüne Soße, Butter, Briochetoast 8,80

Salat von frischen Edelkrebsen, Butter, Frenchbrot 14,–

Warme Vorspeisen

Schnecken in Chabliscreme, Frenchbrot 12,–
Frische Edelkrebse ausgebrochen im Wurzelsud, Frenchbrot 10,–
Froschschenkel provençales, Frenchbrot 10,–

Grasellenbach

Rezepte vom Küchenchef

Ernst Samer

Schnecken in Chabliscreme

Zutaten und Zubereitung: 3 Dtz. Schnecken in Öl anbraten, Öl wegschütten und mit 2 feinst gehackten Echalotten in Butter fertig braten. Eine Messerspitze gehackten Knoblauch dazugeben, mit Salz und Cayennepfeffer würzen und mit Cognac flambieren. 1/4 Chablis ler Cru aufkochen, abbrennen und zusammen mit 5 Eßlöffel Creme double, einem kleinen Boquet garni und den Schnecken um 1/3 reduzieren lassen. Abschmecken. Zusammen in ein kleines Cassolette anrichten mit Croutons und gehackter Petersilie servieren. Beilage: Frenchbrot.

Fische

Seezungenfilets in zwei Weinen, Pilafreis, Kopfsalat 20,-

Geflügel

Zwei Wachteln mit Maronenpilzen Nußkartöffele, Buttererbsen 16,-

Samer's Spezialitäten

Frische Lammleber mit Pfifferlingen und Kräutern, Gratin Kartoffeln 16,50

Vom eigenen Gutshof

Lammrücken im Kräutermantel Prinzeßböhnchen, Gratin-Kartoffeln, für 2 Personen 36,-

Rinderkotelette im Marksoße 39,- Blattspinat, Gratin-Kartoffeln 2. Pers.

Filetsteak „Maison" mit frischer Gänseleber in Morchel-portweinsoße und feiner Gemüsegarnitur, Gratin-Kartoffeln 26,-

Bad Hersfeld

Parkhotel Rose

Im Kurpark, 6430 Bad Hersfeld, Telefon (0 66 21) 44 54, 56 56
Mitglied der Chaîne seit 1975
Täglich geöffnet von 7 bis 24 Uhr, geschlossen im Januar

Das „Parkhotel Rose" liegt gegenüber dem Kurpark. Es ist ein gastliches, komfortables Hotel mit internationalem Flair. Zum Ruhm dieses Hauses hat das Spezialitäten-Restaurant „Abtei-Grill" sehr beigetragen (Hummer und Austern aus eigener Hälteranlage). Parkhotel „Rose" – ein Begriff im internationalen Reiseverkehr.

Das Hotel hat 22 Zimmer, 39 Betten und 162 Restaurantplätze. Hoteleigene Parkplätze und Garagen. Bei Veranstaltungen stehen für Sitzungen und Vorträge 10 bis 80 Plätze und für Bankette und Familienfeiern 10 bis 60 Plätze zur Verfügung.

A la Carte:

Auserwähltes für den Feinschmecker

Das Piccata von Schweinelendchen „Medici" — 16,50
auf einem mit Safran verfeinerten Spinatreis, dazu knusprige Schinkenstreifen und grillierte Tomate

„L'Entrecote a la Moelle" — 18,50
Zwischenrippensteak mit Ochsenmark, Sauce Bourguignonne und gebackene Kartoffelstäbchen

„Prime Sirloin Steak" vom Grill (300 Gramm) — 23,50
Meerrettichflocken, grillierte Tomate, Pommes frites und frische Salate

„Le Steak de veau au four a la Maison" — 19,50
überbackenes Kalbsteak mit frischen Champignons, Curryreis, Mango Chutney und Kopfsalat

Der Feinschmeckerspieß „Chaine des Rotisseurs" — 26,-
Gänseleberschaumsauce, Gemüsebouquets, Noisettekartoffeln mit gehackten Walnüssen

Die Kalbsmedaillons „Parkhotel" — 22,50
mit Spargelspitzen überbacken, Champignonpastetchen und Pariser Kartoffeln

Das Kalbsrückensteak mit Morcheln — 24,50
in Wodkarahmsauce, Maispfannküchelchen, frische Salate

„Les Tournedos Perigourdine" — 26,50
Lendenschnitten mit Armagnac-Trüffelsauce, Staudensellerie und gebackenen Kartoffelplätzchen

„L'Entrecote double Parkhotel" (für 2 Gäste) — 42,-
Doppeltes Zwischenrippensteak mit Sauce Bearnaise, Noisettekartoffeln in römischen Pastetchen, Artischockenherzen und frische Salate

Das Chateaubriand nach Art des Hauses (für 2 Gäste) — 49,50
mit feinen Gemüschen garniert, Sauce Bearnaise und Kartoffelkroketten

Rezepte vom Küchenchef

H. Bitzkowski

Gefüllte junge Rhönlammkeule in Brotteig „Auberge Rose" mit überbackenem Fenchelmus und Quarkkartoffelsoufflé

Zutaten und Zubereitung: Junge Milchlammkeule vom Rhönlamm, ca. 3 Pfund schwer, 2 Stunden in Marinade einlegen. Marinade: 2 dl Chartreuse (grün), 2 dl Weißwein, 1 Eßlöffel Essig, 2,2 l Wasser, 1 grobgehackte Zwiebel, 2 Wacholderbeeren, 2 Lorbeerblätter, 2 Knoblauchzehen und ein wenig Minze, Petersilienstengel, Thymian, 1/2 Stange Lauch und 1 Karotte (grob geschnitten). Nach 2 Stunden aus der Marinade nehmen, abtrocknen und in der Mitte aushöhlen und mit der Füllung füllen, anschließend die Füllöffnung zunähen. Füllung: Die Füllung muß im Gewicht ca. 1/3 des Gewichtes der Lammkeule haben. 1 Gänseleber und ca. 300 Gramm schieres Kalbfleisch mit einem Brötchen ganz fein faschieren. 50 g feingehackte Trüffeln, 1 Ei, Salz, Pfeffer, Cayenne, geriebene Muskatnuß, 1/10 l Sahne und etwas Zitronensaft. Das Ganze vermengen und damit die Keule füllen. Die gefüllte Keule ca. 10 Minuten hart anbraten und danach erkalten lassen. Zwischenzeitlich ca. 300 g Brotteig ausrollen und damit die Keule umhüllen. Ganz wichtig: Danach muß das Ganze 1/2 Stunde ruhen. Anschließend mit Eigelb bestreichen und bei 150 Grad Ofenhitze ca. 1,5 Stunden backen lassen. Zwischendurch die Marinade mit 1/4 l Kalbsfond, 1/4 l Demi Glace, 1/10 l grünem Chartreuse und 1/4 l süßer Sahne aufsetzen und ca. 1,5 Stunden bei gleichmäßiger Hitze einziehen lassen (nicht stark kochen lassen). Danach abpassieren und nochmals abschmecken. **Fenchelmus:** Ca. 2 Pfund geputzten Fenchel, 200 g Kartoffeln in Salzwasser mit etwas Zitronensaft kochen. Danach gut auf dem Sieb abtropfen lassen und pürieren. Würzen mit einer Prise Salz und ca. 10 g Zucker. Danach mit 0,10 l süßer Sahne und etwas Zitronensaft sowie 20 g Butter aufkochen lassen. In Steingutplatte füllen und mit geriebenem Emmentaler überstreuen und anschließend im heißen Ofen überbacken. **Quarkkartoffelsoufflé:** 3 kg magerer Speisequark und 500 g pürierte Kartoffeln mit 3 Eigelb und etwas Salz und weißem Pfeffer verrühren in Springform füllen, mit feingehacktem Schnittlauch besteuen und im Ofen überbacken. Danach aus der Form nehmen und in ca. 16 Teile schneiden.

Aus dcr Tageskarte:

Galantine du Chef mit Cumberlandsauce — DM 7,50

Frisch geräucherte Lachsröllchen
mit russischem Kaviar und Wachteleiern — DM 10,50

GEFLÜGELKRAFTBRÜHE "PRINTANIER"

KALBSNIERENBRATEN "POLONAISE"
Rahmsauce, überbackene Blumenkohlröschen
hausgemachte Kartoffelklöße — DM 14,50

GEFÜLLTE OSTERLAMMKEULE NACH SÜDLÄNDISCHER ART
Flageolots, gratin dauphinois — DM 16,50

MASTENTE "DUMA", Apfelhonigsauce, geschmorter Rotkohl
Kartoffelkroketten — DM 18,50

WEINSCHAUMCREME "AUVENAYSE"

PARISER JUNGSCHWEINSCHNITZEL
Salatherzen "Mimosa", hausgemachte Teigwaren — DM 12,00

GEDÜNSTETE OCHSENBRUST "AUBERGE ROSE"
mit frischem Bouillonmeerrettich, Kräuterkartöffelchen — DM 14,00

Homburg-Schwarzenacker

Hotel „Zur Spelzenklamm"

Am Ohligberg 26, 6650 Homburg-Schwarzenacker,
Telefon (0 68 48) 3 07 und 5 72
Mitglied der Chaîne seit 1974
Durchgehend geöffnet von 7 bis 1 Uhr

Spezialitäten: Wild, Grill, Köstliches aus Belgien

Das Hotel „Zur Spelzenklamm", 1970 erbaut, umfaßt zehn Zimmer (18 Betten) mit Dusche/Bad, Telefon, TV und z. T. großzügigen Balkons. Die Räume sind im Lothringer Stil eingerichtet. Zum Hotel gehören das Restaurant, ein Grillraum – wo am offenen Feuer gegrillt wird – das Jagdhaus mit seinem offenen Kamin und der „Audenkellerhof" („Schopeli" genannt) als Dépendance. Dieser vollbewirtschaftete Hof erlaubt auch Urlaub auf dem Lande (13 Betten, alle Zimmer mit Dusche, WC, TV und Mini-Kühlschrank).

Wild

Gespickter Hasenrücken „St. Hubertus"	DM
Pfeffertunke, frische Champignons Preiselbeeren und Kartoffelkroketten (2 Personen)	34,–
Hirschgulasch „Diana"	
mit Edelpilzen, hausgemachte Butterspätzle Birnenkompott mit Preiselbeeren	13,–
Rehpfeffer in Rotwein gebeizt	
mit Waldorfsalat und hausgemachte Butterspätzle	15,–
Wildschweinbraten	
mit Apfelrotkraut und Kartoffelpüree	13,–
* **Rehrücken „Spelzenklamm"**	
Williamsbirne mit glacierter Marone Pfefferrahmtunke, frische Champignons hausgemachte Spinatspätzle Preiselbeeren (2 Personen)	46,–

Rezepte vom Küchenchef

Gerhard Kleinhauer

Frische Miesmuscheln nach Ostender Art im Steintopf

Zutaten (für 3 Personen): 18 große Miesmuscheln, 150 g Krebsbutter, 150 g Sauce Hollandaise, 1 Knoblauchzehe, 1 1/2 Zitrone, Salz, Pfeffer und Worchester, Cognac. **Zubereitung:** Die Miesmuscheln in Weißwein und Grünzeug dämpfen, aus den Schalen nehmen. Die Krebsbutter mit etwas Cognac abschmecken, die gepreßte Knoblauchzehe und die Sauce Hollandaise unterziehen. Würzen mit Salz, Pfeffer und Worchester. Die Muscheln in die Hohlräume der Schneckenpfannen legen und mit der Butter zustreichen. In der Röhre bei 150 Grad erhitzen und im Salamander überbacken.

Hirschgeschnetzeltes „Maison"

Zutaten (für 3 Personen): 0,5 kg frisches pariertes Hirschkeulenfleisch, 0,05 kg Butter, Champignons oder Pfifferlinge (frisch je nach Jahreszeit), 0,02 l Sahne, 1 Eßlöffel Rotwein, Salz, Pfeffer schwarz gemahlen und grüne Pfefferkörner, 1 Eßlöffel Cognac zum flambieren. 3 Portionen pommes dauphines oder hausgemachte Spinatspätzle 400 g. **Zubereitung:** Das Fleisch schnetzeln und mit Salz und gemahlenem Pfeffer würzen, in Butter anbraten und mit Cognac flambieren. Die frischen geschnittenen Champignons oder die Pfifferlinge hinzugeben und schmoren. Mit dem Rotwein ablöschen, die grünen Pfefferkörner und den Rahm hinzugeben und reduzieren lassen. (Bei Pfifferlingen die Menge des grünen Pfeffers reduzieren). In einer Cocotte anrichten. Die pommes dauphines ausbacken oder die Spinatspätzle anschwenken. Die frischen Birnen mit etwas Zimt pochieren und passieren, mit Preisselbeeren reichlich ausgarnieren.

Pfannengerichte

	DM
Schweineschnitzel „Mailänder Art" auf Butternudeln, Tomatensauce mit Käse überbacken	15,–
Schweinefilet „Calvados" mit Calvados flambiert und Rahm gedünsteter Apfel und pommes dauphines Salatteller	17,50
Wiener Schnitzel mit Buttererbsen und pommes frites	16,–
Kalbsteak „au four" Champignons à la crème überbacken Salatteller, pommes dauphines	18,–
Entrecôte „maison" mit gedünsteten Zwiebeln Salatteller und pommes frites	18,–

Kirn/Nahe

Restaurant Kyrburg

Inh. Familie Soykandar

Auf der Kyrburg, 6570 Kirn/Nahe, Telefon (0 67 52) 25 74
Mitglied der Chaîne seit 1978
Geöffnet täglich außer montags von 11 bis 24 Uhr

Spezialitäten: Türkische und französische Spezialitäten

Die Kyrburg im schönen Nahetal blickt auf eine bewegte Geschichte zurück, nachdem sie erstmalig im Jahre 1128 in einer Urkunde erwähnt wird. Im 17. Jahrhundert wechselte sie infolge kriegerischer Ereignisse häufig ihre Besitzer: einmal wurde sie von den Spaniern erobert, dann von den Schweden, danach von den kaiserlichen Truppen, die wiederum von den Franzosen abgelöst wurden. Nach dem Frieden von Rijswijk, 1697, wurde die Burg geschleift, einige Jahre später wurden die Schäden ausgebessert und im Jahre 1734 wurde sie von den Franzosen gesprengt. Auf den Ruinen ließ dreißig Jahre später der Fürst Johann Dominik von Salm-Kyrburg ein Haus erbauen.

Im ersten Hof der Burganlage, den man durch zwei Tore erreicht, wurde im 18. Jahrhundert ein zweigeschossiger Bau errichtet, der damals Kommandanten und Schloßwache und heute, nach gründlicher Renovierung, das Restaurant Kyrburg der Familie Soykandar beherbergt.

Türkische Spezialitäten

Filetspieß „Türkisch" Filetstücke am Spieß gegrillt, mit einer Soße, in der orientalisches Temperament steckt, dazu Butterreis	20,—
Filetsteak „Oriental" am Tisch zubereitet Für Leute, die gerne scharf essen, das ist die Lieblingsspeise vom Chef des Hauses	20,—
Türkisches Börsensteak Rinderfilet in Butter gebraten, flambierte Shrimps in pikanter Dillrahmsoße, Butterreis	22,50
Türkische Aubergine Kebab Rinderfilet gegrillt, mit orientalischem Gemüse pikant serviert, dazu Tomatenreis	22,50
Kalbsrückensteak „Izmir" Kalbsrückensteak in Butter gebraten, in einer delikaten Feigensoße serviert, dazu geröstete Pinienkörner auf Reis	22,50
Rinderfiletsteak „Sultan" Rinderfiletsteak mit Fasanenleber und Weintrauben in pikanter Soße, dazu gebackene Mandelbanane und Pistazienreis	22,50
Knoblauchsteak für Kenner, am Tisch zubereitet Rinderfiletsteak mit Knoblauch flambiert, Spargel, Tomaten, Estragonsoße und Reis mit Mandeln	22,50
Filettopf „Auflauf" Filetstücke in feuriger Tomatenrahmsoße, dazu Reis	22,50
Lammrückensteak „Oriental" mit viel heißer Butter und einer typischen orientalischen Kräutermischung überbacken, dazu Safranreis	22,50
Joghurt Kebab Filetstücke am Spieß gegrillt, auf Knoblauch-Brotwürfeln mit einer pikanten Joghurt-Tomatensoße	22,50

Rezepte vom Küchenchef

F. Soykandar

Vorspeise: Mittelmeerkrebse flambiert, in Estragonsauce mit Tomaten

Zutaten: 3 Krebse für eine Person, frischer Estragon, Knoblauch, Butter, Sahne, Tomaten, etwas Cayenne-Pfeffer. **Zubereitung:** Die frischen Krebse werden kurz in kochendes Wasser geworfen, damit sie getötet werden. Schwanzstücke aus der Schale lösen. Butter und Knoblauch in die Pfanne geben und die Krebsschwänze darin kurz dünsten und flambieren. Nach dem Flambieren Krebsschwänze herausnehmen und warmstellen. In die Pfanne frischen Estragon, Sahne, Tomaten geben und mit Salz und Cayennepfeffer würzen, langsam dämpfen, die Krebsschwänze kurz darin schwenken und auf vorgewärmten Tellern servieren, dazu etwas Reis oder Toast.

Hauptgericht: Rinderfiletsteak mit Auberginenauflauf, dazu Pistazienreis

Zutaten: 1 große Aubergine, 350 g Sahne, 100 g Butter, 2 Knoblauchzehen, 1 frische Pepperoni, ganz fein gehackt oder grüner Pfeffer, 4 mittelgroße Tomaten und 4 Stück Rinderfilet von ca. 180 g, etwas frischer Dill, Petersilie, 1 Mokkalöffel Kreuzkümmel. **Zubereitung:** Die Aubergine wird im Ganzen im Backofen oder auf dem Grillrost gebraten, bis sie sehr weich ist. Dann wird sie geschält, das Fruchtfleisch kleingehackt und im Mixer mit Sahne und Salz zu dicker Creme püriert. Während dieser Zeit die Filetsteaks in geklärter Butter à point braten. Inzwischen werden die Tomaten geschält und entkernt, mit etwas geklärter Butter in der Pfanne eine Minute gedünstet, mit Salz und Kreuzkümmel gewürzt, etwas Sahne dazugeben, mit gehacktem Dill und gehackter Petersilie bestreuen und am Herdrand warmstellen. Die gebratenen Filetsteaks auf die Servierplatte geben und mit der noch lauwarmen Auberginencreme überbacken. Zum Überbacken wird Eigelb mit etwas geschlagener Sahne vermischt darübergegeben. Wenn die Steaks eine goldgelbe Farbe angenommen haben, werden sie mit gedünsteten Tomaten umlegt. Dazu wird frischgekochter Reis, in Butter geschwenkt und mit Pistazien besteut, serviert.

Hauptgerichte

Grünes Pfeffersteak — 22,50
mit frischen Champignons flambiert, dazu frische Prinzeßbohnen und Pommes chips

Hasenrücken-Filet — 20,—
Gedünstete Weintrauben, Champignons, Pommes dauphine

Schweinelendchen „Winzerin Art" — 20,—
2 Stück Schweine-Lendchen mit Weintrauben, Schinken, Champignons in Rotweinsoße, Gemüse der Saison Pommes qroquettes

Tornedos „Pariser Art" — 25,—
Kalbsfilet in Trüffelsoße, mit Spargelspitzen, Gemüse der Saison, Pommes chips

Kalbsrückensteak gegrillt — 22,50
mit Kräuterbutter, frischem Spargel mit Sauce hollandaise, dazu Salzkartoffeln

Kalbsrückensteak „Kyrburg" — 25,—
Kalbsrückensteak mit Champignons, Apfel, Schinken gefüllt, dazu Zitronenrahmsoße mit grünem Pfeffer, Pommes chips

Hirschkalbssteak „Förster" — 22,50
In Wacholderrahmsoße mit frischen Champignons, Pommes qroquettes

Rehmedaillon „Feinschmeckerart" — 25,—
Rehmedaillon in Butter gebraten, dazu Sauce-Creme, gedünstete Pfifferlinge, Pommes dauphine mit heißen Preiselbeeren

Bad-König

Forst-Hotel „Carnier"

Kimbacher Straße 218, 6123 Bad-König/Odenwald,
Telefon (0 60 63) 20 51
Mitglied der Chaîne seit 1972
Durchgehend geöffnet

Das Forst-Hotel „Carnier", das 1969 erbaut wurde, erfüllt höchste Ansprüche. Alle Zimmer sind mit Bad/Dusche, WC, Telefon, teils mit TV, sowie Balkon ausgestattet. Zusätzlich stehen komfortable Appartements zur Verfügung. Ein beheiztes Hallenbad mit Jet-Stream-Anlage, Sauna, Solarium, Sportraum, Liegeterrasse gehören zum Hotel.

Mittelpunkt des Hauses ist das Spezialitätenrestaurant „Rotisserie". Hier werden internationale Spezialitäten offeriert, dazu erlesene Weine und Champagner bester Jahrgänge.
Die Familien Carnier sind bereits in der dritten Generation im Hotel- und Gaststättengewerbe tätig. Die Leitung der Küche untersteht den beiden Söhnen des Hauses, Hans und Rudolf Carnier.

Aus der Tageskarte:

Feldsalat nach Lothringer Art, mit Schalotten, gerösteten Speckwürfeln und Buttercroutons	DM 7,50
Frische Salate der Saison in Sherry-Essig-Dressing, Kalbsbries-Scheibchen in Butter gebraten, Toast	DM 11,75
Delikates Süppchen von frischen Krebsen, mit Rahm oder Pernod abgerundet	DM 5,80
Gekochte Ochsenbrust mit frischem Wirsinggemüse und neuen Kartoffeln	DM 16,25
Frische Lammkeule nach Art der Provence, dazu gebackene Kartoffel in der Silberfolie, frische Bohnen im Speckmantel	DM 21,50

Rezepte vom Küchenchef

Rudolf Carnier

Elsässer Schneckensüppchen

Zutaten: 70 g Gemüsewürfelchen, 90 g Weinbergschnecken und deren Fond (aus der Dose), 1/4 l frische Sahne, 1/4 l gute Rinderbrühe, frische Kräuter, 1/10 l Weißwein, Pernod, Salz, Pfeffer, 50 g Butter, etwas Mehl. **Zubereitung:** Gemüsewürfelchen in Butter andämpfen, mit etwas Mehl stäuben und mit Weißwein ablöschen. Schneckenfond und Rinderbrühe hinzugeben und kochen lassen. Die Schnecken werden in Würfel geschnitten und mit feingehackten Kräutern, einem Hauch Knoblauch und den Gewürzen der Brühe beigefügt. Das Süppchen wird mit Sahne und Pernod vollendet und mit Knoblauchcroutons serviert.

Baby-Steinbuttfilet in „Morchelrahm"

Zutaten (für 3 Personen): 1 Portion = 180 g Baby-Steinbutt, 60 g feingehackte Schalotten, 80 g feine Karottenraspeln, 90 g grobgehackte Morcheln, 1/10 l Weißwein, 1/8 l frische Sahne, frischer Zitronensaft, 50 g Butter, etwas Worchestersauce, Salz, Pfeffer, Sauce Hollandaise (bei größeren Mengen Legierung), 1/4 l Fischfond, Mehlbutter, frisch gehackte Petersilie. **Zubereitung:** Zwiebelchen, Karottenraspel und Morcheln in Butter leicht andämpfen, mit Weißwein ablöschen und etwas Fischfond dazugeben. Das marinierte Steinbuttfilet einlegen, mit Butterpapier abdecken und fertigdünsten. Danach das Steinbuttfilet herausnehmen. Der verbleibende Fond wird mit der nötigen Menge Mehlbutter abgebunden, mit Salz, Pfeffer, Zitronensaft,Worchestersauce und frischer Sahne abgeschmeckt und mit Sauce Hollandaise oder Legierung aufmontiert. Die fertige Sauce wird über das warmgestellte Steinbuttfilet gegeben und mit frischer Petersilie überstreut.

A la Carte:

Rinderfiletspitzen "Tolstoi" in saurer Sahne, mit Tomaten, Zwiebeln, Pilzen und Artischocken, verfeinert mit Wodka, dazu Butterreis und ein bunter Salatteller DM 19,75

Rinderfiletsteak "Schloß Bellevue" mit Champignons-duxelles im Blätterteigmantel im Ofen gebacken, dazu frische Buttergemüse DM 26,50

Gespickte Hasenrückenfilets, frisch gebraten, in einer Wildrahmsauce mit grünem Pfeffer, gefüllter Schmorapfel mit Preißelbeeren, Kartoffelkroketten, Kopfsalat in Kräuterdress. DM 19,25

Frische Hummerkrabben "südländisch" in Olivenöl, mit Gemüsestreifen und Knoblauch sautiert, mit Safran gewürzt, dazu Butterreis und Kopfsalat in Orangendressing DM 25,--

Weinrestaurant Leimeister

Hauptstraße 27/29, 6240 Königstein, Telefon (0 61 74) 2 18 37
Mitglied der Chaîne seit 1968
Ferien von Mitte Juli bis Mitte August

Spezialitäten: Geflügel, Wild, Fische; Matelotte à la marinière, ein Matrosen-Gericht von Edelfischen und Krebsen

Mitten im Herzen des alten Königstein liegt das malerische und ein wenig verträumte Fachwerkhaus mit seinen gemütlichen Giebelchen und kleinen Dachfenstern.

Seine Vergangenheit geht bis zum Anfang des 18. Jahrhunderts zurück. Am 1. Juni 1952 wurde die kleine Weinstube, die in Kürze 60-jähriges Jubiläum feiern kann, aus der Kirchgasse, dem Elternhaus des Besitzers, in die Hauptstraße der heutigen Fußgängerzone verlegt.

„Wir lassen uns gerne in die Karte gucken" – dieser Erlaubnis, auf dem Umschlag der Speisen- und Getränkekarte, folgt man willig. Noch besser, man läßt sich vom Wirt beraten, denn er nimmt die Wünsche seiner Gäste ernst.
Gottfried Leimeister hat für eilige Gäste nicht viel übrig – er empfiehlt ihnen das Restaurant um die Ecke. Wer zu ihm kommt, soll Zeit und Geduld mitbringen, weil alle Speisen frisch zubereitet werden. Sie fallen dann auch so aus, daß man die Uhr vergißt. In der bezaubernden, anheimelnden Landhaus-Atmosphäre mit dem alten Fachwerk in den Nassauer-Stuben läßt man den Alltag gerne vor der Tür zurück.

Rezepte vom Küchenchef

Bernhard Kaiser u. Bernd Moos

Kalbsbrustknorpel mit frischen Gemüsen umlegt

Zutaten und Zubereitung: Das Tendron, etwa 200 – 250 g pro Gast, in Breite der Kalbsbrust geschnitten, wird mit Salz und Rosen-Paprika gewürzt und in Butter in einer Kasserolle blond braisiert. Es wird zu Beginn leicht angebraten und immer wieder kurz aufgegossen, sobald der Saft eingekocht ist. Nun bei kleiner Flamme mit etwas Zwiebeln und Wurzelwerk (Sellerie, Karotte und Petersilienwurzel) im eigenen Saft gardünsten. Den Bratensaft mit etwas Weißwein ablöschen und die kurze Sauce leicht binden. Dazu reicht man frisches Gemüse der Jahreszeit und kleine in Butter gebratene Kartoffeln.

Figues „Aloisia" – Frische Feigen in Portwein mit Creme double und Erdbeermark

Zutaten und Zubereitung: Recht frische Feigen in drei Teile zerlegen, in eine flache Schale ordnen und mit altem Portwein gut marinieren. Das Ganze gut kühlen. Reichlich gezuckertes frisches Erdbeermark, etwas Zitrone und die doppelte Menge Creme-double zu einer leichten Creme verarbeiten und die Feigen mit der Masse vollständig bedecken. Als Dekor bittere Borken-Schokolade und Pistazien. Dazu frische Löffelbisquit. Diese Süßspeise kann man sehr gut am Tisch des Gastes zubereiten.

DEUTSCHE UND AUSLÄNDISCHE SPEZIALITÄTEN

Schweine-Schnitzel mit Bratkartoffeln, Salat der Saison	11,00
Wiener Schnitzel in Butter mit Bratkartoffeln, Salat der Saison	16,50
Ungarischer Schweinsrücken mit frischem Paprika in Rahm, Butter-Spätzle, Salat	16,50
Rumpsteak mit Zwiebeln oder Kräuterbutter, Pommes frites, Salat der Saison	17,50
Budapester Rahmpörkölt mit Champignons und Paprika, Spätzle, Salate	18,50
Verschiedene kleine Lendchen „Burgherren-Art" mit feinen Gemüsen und jungen Edelpilzen	19,50
Frische Kalbsleber „Berliner Art" mit Äpfel und Zwiebel	x
Pepperoni-Steak „Brasilienne" (extra scharf) vom Kalb, Rind oder Schweinsrücken, Risotto und Salate	21,00
Kalbsteak in Sahne mit frischen Champignons, Risotto und Salate	22,50
Entrecôte à la Maître, Sauce Béarnaise mit grünen Böhnchen und Tomaten, pommes frites	22,50
Rehfilet „Baden-Baden" in Rahm mit jungen Pfifferlingen, Kartoffel-Krapfen, Preiselbeeren, Salate	25,00
„Pariser Pfeffersteak" mit grünem Pfeffer, Champignons, junge Böhnchen und Tomaten, Kartoffel-Krapfen	25,00
Lamm-Kotelette vert pré, grüne Böhnchen, Tomaten	22,50

Bad Kreuznach

Steigenberger Hotel Kurhaus

Kurhausstraße 28, 6550 Bad Kreuznach, Telefon (06 71) 20 61
Mitglied der Chaîne seit 1978
Durchgehend geöffnet

Ein traditionsreiches Hotel mit First-Class-Komfort, in dem durch Umbau und vollständige Renovierung die Atmosphäre eines historischen Gebäudes mit moderner Ausstattung harmonisch verbunden wurde.
Die Zimmer entsprechen den Wünschen anspruchsvoller Gäste: Sie enthalten neben Bad oder Dusche Selbstwähltelefon, Radio und zum Teil auch Fernsehen. Sauna, Trimm-dich-Räume und Kegelbahnen dienen der Fitness und Entspannung. In den Restaurants wird kulinarische Vielfalt geboten. Café, Bar, Abendlokale und die originelle „Cognac-Apotheke" sorgen für Abwechselung.

Aus der Tageskarte:

Menü 11 DM 19,50

Kraftbrühe mit Grießnockerln

Gepökelte Ochsenzunge
mit Madeirasauce
Karotten mit frischen Champignons
Schwenkkartoffeln

Vanilleeis mit Obstsalat

Menü 12 DM 22,00

Gurkenrahmsuppe

Gebratene Hähnchenbrust
in Paprikarahm
Hausgemachte Spätzle

Zitronensorbet

Rezepte vom Küchenchef

Volker Rudolph

Aufgeschlagene Suppe von geräucherten Forellen

Zutaten: 1/2 l Fischfond (aus Fischgräten und Reststücken), 2 Stück geräucherte Forellenfilets, 1/8 l Sahne, 100 g Lauch und Karotten, 4 Eier, Eigelb und Eiweiß getrennt, 50 g Butter, frischer Kerbel, 100 g Zanderfilet. **Zubereitung:** Das Zanderfilet und ein Forellenfilet durch die grobe Scheibe des Fleischwolfes drehen. Lauch und Karotten grob gehackt, sowie die 4 Eiweiß untermengen und kräftig durchrühren. In einen Topf geben, mit dem kalten Fischfond auffüllen und mit einem Schneebesen vermengen. Würzen mit wenig Salz, Pfeffermühle und einem Lorbeerblatt. Unter anfänglichem Rühren bis zum Kochen bringen und ca. 20 Minuten bei schwacher Hitze ziehen lassen, dann abpassieren. Die Eigelb mit der Sahne auf schwachem Feuer aufschlagen und nach und nach den Forellensud zugeben. Zum Schluß den frisch gehackten Kerbel zugeben. Als Einlage gibt man das restliche Forellenfilet in feine Würfel geschnitten. Die Suppe sofort nach der Fertigstellung servieren.

Cassoulet von Kalbsbries, Poularde und Morcheln

Zutaten: 1 Poularde 1,2 kg, 500 g Kalbsbries, 20 g Morcheln getrocknet, 1/4 l Chablis, 0,25 g Butter, 0,5 l Sahne, 4 Eigelb, 3 Stück Echalotten, 2 cl Cognac. **Zubereitung:** Das Kalbsbries blanchieren, von Haut und Fettresten befreien und in fingerdicke Scheiben schneiden. Die Poularde vierteln, auslösen und die Haut lösen. Beides salzen, Pfeffermühle geben und in der Butter leicht ansautieren; herausnehmen. Die Morcheln, die man vorher gewässert und gründlich von etwaigem Sand befreit hat, zusammen mit den Eschalotten andünsten und mit dem Weißwein ablöschen. Die 1/2 Sahne dazugeben und reduzieren lassen. Nun Kalbsbries und Poularde in die Sauce geben und bei schwachem Feuer ca. 10 Minuten garen lassen. Inzwischen die restliche Sahne mit dem Eigelb verrühren und unter die Sauce ziehen. Mit einer Prise Muskat und dem Cognac nachschmecken.

A la Carte:

AUS DER PFANNE

Geschnetzeltes Kalbfleisch in Morchelrahm Hausgemachte Spätzle	18,—
Kalbsleberschnitten gebraten mit feinen Speckstreifen Frische Perlzwiebeln, Kartoffelpuree	16,50
Putenbrust mit Schinken und Käse gefüllt Blattspinat mit roten Paprikaschoten, Dampfkartoffeln	14,—
Filet Mignon gebraten mit grünem Pfeffer Sultaninen, zwei Purees der Saison	24,50
Schweinelendchen gebraten mit Estragonjus Broccoli, überbackene Sahnekartoffeln	17,50

Mainz Hilton Hotel

Rheinstraße 68, 6500 Mainz, Telefon (0 61 31) 1 07 81
Mitglied der Chaîne seit 1977
Durchgehend geöffnet

Das Mainz Hilton und die mit dem Hotel verbundene Rheingoldhalle sind für jeden Gast und Kongreßbesucher ideal gelegen: Zum Flughafen 23 km, zum Hauptbahnhof 2 km, zum Zentrum von Mainz 300 m. Die Schiffsanlegestelle befindet sich vor dem Hotel. Unmittelbarer Anschluß zum Autobahnnetz ist gegeben.

Allgemeine Informationen: 242 Gästezimmer (452 Betten), 8 Appartements, ausgestattet mit Klimaanlage, Bad, Dusche, TV, Radio, Selbstwähltelefon.

Restaurants:
„Rheingrill" – Spezialitätenrestaurant mit Blick auf den Rhein.
„Römische Weinstube" – Landesübliche Gerichte, reichhaltige Auswahl an Ausschankweinen.
„Mainzer Bierstube" – Kleine Snacks, 7 verschiedene Sorten Bier vom Faß.

S U P P E N

Original ZWIEBELSUPPE mit einem Käsecrouton überbacken	6,00
Klare SCHILDKRÖTENSUPPE oder "LADY CURZON"	6,50
Klare OCHSENSCHWANZSUPPE nach Henri IV. mit frischen Gemüsen	6,00
Legierte LAUCHCREMESUPPE	5,00

SCHNECKEN POTPOURRI

Sechs Schnecken im Tiegel "Bourguignonne"	9,75
Sieben Schnecken "Provençale" serviert en cocotte	11,50
Acht Schnecken in feinen Kräutern mit einem eleganten Rheingau-Riesling zubereitet	13,25

Es wird Ihnen zu jeder dieser Spezialitäten ein erfrischendes Sorbet gereicht

Rezepte vom Küchenchef

Wolfgang Trch

Kalbsbries „Noilly Prat"

Zutaten (für 3 Personen): 500 g Kalbsbries, 2 Lorbeerblätter, 1 Sträußchen Petersilie, 2 Essl. Echarlotten, 2 mittelgroße Karotten, 100 g Butter, 1 Sträußchen Thymian, 1 l Cremedouble, 1 Prise Salz, Pfeffer, 80 g Gänseleberparfait, durch das Sieb passiert. **Zubereitung:** Blanchiertes Kalbsbries mit Echarlotten und feingeschnittenen Karotten in Butter anbraten. Petersilie, Thymian und Lorbeerblatt dazugeben, ablöschen mit Noilly Prat und Weißwein. Das Ganze wird abgedeckt und 15 Minuten im Ofen bei 250° gegart. Das Bries wird danach aus dem Fond genommen, die Cremedouble dazugegeben und reduziert. Kalbsbries in Scheiben schneiden, die abgeschmeckte, mit Gänseleberparfait verfeinerte und passierte Sauce darübergeben. Garnitur Trüffelstreifen, Kresse. Als Beilage empfehlen wir feines Gemüse sowie feine Butternudeln.

VOM GRILL UND AUS DER PFANNE

Vom R i n d

Prime Sirloin Steak
Aus USA importiert
Größe nach Wunsch (Minimum 200 Gramm) Preis pro 10 Gramm 1,40

Filet Steak vom Grill
Sauce Béarnaise, Pommes Frites 26,50

Chateaubriand "Bouquetière" (für zwei Personen)
Doppeltes Rinderlendensteak, Sauce Béarnaise
Palette von frischen Gemüsen, Pommes Frites 52,00

Pikantes Rheingrill Pfeffersteak
mit altem Cognac flambiert
Grüner Madagaskar Pfeffer, Schweizer Rösti 28,50

Vom K a l b

Mastkalbsrückensteak
mit gedämpften Steinpilzen und Butternudeln 26,50

Zarte Leber "Berliner Art"
Äpfelringe, Zwiebel und Speck, Kartoffelschnee 21,50

Vom L a m m

Lammkoteletts "Maître d'Hotel"
Lyoner Kartoffeln 24,50

Vom S c h w e i n

Schweinelendchen "Dijon"
mit einer delikaten Senfsauce, Butterreis 22,00

G e f l ü g e l

Frühmastente "Menton" (für zwei Personen)
Das Aroma frischer Zitronen gibt der Sauce den
exquisiten Geschmack. Karamelisierter Apfel,
Dauphin Kartoffeln 48,00

Hotel Augusta Sogetel

Augusta-Anlage 43–45, 6800 Mannheim, Telefon (06 21) 40 80 01
Durchgehend geöffnet

Spezialitäten: Französische Spezialitäten

Das Hotel Augusta Sogetel, zur Chaine Hotelière Sogetel International gehörend, besteht seit 1950. Unter seinem Dach befinden sich ein internationales Restaurant mit französischen Spezialitäten sowie die „Mannemer Stubb", Mannheims uriges Wein- und Speiselokal.

Für Tagungen, Bankette, Meetings und Familienfeiern stehen 5 Konferenzräume (für 10 bis 150 Personen) zur Verfügung.

Fische
Poissons

Frische Schwarzwaldforelle blau
Petersilienkartoffeln, Kopfsalat
Truite de la Forêt Noire au bleu
pommes persillées, Salade «Mimosa» — *17,50*

Frische Schwarzwaldforelle «Nairobi»
Petersilienkartoffeln, Kopfsalat
Truite de la Forêt Noire aux amandes
pommes persillées, Salade «Mimosa» — *19,00*

Nordsee-Seezunge „Müllerin"
Dampfkartoffeln, Salat
Sole «belle meunière»
pommes vapeur, Salade — *29,50*

Nordsee-Seezunge in Weißwein
Butterreis, Salatherzen „Elisabeth"
Sole au vin blanc
riz «à l'espagnole», Coeurs de laitue «Elisabeth» — *30,50*

Rezepte vom Küchenchef

Patrick Joerger

Forelle Augusta-Sogetel

Zutaten: (für 3 Personen) 3 springlebendige Forellen, 100 g Shrimps, 200 g Zwiebelmus, 200 g Karottenmus, Champignons, Gänseleber. Gewürze: Salz, Pfeffer, Zitronensaft, einen Eßlöffel Weißwein. **Zubereitung:** (Zubereitungszeit: 10 Min., Garzeit: 15 Min.) Forelle vom Rücken her entgräten und ausnehmen. Unter fließend kaltem Wasser gut auswaschen. Forelle würzen mit Salz, Pfeffer, Zitronensaft und einem Tropfen Worchester. Füllen mit der abgeschmeckten Farce, bestehend aus den oben genannten Zutaten. Forelle in Cocotte einsetzen, mit Weißwein untergießen, in den Ofen schieben und garen. Nach 15 Min. entnehmen, mit Sauerampfersauce, die eine Ableitung von der Sauce au vin blanc de poisson ist, überziehen. Mit Butterkartoffeln und verschiedenen Salaten der Saison Servieren.

Zwischengerichte
Entrées

Englischer Feinschmeckerteller
Roastbeef, Kalbsbraten, Poularde

Assiette «Anglaise» 16,00

Tatar, rassig angemacht
Brot und Butter
Tartare au Courvoisier 14,50

Schinkenröllchen
Spargel, Salate der Saison, Toast und Butter
Cornet de jambon «Argenteuil» 12,50

Große Salatplatte
Grande assiette de Salade 12,50

Gemischte Schinkenplatte
Jambons varies 14,50

Bündner Fleisch
Viande de Grisons 15,50

Bad Nauheim

Hilberts Parkhotel

Kurstraße 2–4, 6350 Bad Nauheim, Telefon (0 60 32) 3 19 45-50
Mitglied der Chaîne seit 1978
Restaurant geöffnet von 12 bis 14.30 Uhr und von 18.30 bis 22 Uhr.

Spezialitäten: Stechini „Don Carlos" und Seezungenfilets „Baron Brisse"

Hilberts Parkhotel ist das traditionsreiche, gepflegte First-Class-Hotel Bad Nauheims. Bei der Renovierung und Modernisierung in jüngster Zeit blieb der gediegene und bei den zahlreichen Stammgästen so beliebte Stil erhalten. Trotz der zentralen Lage, praktisch im Mittelpunkt Bad Nauheims gelegen, ist „Hilberts" als echtes „Park"-Hotel eine Oase der Ruhe und Beschaulichkeit.

Das Haus hat sowohl für den Kuraufenthalt, als Urlaubsdomizil sowie als Zentrum für Kongresse, Tagungen, Konferenzen und festliche Veranstaltungen einen internationalen Ruf. Zu den 120 Zimmern mit 170 Betten, größtenteils mit Bad und WC, kommen sechs Konferenzräume und -Säle für 20 bis 180 Personen, die in ihrer innenarchitektonischen und technischen Ausstattung, zusammen mit den sieben Tagungsräumen im Kurhaus, allen Wünschen gerecht werden.

Die ausgezeichnete Küche mit nationalen und internationalen Spezialitäten wird ergänzt durch eine exquisite Getränkekarte und ein zuvorkommendes Service. Das Diätgütezeichen RAL garantiert die exakte Zubereitung aller Diätformen.

A la Carte:

* Zürcher Rahmgeschnetzeltes, Butternudeln und gemischten Salat	16,–
Chop Suey (Schweinegeschnetzeltes, Ingwer, Staudensellerie)	16,–
Kalbsnieren auf Tomatenreis und Salate der Saison	16,50
Filets auf Toast „Oriental", Birnen und Curry Hollandaise	17,50
Mixed Grill, grüne Bohnen und pommes frites	19,–
* Kleine Filets mit glacierten Früchten und Kartoffelcroquetten	19,–
Kalbsteak „Manhattan" (Pfirsich, Schinken, Käse gratiniert, Sce. Cumberland	19,50
* Tournedos „Rossini" (Spargelspitzen, Champignons)	20,–
Kalbsmedaillons mit Artischockenherzen, Sce. Bearnaise, feinen Erbsen	21,–
Filetsteak mit Gemüsen oder Salaten, Sce. Choron	22,–
* Pariser Pfeffersteak flambiert mit Calvados	24,–
* Hirschmedaillons „Montmorency", Mischpilze	24,50
Chateaubriand „Gärtnerin Art", Sce. Bearnaise (2 Pers.)	43,–

Rezepte vom Küchenchef

Klaus Linkenbach

Stechini „Don Carlos" auf grünen Butternudeln mit Tomatensauce. Salat der Saison

Zwei dünne Kalbschnitzel mit einer Farce von Steinpilzen und Champignons, gewürzt mit Salz, Pfeffer, Knoblauch, Thymian und Cognac, bestreichen und mit einer Scheibe Rohschinken abdecken. Die Schnitzel durch Ei und Käse ziehen und in Butter braten. Auf grünen Bandnudeln mit Tomates concassèe anrichten. Sauce Tomates à part, dazu ein gemischter Salat aus frischen Salaten der Saison.

Entrecote „Cafe de Paris", Tomates Provencales, Prinzessbohnen Bouquettes, Pommes „à la Mennagère"

Ein Entrecote wird mit einer Spezial-Kräuterbutter belegt und leicht unter dem Salamander überbacken. Die Kräuterbutter enthält folgende Gewürzzutaten nach Gramm abgewogen: Estragon, Dill, Mayoran, Thymian, Schnittlauch, Petersilie, Eschalotten, Kapern, Senf, Ketchup, Rosmarin, Knoblauch, Sardellenfilet, Cognac, Madeira, Worchester Shire, Paprika, Curry, Cayennepfeffer, Pfefferkörner, Zitronensaft, Zitronenschale, Orangenschale, Salz und Eigelb.
Als Beigabe dienen Tomates Provencales. 2/2 Tomaten werden mit Miedepain, Petersilie, Knoblauch und Salz bestreut und überbacken. Prinzessbohnen Bouquettes: Feine Prinzessböhnchen werden mit einer Scheibe Dörrfleisch umwickelt und in einer Casserole mit gedünsteten Zwiebeln, Gewürz, etwas Consommè und Butter im Ofen gedünstet.
Pommes à la Mennagère: Die Kartoffeln werden in der Schale gebacken, ausgehöhlt, der mit der Gabel zerdrückte Pulp mit gehacktem Schinken, gerösteten Zwiebelwürfeln, Milch und Gewürz vermischt, wieder in die Schale gefüllt, mit geriebenem Käse bestreut, mit Butter betropft und im Ofen gratiniert.

Aus der Tageskarte:

VORSPEISE DM 11,--

Avocado with Turte Jelly,Toast und Butter

Creme Montesquieu oder Sauerkirschkaltschale

MENU NR. 1 DM 20,--

Seezungenfilet "Baron Brisse" - Dreolenreis - Salat "Excelsior"

MENU NR. 2 DM 20,--

Kalbskotelette "Woronoff" - Gefüllte Artischockenböden - Kräuterkarotten - Bernykartoffeln

MENU NR. 3 DM 21,--

Hirschmedaillon "Sullivan" - Preiselbeeren - Mischpilze - Kartoffelkroketten

DESSERT

Pfirsich "Mary Pickford"

Neu-Isenburg

Hotel-Restaurant-Café Wessinger am Wald

Alicestraße 2, 6078 Neu-Isenburg, Telefon (0 61 02) 2 70 79
Mitglied der Chaîne seit 1977
Geöffnet täglich, außer montags, von 6.30 bis 23.00 Uhr

Spezialitäten: Hausintern entwickelte Spezialitäten: Vorspeisenvariationen ab 2 Personen – Lamm Chop – Kalbsschnitzel „Engadin" – frischer Salm vom Grill in raffinierter Gewürzkomposition

Das Hotel Wessinger am Wald bietet seinen Gästen eine Unterkunft in ruhiger Lage; der Frankfurter Stadtwald lädt zu ausgedehnten Spaziergängen ein, die Attraktion für kleine Gäste ist der interessante Spielpark „Tannenwald" in unmittelbarer Nähe des Hauses. Ein großer Kaffeegarten bietet bei sommerlichen Temperaturen einen angenehmen schattigen Aufenthalt.

Für große und kleine Festlichkeiten stehen gepflegte Gesellschaftsräume zur Verfügung.

„Wessinger am Wald" ist nicht nur bekannt für seine exquisite kalte und warme Küche, sondern auch für von Meisterhand zubereitete feine Backwaren und Torten.

Für den Feinschmecker

BÜNDENER PLATTE Bündenerfleisch, Coppa, Bündener Rundschinken, Salsiz, Mixed Pickles, Landbrot, Butter	DM 14,90
BELUGA-STÖR GERÄUCHERT Sahnemeerrettich, Eischeiben, Toast, Butter	DM 14,90
HANSEATENTELLER Räucherlachs, Aal, Stör, Heringsalat, Krabbensalat, Toast, Butter	DM 15,40
BORNHOLMER RÄUCHER-LACHS Zitrone, Sahnemeerrettich, Toast, Butter	DM 15,70
KIELER RÄUCHER-AAL Gemüsesalat, Kapern, Sahnemeerrettich, Vollkornbrot, Butter	DM 17,20
COCKTAIL VOM HUMMER Zitrone, Toast, Butter	DM 19,80

– ab 2 Personen –

GROSSE VORSPEISENPLATTE fein sortiert, gef. Ei auf Salami, Lachsschinkenröllchen, Medaillon mit Gänseleber, Räucheraal, Räucherlachs, Melone – Bündenerfleisch, Pastete, 2 pikante Salate	pro Person DM 20,90

Rezepte vom Küchenchef

Rudolf Biller

Kalbsschnitzel Engadin

Zutaten und Zubereitung (für 3 Personen): 3 Kalbsschnitzel à 140 g mit feiner Weißbrotkrume paniert braten, 1/3 der angegebenen Souflée-Masse gleichmäßig über das Schnitzel verteilen und im Salamander goldgelb überbacken. Käse-Souflée-Masse: 30 g Speck mit 30 g Zwiebeln andünsten, Fett abgießen, 30 g Parmesan, 90 g Emmentaler, 10 g Mehl, 50 g flüssige Sahne, 1 Eigelb, 1 Spritzer Kirschwasser, Petersilie, Schnittlauch, Muskat, Paprika, Pfeffer, Salz, Thymian, Oregano, Basilikum. Beilagen zum Kalbsschnitzel „Engadin“: Fein sortierte Gemüseumlage aus gartenfrischen Gemüsesorten, Lyoner Kartoffeln.

EMPFEHLUNG FÜR DEN FEINSCHMECKER

SCHWEINEKOTELETT TESSINER ART Schältomate, Käse überbacken, Butterreis, Kopfsalat	DM 12,50
RAHMSCHNITZEL Butterkartoffeln, diverse Salate	DM 13,90
RINDERZUNGE mit Champignons in Madeirasauce, Kroketten, diverse Salate	DM 14,40
CHAMPIGNONSTEAK DIANA mit Parmesan überkrustet, pommes frites, Salatteller	DM 15,50
PIKANTES TÖPFCHEN (3 Medaillons in würziger Tunke), Rahmflocke, Curryreis, Salatteller	DM 15,90
WIENER SCHNITZEL pommes frites, diverse Salate	DM 16,80
PICCATA-MILANAISE (Schweinefilet-Medaillons im Käseteig gebacken), Risi-Bisi, Kopfsalat	DM 17,20
KALBSSCHNITZEL GÄRTNERIN ART Petersiliekartoffeln	DM 18,10
SCALOPINI, Schweinefilet-Medaillons mit Champignons in Weißweinsauce, überbacken mit Schweizer Käse, Risi-Bisi, Kopfsalat	DM 18,20
SCHWEINEFILET-MEDAILLONS STRASBOURG Kräuterchampignons, Gänseleber-„Trumartin“, Kroketten, Kopfsalat	DM 19,–
GESCHNETZELTES KALBFLEISCH ZÜRICHER ART, Berner Rösti, diverse Salate	DM 19,30
KALBSLEBER BERLINER ART Röstzwiebeln, gebratene Apfelscheiben, Kartoffelschnee, Kopfsalat	DM 19,30
KALBSSCHNITZEL, CORDON BLEU gefüllt mit Schinken und Käse, Petersiliekartoffeln, diverse Salate	DM 19,40
RUMPSTEAK STRINDBERG mit Senf und gehackten Zwiebeln, pommes frites, diverse Salate	DM 19,80
KALBSSCHNITZEL ENGADIN, paniert, gekochte Schinkenscheibe, Käsesoufflécreme überbacken, Rahmsauce, Gemüseschale, Lyoner Kartoffeln	DM 19,80
KALBS-FILET PARISER ART, im Kräuter-Ei-Mantel, Spargel, Buttererbsen, Perlkarotten, Schwenkkartoffeln	DM 22,10
FILETSPITZEN STROGANOFF Petersiliekartoffeln, diverse Salate	DM 22,90

Niederaula

Landgasthof „Schlitzer Hof"

(Hotel - Restaurant)

Hauptstraße 1, 6434 Niederaula, Telefon (0 66 25) 3 41
Mitglied der Chaîne seit 1965
Täglich von 7 bis 24 Uhr geöffnet. Ferien im Monat November

Spezialitäten: Rumpsteak im Fang, Hessisches Nationalgericht: Gekochtes Tafelspitz mit Frankfurter grüner Sauce.

Der Landgasthof „Schlitzer Hof" mit Restaurant ist ein kleines Hotel mit gut eingerichteten Ein- und Zweibettzimmern, mit Etagenbad und -telefon. Ganz gleich, in welchem Raum der Gast sich aufhalten möchte: ob im Weinkeller oder Kaminzimmer, in der Bauernküche oder der Bauernstube – überall herrscht eine angenehm gastliche Atmospäre.

Eine reichhaltige und originelle Speisekarte (120 Möglichkeiten) und eine Karte mit vielen erlesenen Weinen zeigen dem Gast, daß er im „Schlitzer Hof" nicht nur gut schlummern, sondern auch gut schlemmen kann.

Aus der Tageskarte:

Tagessuppe: Blumenkohlcremesuppe
Nachtisch: Obstsalat von frischen Früchten mit Zitroneneis

1/2 junges M i l c h m a s t h ä h n c h e n
reichlich und zart / Pommes frites
gemischter Salat DM 11,00

S p a g h e t t i "Bolognese"
pikante Fleischfarce mit Champignons in Rotwein
Kopfsalat in saurer Sahne DM 12,50

Lebenfrische F o r e l l e "blau"
zerlassene Butter, Sahnemeerrettich
Petersilienkartoffeln / gemischter Salat DM 14,00

Geschabtes S c h w e i n e s t e a k "Schlitzer Hof"
gebraten in pikanter Senfpanade / bedeckt mit Steinpilzen in feiner Rahmsoße / Pommes frites / Kopfsalat DM 15,00

J u n g e F l u g e n t e nach Art des Hauses
Schmorapfel / übergossen mit Rosmarinsoße
hausgemachte Kartoffelklöße / Rosenkohl in Butter geschw. DM 18,50

Rezepte vom Küchenchef

Martha Schwemmlein-Rohrbach

Rumpsteak im Fang

Stangenspargel in pikanter Krabbensoße, bestreut mit frischen Kräutern, eingerollt in einem Pfannkuchen

Zutaten: 3 Rumpsteaks à 180 g, 125 g frische Krabben, 1 Zehe Knoblauch, 50 g frische Petersilie, 2 Eßlöffel Tomatenketchup, Pfeffer und Salz, 15 Stangen Spargel, Eierpfannkuchenteig für 3 Eierpfannkuchen. **Zubereitung:** Die Rumpsteaks würzen und in heißem Fett medium braten (je Seite 1,5 Minuten). Inzwischen werden die zubereiteten Pfannkuchen auf vorgewärmte Platten gelegt und auf jeweils eine Hälfte eines Pfannkuchens kommt ein Rumpsteak. Danach den Bratenfond mit Fleischbrühe ablöschen, die frischen Krabben mit der zerdrückten Knoblauchzehe und Ketchup hinzugeben und etwas reduzieren lassen zu einer sämigen Soße. Die Rumpsteaks jeweils mit 5 Stangen heißem Spargel belegen und mit der fertigen Krabbensoße übergießen. Das Ganze dick bestreuen mit fein gehackter Petersilie und mit der anderen Hälfte des Pfannkuchens zudecken.

A la Carte:

von den rindviechern:

filetsteak „mirabeau" **(mirabo)**, pommes frites 19,–

= steak mit streifen von sardellen und mit piment-oliven garniert

filetsteak „hausherrn-art", pommes frites 19,50

= **von mir für sie, meine herren!**
eine paprikaschote gefüllt mit champignons auf französische art

filetspitzen gulasch „stroganoff", pommes frites 18,50

= ein russisches gericht von zartem filet, in einer sehr guten sahnesoße
champignons und gurken, mit wodka abgeschmeckt

steak au poivre „d'albert" (pfeffersteak) 19,50

= mit feiner chablis-soße, pommes frites

von den schweinen:

schweineschnitzel, salat, kartoffeln 11,50

schweinskarbonade „flämisch", kartoffeln 12,50

= unpaniertes kotelett mit geschmorten apfelscheiben und gerösteten zwiebeln

schweinesteak „schlitzer hof", pommes frites 14,–

= steinpilze in butter geschwenkt

schweinesteak „försterin", pommes frites 15,–

= **die försterin ist mit vielen kleinen pfifferlingen zugedeckt (das tut ihr wohl)**

Oestrich-Winkel

Romantik Hotel Schwan

Rheinallee 5-7, 6227 Oestrich-Winkel, Telefon (0 67 23) 30 01
Mitglied der Chaîne seit 1959
Geöffnet von 7 bis 22 Uhr, Ferien vom 1. Dezember bis 15. Februar

Spezialitäten: Wild aus eigener Jagd

Dieses Haus kann auf eine lange, wechselvolle Vergangenheit zurückblicken. 1628 zeigt der alte Fachwerkgiebel als Baujahr. Der historische Bau ist heute mit modernen Fremdenzimmern ausgestattet. Der Ausblick auf den mächtigen Rheinstrom und der Genuß köstlicher Mahlzeiten auf der schönen Terrasse werden zu unvergeßlichen Erlebnissen. Zum Hause gehört ein eigenes Weingut. Weinproben im alten, romantischen Weinkeller sind jederzeit möglich.

Aus der Tageskarte:

Mildgeräucherter Fjordlachs auf Toast

Doppelte Kraftbrühe Madrilene

Schweinelendchen nach "Winzer - Art"
mit Pfifferlingen in Rahm
Kartoffelkroketten, verschiedene Salate

Rheingauer Sauerkirschen mit Vanilleeis und Sahne DM 4o,--

Wacholdergeräuchertes Forellenfilet Sahnemeerrettich, Toast und Butter	9,5o
Melonenschiffchen mit Katenschinken Toast und Butter	11,5o
Mildgeräucherter Nordlandlachs Sahnemeerrettich, Toast und Butter	13,--
Geräucherter Aal auf Toast, Kräuterrührei	13,5o

+++++++++++++++++++

Rheingauer Cremesuppe	3,5o
Kirsch Kaltschale	3,5o
Kraftbrühe Madrilene	3,5o
Tomatencremesuppe	4,5o

Rezepte vom Küchenchef

Lutz Hewenstein

Salm in der Folie mit Schneckenkräutersauce

Zutaten (für 3 Personen): 750 g Salm, 30 g Butter, 9 Weinbergschnecken, 3 dl Sahne, 1 dl Riesling, 2 dl Fischfond, 1/2 Zwiebel, 3 Eigelb, Salz, Worcester, Zitrone, 1 Zehe Knoblauch, frische Kräuter. **Zubereitung:** Den Salm würzen und in die gebutterte Folie einschlagen. Ca. 16 – 20 Minuten im Rohr garen. Die Schnecken würfeln und mit Zwiebeln und Knoblauch anschwitzen, mit Riesling ablöschen, Fischfond auffüllen, etwas einkochen, mit Sahne und Eigelb binden, frische Kräuter dazu und abschmecken. Den Salm in der Folie servieren, die Sauce à part anrichten. Kartoffeln und Gurkensalat dazu reichen.

A la Carte:

WILDGERICHTE
Venison

Rehgeschnetzeltes "Forstmeister Art"
Waldpilze, hausgemachte Eierspätzle, Preiselbeeren
Flakes of venison "Forstmeister style"
served with fresh mushrooms, home made Spätzli
and cranberries **19,50 DM**

Zarte Rehsteaks "Baden-Baden", gefüllte Birne
Champignonsköpfe, Wacholderrahmsauce,
Kartoffelkroketten, Preiselbeeren
Tender steak of venison "Baden-Baden"
served with pear, mushrooms, juniper sauce
pommes croquettes, cranberries **28,00 DM**

Hirschmedaillons "Rheingauer Art"
mit heißen Schattenmorellen, Artischockenherzen
Wildrahmsauce, Pfifferlinge, hausgemachte
Eierspätzle, Preiselbeeren **32,00 DM**
Medaillons of stag "Rheingau - style"
served with hot merello cherries,
hearts of artichokes, venison sauce
home made Spätzli, mushrooms and cranberries **32,00 DM**

AUS DER PFANNE
Out of the pan

Schweinerückensteak "Bürgermeister Lueger"
sauce bearnaise, Butterbohnen, pommes frites
Steaks from the saddle of pork "Bürgermeister Lueger"
sauce bearnaise, buttered beans, pommes frites **15,00 DM**

Kalbsschnitzel "Toskaner Art", mit Pilzköpfen,
glacierten Karotten, Kartoffelkroketten
Veal escallop "Toscana style" with mushrooms
glaced carrots, pommes croquettes **19,00 DM**

Offenbach

Hotel Restaurant Euler

Inhaber Gretl John

Ludwigstraße 45, 6050 Offenbach am Main, Telefon (06 11) 88 70 21
Mitglied der Chaîne seit 1965
Geöffnet: täglich außer sonntags (während der Messen in Frankfurt und bei Sonderveranstaltungen auch sonntags geöffnet)

Das Restaurant Euler hat ein zeitgemäßes kleines Angebot mit stets nur frischen Waren der Saison

Fische

Heilbutt gekocht oder vom Rost, Salzkartoffeln, grüner Salat 19,—

Mittelmeershrimps, Safranreis, Salat mit Kresse 15,50

Seezungenfilet „Cardinal" Reis, grüner Salat 22,50

Geflügel

1/2 Brathähnchen mit Pommes Frites, grüner Salat 12,50

Indisches Hühnergericht mit Butterreis 15,50

Gebeizte Rinderlende

Zutaten und Zubereitung: Per 100 g Fleisch 10 g Salz (eine Hälfte Pökelsalz). Viel Provence-Kräuter (möglichst frisch), gestoßener Pfeffer. Das rohe Fleisch 48 Stunden in die Beize legen, alle 5–6 Stunden wenden. Anschließend kann die Lende hauchdünn geschnitten serviert werden. Sehr gut passen dazu frische Bohnen mit Sherry-Essig angemacht.

Imkers Lammkotelette

Zutaten und Zubereitung: Pro Person 3 bis 4 Kleinlammkotelettes (180 g) würzen und kräftig mit Knoblauchöl einreiben. Braten und kurz vor Vollendung aus der Pfanne nehmen. Mit Honig beträufeln und wieder von beiden Seiten braten (aber aufpassen, daß der Honig nicht verbrennt). Feine grüne Bohnen erhitzen und gut abschmecken. Zu Bündeln legen und mit Speckstreifen umwickeln. Alles mit Rahmkartoffeln servieren.

Fleisch-Speisen

Frankfurter Platte
(Rippchen, Frankfurter Würstchen und Schweinebauch)
Sauerkraut und Salzkartoffeln 13,50

Kalbsrückensteak „Gretl-John", mit Morchelrahmsauce,
Artischockenboden, Erbsen und Kartoffelcroquetten 21,50

Serbisches Reisgericht vom Schweinelendchen
mit Rosinenreis 16,50

Großes Rumpsteak mit Zwiebeln, Bratkartoffeln
und grüner Salat, oder
großes Rumpsteak mit großer Salatplatte 21,50

Filet-Offenbacher Ratsherrensteak,
Buttererbsen und Kartoffelcroquetten 24,50

Mixed Grill, grüne Bohnen, Marseiller Kartoffel 17,—

Chateau Briand (für 2 Personen)
verschiedene Gemüse, Pommes Frites
und Sauce „Bernaise" 49,—
Hasenrücken „Baden-Baden",
mit Pfifferlingen und Kartoffelbällchen 22,50

Bad Orb

Park Hotel Weisses Ross

Marktplatz 4 - 6, 6482 Bad Orb, Telefon (0 60 52) 20 91 / 20 92
Mitglied der Chaîne seit 1966
Durchgehend geöffnet

Das „Weiße Roß", ein Kur- und Ferienhotel mit fast fünfhundertjähriger Tradition, liegt in der Nähe sämtlicher Kureinrichtungen. Der größte Teil der Gästezimmer liegt zum Park in Südlage. Die Zimmer sind überwiegend mit Bad/ Dusche und WC sowie Selbstwähltelefon ausgestattet. Im Haus befinden sich zwei Lifte, eine Massagepraxis und ein Trimmraum. Eine große Liegewiese gehört zum Hotel. Beliebt ist das „Weiße Roß" auch wegen seiner weitbekannten Küche.

Aus der Tageskarte:

GANZE SEEZUNGE "Müllerin Art", verschiedene Salate - je 100 g -	9,75
FRISCHE SPESSARTFORELLE "Müllerin Art", Petersilienkartoffeln, gemischter Salat	14,50
FANGFRISCHE SCHLEIE "Müllerin Art", Petersilienkartoffeln, gemischter Salat	14,50
HEILBUTTSCHNITTE "Müllerin Art", Petersilienkartoffeln, verschiedene Salate	15,50
FANGFRISCHER FLUSSZANDER in Weißwein pochiert auf Blattspinat, mit Sauce Hollandaise gratiniert, Kräuterkartoffeln	18,50
GANZE LANGUSTE "VOURVILLE" mit Tomaten und Champignons überbacken - ab 2 Personen - - pro Person -	26,50
HUMMERKRABBEN "DANIELI", Tomatenbutter, Patnareis, Kopfsalat	22,50
+ + + + +	
WIENER SCHNITZEL vom Kalb, Röstkartoffeln, gemischter Salat	14,50
SCHWEINELENDCHEN mit frischen Pfifferlingen, Rahmsauce, Kartoffelkroketten, verschiedene Salate	17,50
FILETSTEAK "CORDON ROUGE" mit Gänseleber, Trüffelsauce, Kartoffelkroketten	24,50
+ + + + +	
GESCHMORTE DAMWILDKEULE in Wacholderrahmsauce, frische Pfifferlinge gefüllter Weinapfel, Kartoffelkroketten, frische Bohnen	17,50
GESPICKTES REHSTEAK "SCHWARZWÄLDERART" mit frischen Pfifferlingen, gepfefferten Sauerkirschen, Kartoffelkroketten	22,50
REHMEDAILLON "HUBERTUS", Kartoffelkroketten, frische Bohnen, gefüllte Williamsbirne	22,50
WILDSCHWEINRÜCKEN mit Wacholderrahmsauce, Pfifferlinge, gefüllter Weinapfel, Kartoffelkroketten, frische Bohnen, ab 2 Personen. Pro Person	26,50
REHRÜCKEN "Försterin Art", gefüllter Weinapfel, Pfifferlinge, frische Bohnen, Kartoffelkroketten, ab 2 Personen. Pro Person	24,50
DAMWILDRÜCKEN in grüner Pfeffersauce, Pfifferlinge, gefüllter Weinapfel, Mandelbällchen, bunte Salate. Ab 2 Personen. Pro Person	26,50
+ + + + +	

Rezepte vom Küchenchef

R. Labude

Kalbsfilet in ausgezogenem Strudelteig

Zutaten: 1 pariertes Kalbsfilet von ca. 800 g, 200 g Kalbfleischfarce, 1 Apfel, 50 g geschabte Mandeln, Strudelteig, Kokosflocken. **Zubereitung:** Kalbsfilet von allen Seiten etwa 3 Minuten anbraten, mit der Farce aus Kalbfleisch, Apfelwürfeln und Mandeln eingeben. Mit frischem Speck einhüllen und in ausgezogenem Strudelteig einrollen. Im Ofen fertig backen und mit Kokosflocken bestreuen.

Hühnercremesuppe „Sri Lanka"

Zutaten: 3/4 l Geflügelkraftbrühe, ca. 3 Eigelb, 50 g gekochtes Hühnerfleisch, 20 g Pistazien, 10 g grüne Pfefferkörner. **Zubereitung:** Eigelb im Wasserbad aufschlagen, mit heißer Geflügelkraftbrühe auffüllen, Einlage bestehend aus Würfelchen von Hühnerfleisch, gehackten Pistazien und einigen grünen Pfefferkörnern zugeben.

A la Carte:

Hausgemachte Leberterrine, Apfelsalat - DM 8.50
Frisch geräucherter Lachs, Sahnemeerrettich, auf Toast - DM 12.50
Zarte Matjesfilets *»Hausfrauen Art«,* Dampfkartoffeln - DM 8.75
Salat von Grönlandshrimps mit Ananas und Dill - DM 12.50
Schlemmersalat *»nach Art des Hauses«* - für 2 Personen - DM 25.-
Hummerkrabben-Cocktail in Cocktailsahne - DM 14.50
Parmaschinken mit Landbrot - DM 8.50

Hühnerkraftbrühe mit Grießklößchen - DM 2.50
Indische Curryrahmsuppe mit Mango - DM 4.50
Klare Schildkrötensuppe - DM 4.-
Klare Trüffelkraftbrühe mit Sherry - DM 4.50
Indische Beef-Curry-Soup - DM 6.50
Badische Schneckenrahmsuppe - DM 5.75

Spanisches Omelette - DM 9.50
Omelette mit frischen Champignons - DM 8.50
Weinbergschnecken in Schalottenbutter - DM 7.-
Froschschenkel *»Provençale«,* Weißbrot - DM 14.-
Crêpes mit Meeresfrüchten gefüllt *»Mediterannée«* - DM 14.-

Spessartforelle *»blau«* gekocht, Sahnemeerrettich - DM 14.50
Frischer Aal in Dill, Gurkensalat - DM 17.50
Ganze Seezunge *»Müllerin Art«*, verschiedene Salate - je 100 g - DM 9.75
Ganze Languste *»Bourville«* mit Tomaten und Champignons überbacken, für zwei Personen - pro Person DM 26.50

Saarbrücken

Rôtisserie Nantaise
Hotel Bruchwiese

Preußenstraße 68, 6600 Saarbrücken 3, Telefon (06 81) 6 50 47
Mitglied der Chaîne seit 1969
Geöffnet von 12 bis 24 Uhr, geschlossen während der Schulferien im Saarland

Spezialitäten: Köstliches aus Frankreich

Der Feinschmecker weiß sofort: Hier erwartet ihn ein Repertoire exquisiter Speisen. Zubereitet werden diese Delikatessen vom Inhaber selbst. Reiner Hamdorf versteht sich auf internationale Küche, ein besonderer Akzent liegt auf der französischen Cuisine. Französisch auch der Stil des Restaurants, dessen individuelle Atmosphäre der Gast so angenehm empfindet und der das Haus seinen regen Besuch verdankt. Deshalb ist es ratsam, sich durch eine Vorbestellung einen Tisch zu reservieren. Nur samstags und drei Wochen im Juli hat die Rôtisserie geschlossen.

Aus der Tageskarte:

Gepökelte Ochsenzunge in Portweinsauce, Butternudeln	DM 15,50
oder Rinderrouladen "Grand Mere" Kartoffelpüree	DM 18,50
Kalbslende mit Champignons à la creme überbacken, Pommes Dauphines	DM 24,50

Der Chef empfiehlt:

Matjesfilet "Hausfrauen Art" mit Speckkartoffeln	DM 10,50
Coquilles St. Jacques provencalisch	DM 17,50
Frische getrüffelte Gänseleberpastete, Madaira-Aspik	DM 23,50
Friture vom Zanderfilet mit Sauce Tatar	DM 19,50

Rezepte vom Küchenchef

Reiner Hamdorf

Ente à l'Orange

Zutaten: (für 3 Personen) 1 frische Babarie-Ente, ca. 2,5 kg, Wurzelgemüse, Salz, Pfeffer, Cayenne-Pfeffer, Rosmarin, Beifuß, Orangenschale (ungespritzt).
Zubereitung: Ente waschen, trocknen, mit Salz, Pfeffer,Cayenne-Pfeffer außen und innen einreiben, Rosmarin, Beifuß und Orangenschale sowie das Wurzelgemüse beigeben, in etwa einem halben Liter Wasser ca. 1 Stunde bei 190 Grad braten; ab und zu begießen und wenden. Ente herausnehmen, tranchieren und heißstellen. Sauce: Karkasse der Ente mit dem Bratenjus fünf- bis sechsmal mit Wasser und Rotwein ablöschen und reduzieren, danach passieren. In einer Sauteuse 50 g Zucker zu Karamel verschmelzen (nicht zu dunkel, da leicht bitter), dazugeben Zest von zwei Orangen, Jus von einer Orange, 2 cl Orangenlikör und den passierten Bratenfond. Bis zur gewünschten Konsistenz einkochen und abschmecken. Die Sauce über die Ente geben und unter dem Salamander krustig werden lassen. Beilagen: Orangenfilets, extrafeine Erbsen, Patna-Reis, Pommes Dauphines, Kopfsalat.

A la Carte:

Les Entrées et les Poissons

Les Oeufs pochés « Grand-Duc » 9.50
La Truite braisé au Champagne 16.50
Délices des Filets de Sôle aux Chardonnay 18.50
Les Coquilles St. Jacques Beurre Champenoise 16.50
Filet de Lotte au Champagne 18.50

Les Rôtis et les Spécialités

Mignon de Veau Grand Siecle 20.50
Poularde sauté aux Vinaigre-de-Bouzy 18.50
Salmi de Canard aux Ratafia 19.50
Filet de porc en feuilleté 18.50
Cailles rôti « Vigneronnes » 20.50
Entrecôte poellé aux Chalottes 19.50
Noisette de Chevreuil Sauce Poivrade 20.50

Salade de Saison

Schotten

Restaurant Berghotel Taufsteinhütte

im Hohen Vogelsberg

6479 Schotten 12, Telefon (0 60 44) 23 81
Mitglied der Chaîne seit 1976
Geöffnet täglich von 18 bis 24 Uhr

Spezialitäten: Rinderfilet „Cafe de Paris", frische Entenbrust, Wildgerichte und Fischgerichte

Das Berghotel Taufsteinhütte liegt auf dem Hoherodskopf, der höchsten Erhebung des Vogelsberg im größten Naturschutzgebiet. Ausgedehnte Wanderwege führen ab Hotel durch Hochwald, ringsum Berge und reine Waldluft.

Alle Räume sind in rustikaler Behaglichkeit eingerichtet. In jedem Zimmer sind Bad, WC, Selbstwahl-Telefon und Fernsehen.

Hauptgerichte und Spezialitäten:

Geschnetzeltes Kalbfleisch	DM 15,20
Gefülltes Schnitzel "Cordon bleu"	DM 14,80
Kalbsteak "au four" überbacken	DM 17,50
Bergbauerntopf - 3 versch.Steaks Brautkartoffeln, Spiegelei	DM 14,80
Kalbsrückensteak m.Roquefort u.Pfirsich überbacken	DM 21,50
Rumpsteak mit Rindermark u. Gemüse umlegt	DM 17,50
Pfeffersteak m.frisch.Pfeffer und Grilltomate	DM 20,50
Rinderfilet im Topf "Cafe de Paris"	DM 20,50
Lammrücken nach Art der Provence	DM 17,50

Rezepte vom Küchenchef

Heinz Emil Doll

Muschelsuppe „Killarney"

Zutaten: 1 dl Öl, 200 g Zwiebeln, 300 g Lauch, 300 g Fenchel, Fleischbouillon, 24 Stück Miesmuscheln, Saft von 2 Zitronen, 2 Stück Knoblauchzehen, einen kräftigen Schuß Pernod, 500 g gewürfelte Tomaten, Salz, Pfeffer, Safran, Aromat. **Zubereitung:** Zwiebeln, Lauch und Fenchel in Öl anziehen lassen, die Muscheln daraufgeben und mit der Bouillon und dem Pernod ablöschen, die gewürfelten Tomaten hinzugeben und garkochen lassen. Garnitur: Weibrotcroutons in Ecken geschnitten und mit Knoblauch gerieben, frischen geschnittenen Schnittlauch und 6 Stück Muscheln pro Person ausgebrochen, angerichtet.

Lammkoteletts „Taufsteinhütte"

Zutaten: 4 Stück dicke Lammkoteletts, 4 Scheiben Lammleber, 8 Stück Schalotten gehackt, 4 Stück Knoblauchzehen zerquetscht, Salz und Pfeffer, gehackte Petersilie, Olivenöl und Weißwein. **Zubereitung:** Die Lammkoteletts auf ein Stück gebuttertes Pergamentpapier legen. Jedes Kotelett mit einer Leberscheibe, gehackten Schalotten, Knoblauch, Salz, Pfeffer und gehackter Petersilie bedecken. Je einen Schuß Weißwein und Olivenöl hinzugeben und das Papier um die Koteletts hüllen. Die Koteletts ca. 45 Min. bei 200 - 210° C im Ofen backen. Die fertigen Koteletts aus der Hülle im eigenen Saft anrichten, mit etwas Lammjüs nappieren und mit gehacktem Schnittlauch und Anisblättchen bestreuen. Beilagen: Reis oder Folienkartoffeln mit Kräutern und Salat der Saison.

Hauptgerichte und Spezialitäten:

Lendensteak in Burgunder, Gänseleber	DM 24,50
Hasenfilet m.Pfifferlingen, Preiselbeeren	DM 17,--
Hirschfilet in Rahmsauce, Preiselbeeren	DM 19,80
Franz. Ente, frisch rosa gebraten mit Gemüse	DM 20,60

Fische:

Frische Seezunge in Butter gebraten "Müllerin Art"	DM 22,80
Hummerkrabben am Spieß mit Sc.Bearnaise überbacken	DM 19,60
Gedünsteter Steinbutt in einer Morchelsauce	DM 19,60

Hotel „Holiday Inn"

Zurmaiener Straße 168, 5500 Trier, Telefon (06 51) 4 00 91
Mitglied der Chaîne seit 1973
Täglich 24 Stunden geöffnet

Spezialitäten: Französisches Spezialitätenrestaurant, Panorama-Bar

Das „Holiday Inn" in der ältesten Stadt Deutschlands liegt direkt an der Mosel, nahe der Autobahnausfahrt Koblenz/Köln/Trier. 5 Autominuten zum Stadtzentrum/Hauptbahnhof, 35 km zum Flughafen Luxemburg.

Das Hotel hat 220 Zimmer mit französischen Betten, Bad, Dusche, WC, Fernseher, Radio, Selbstwähltelefon, Klimaanlage. Hallenbad, Sauna, Fitnessraum machen den Hotelaufenthalt angenehm. Interessant für Eltern mit kleinen Kindern: Für die Kleinen stehen Kinderbetten zur Verfügung, Kindermenüs, Babysitter, Schnellreinigung und Wäscherei. Direkt am Hotel befindet sich ein Einkaufszentrum.

Die „Panorama-Bar" bietet einen herrlichen Blick auf Trier und das Moseltal. Das Restaurant „La Brochette" verwöhnt mit französischen Spezialitäten. Tagungsmöglichkeiten für bis zu 400 Personen; 250 gebührenfreie Parkplätze.

51 *Brochette Alsacienne* — *15,00*
Spießchen mit Schweinelendchen, Rauchspeck, Würstchen, Sauerkraut, Kartoffelpüree
Filet of porc, bacon and sausages on skewer

52 *Brochette „Chasseur"* — *19,50*
Wacholderrahmsauce, Pilze, Kartoffelbällchen
„Chasseur" with muchrooms and creamsauce

53 *Brochette Maison* — *21,00*
Spießchen mit verschiedenen Filets, Tomate, Zwiebelringe, Pfeffer-rahmsauce, Safranreis
Assorted filet steaks, tomato and onion on skewer

Rezepte vom Küchenchef

Hellmut Schulze

Gratin von Steinbutt „Florentiner Art" im Duchesse-rand

Zutaten und Zubereitung (für 3 Personen): Etwa 0,750 kg frisches Steinbuttfilet waschen, mit Salz und Zitronensaft marinieren und in portionsgerechte Stücke schneiden. Ca. 50 g Butter andünsten, feingehackte Schalotten darin glasig werden lassen und die Fischstücke kurze Zeit mitdünsten. Das ganze jetzt mit einem guten Schuß herben Weißwein ablöschen und soviel Fischfond (aus den Steinbutt-Karkassen vorher hergestellt) dazugeben, daß der Fisch gerade knapp bedeckt ist. Anschließend mit Butterpapier abdecken und am Herdrand langsam garziehen lassen. 400 - 500 g blanchierten Blattspinat (evtl. tiefgefroren) in Butter mit etwas kleingehackter Zwiebel andünsten, mit Pfeffer und Salz würzen und in die Mitte einer flachen Gratinschüssel geben. Um den Rand der Platte von Duchessekartoffelmasse eine Bordure spritzen und warmstellen. Die fertigen Steinbuttstücke trocken herausheben, auf den Spinat legen und abdecken. Von dem Fond mit Mehlbutter eine schlanke, weiße Sahne herstellen, kurz durchkochen und dann mit 2 Eigelb und etwas Sahne legieren. Dieser Sauce etwa 100 - 150 g geriebenen Parmesankäse unterziehen, damit die Steinbuttstücke gut überziehen und im Salamander zu schön goldbrauner Farbe gratinieren.

55 *Kalbsrückensteak mit Morcheln, Kartoffelbällchen* — *26,00*
Sirloin steak of veal with morels

56 *Pfeffersteak vom Filet am Tisch flambiert, Butterreis, Salat* — *25,50*
Sirloin steak of beef with fresh green pepper

57 *Ganzes Schweinelendchen* *für 2 Personen* *in Estragonrahmtunke, Butternudeln, Kopfsalat in Joghurtdressing* — *42,00*
Sirloin of porc in tarragon sauce

58 *Côte à l'os* *für 2 Personen* *Doppeltes Rinderrippensteak, Sauce Bearnaise, Prinzeßbohnen, überbackener Blumenkohl, Waffelkartoffeln* — *51,00*
Chop of beef

Bitte teilen Sie uns mit, ob Sie Ihr Steak englisch, rosa oder durchgebraten wünschen.

Please let us know how you like your steak: rare, medum or well done.

Kalte Hauptgerichte Cold Dishes

62 *Elsässer Vesper auf Holzteller Brotkorb* — *12,50*
Alsatian plate

63 *Tartarbeefsteak garniert Landbrot, frische Butter* — *16,00*
Tartar Beefsteak

64 *Roastbeef rosa gebraten Sauce Tartare, Bratkartoffeln* — *16,50*
Roast of beef

Viernheim

Holiday Inn Hotel - Restaurant

Bürgermeister-Neff-Straße 12, 6806 Viernheim,
Telefon (0 62 04) 50 36
Mitglied der Chaîne seit 1977
Restaurant täglich geöffnet von 12 bis 14.30, und 18 bis 22 Uhr

Spezialität: Der Küchenchef erfüllt Ihnen alle Sonderwünsche

124 Zimmer mit französischen Betten, Bad, Dusche und WC, Fernseher, Radio, Selbstwähltelefon, Klimaanlage. Kinder unter 12 Jahren übernachten im Zimmer der Eltern mit. Hallenbad, Sauna, Solarium, Tischtennis und Sonnenterrasse. Großer Parkplatz. Feinschmecker-Restaurant „La Marmite" mit deutschen und internationalen Spezialitäten, gemütlich-rustikale Bar „Hubertus-Klause". Konferenz- und Bankettträume für 10 bis 100 Personen. Moderne Konferenztechnik steht zur Verfügung.

Aus der Tageskarte:

Lebendfrische Odenwaldforelle
frisch geräuchert, warm serviert
Dillkartoffeln
Salat nach Wahl vom Buffet — DM 14,60

"La Marmite" (für 2 Pers.)
Rinder- und Kalbsmedaillons auf
Zwiebelkartoffeln angerichtet,
mit verschiedenen Saucen überzogen,
Speckbohnenbündchen — pro Person DM 18,--

Entrecôte "Danish Blue"
mit Edelpilzkäse überbacken
auf grünen Nudeln angerichtet
Salat nach Wahl vom Buffet — DM 21,90

Hirschrückensteak "Haunsberg"
Morchelrahmsauce
Kartoffelkroketten
Preiselbeerschmorapfel — DM 28,--

Rezepte vom Küchenchef

Walter Sieberer

Schneckenragout „Pernod"

Zutaten (für 3 Personen): 18 Riesenschnecken, 18 Artischockenböden, 1 geschälte entkernte Tomate, 150 gr Butter, 20 gr gehackte Walnüsse, 1 Zehe Knoblauch, 2 Schalotten, Salz, Pfeffer, fein gehackte Petersilie, Dill und Schnittlauch, sehr wenig Majoran und Thymian, 0,2 l Demi-Glace, Cognac, Pernod, Weißwein. **Zubereitung:** Schalotten in der Butter anschwitzen, Schnecken dazu und in Weißwein 1/4 Std. dünsten. Alle Zutaten dazu, mit Cognac flambieren. Mit Salz, frisch gemahlenem Pfeffer und den angegebenen Gewürzen abschmecken. Schnecken in die Artischockenböden setzen. Sauce darüber, mit wenig Hollandaise überbacken. Vor dem Anrichten mit saurem Rahm beträufeln und mit frischen Kräutern darüber vollenden.

A la Carte:

F L E I S C H G E R I C H T E

Vom Rind:

ENTRECOTE "DANISH BLUE"
mit Edelpilzkäse überbacken, auf grünen Nudeln angerichtet,
Salat nach Wahl vom Buffet — DM 21,90

PARISER PFEFFERSTEAK
- 200 gr -
mit Kartoffelschnee und Salat vom Buffet — DM 26,20

RINDERFILETSPITZEN "CAEU"
in Whiskyrahmsauce mit Schinkenspätzle und Rosenkohl — DM 18,70

Vom Kalb:

KALBSGESCHNETZELTES "CASIMIR"
in Currysauce, dazu Rosinenreis und Senffrüchte — DM 19,10

PANIERTES SCHNITZEL "WIENER ART"
mit Petersilienkartoffeln und Salat nach Wahl vom Buffet — DM 18,--

Vom Schwein:

SCHWEINEFILET "HUNGARIA"
am Stück gebraten, auf Lecu (Paprikagemüse) serviert,
dazu eine ganze gefüllte Kartoffel — DM 17,20

Vom Wild:

HIRSCHRÜCKENSTEAK "HAUNSBERG"
Morchelrahmsauce, Kartoffelkroketten, Preiselbeerschmorapfel — DM 28,--

Waldems-Tenne

Hotel-Restaurant-Café Tenne

Tenne 1, 6273 Waldems-Tenne, Telefon (0 60 87) 3 55
Mitglied der Chaîne seit 1966
Geöffnet täglich, außer montags, von 8 bis 23 Uhr

Spezialitäten: Getrüffelte Hirsch- und Hauspasteten, Wild- und Käsespezialitäten, hausgemachte Wurstsorten

Das Hotel-Restaurant Tenne liegt in einer äußerst ruhigen, waldreichen Gegend im Taunus. Vom Garten und der Liegewiese aus sieht man die westliche Taunuslandschaft bis hin zum Feldberg.

Die modernen, komfortablen Gästezimmer sind mit Dusche und WC ausgestattet. Das vollklimatisierte Restaurant hat 150 Plätze, im Sommer zusätzliche 80 Plätze im Gartenrestaurant mit Grill.

Die Küche bietet viele Spezialitäten der deutschen und internationalen Speisekarte. Die hauseigene Konditorei verführt mit köstlichen Backwaren, die in gemütlicher Atmosphäre serviert werden.

DER KÜCHENCHEF EMPFIEHLT HEUTE:

Doppelte Kraftbrühe mit Markklößchen, Weißbrot	DM	3,50
Hausgemachte Gulaschsuppe "Wiener Art" mit geschlagener Sahne	DM	3,50
Frische Tomatencremesuppe "Chantilly"	DM	3,50
Rahmsuppe mit Kresse und Spargel	DM	4,00
Hamburger Krebsschwanzsuppe mit geschlagener Sahne und Mandeln	DM	4,50
Echte Schildkrötensuppe "Lady Curzon" mit Käsegebäck	DM	5,00
Schneckensüppchen "Maitre" mit grünem Pfeffer und frischen Kräutern	DM	5,50

Rezepte vom Küchenchef

Paul Schäfer

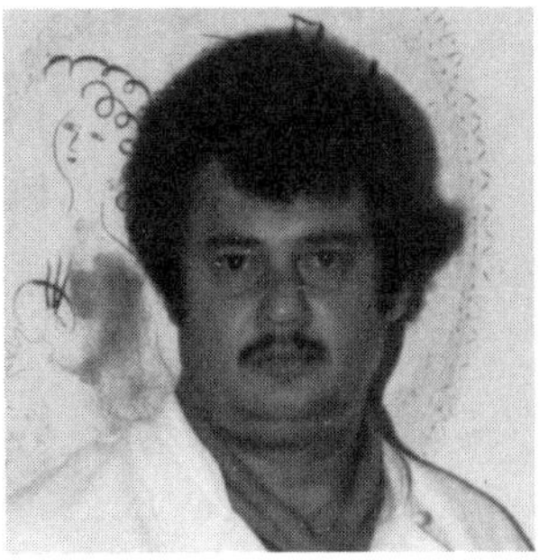

Geschnetzelte Putenbrust "Orientalische Art" mit Rosinen, Ananas, Banane in Cocos-Currysauce, gem. Salat und Reis — DM 14,00

"Calamares a la romana" frischer Tintenfisch gebacken mit Sc. Remoulade und großer Salatplatte — DM 14,00

Schußfrisches würziges Rehragout mit frischen Pfifferlingen, Preißelbeeren und Kroketten — DM 16,50

Roastbeef kalt, rosa gebraten, mit Sc. Remoulade, gem. Salat und Röstkartoffeln — DM 17,00

Lammfilet "Provence" mit frischen grünen Böhnchen, Kräuterbutter, Knoblauchsauce und Kroketten — DM 17,75

Wildhasenlendchen "nach Art der Wilddiebe" mit Sauerkirschen und Champignons in grüner Pfeffersc., gem. Salat und Maccaroni — DM 18,50

Filetspitzen "Petersburger Art" in saurer Sahne, mit frischen Gurken, Zwiebeln, Champignons, mit Wodka abgebrannt, gem.Salat und Reis — DM 19,50

Schweinelendchen "Hunyady" mit Speckstreifen, frischen Pfifferlingen, frischem Paprika in Rahm mit Gin abgebrannt, gem. Salat,Reis — DM 18,75

Kalbsnieren "Rüdesheimer Art" mit frischen Kräutern in spezieller Sauce, mit Asbach abgebrannt, gem. Salat und Reis — DM 20,00

1 ganze Atlantik Seezunge in brauner Mandelbutter mit Kopfsalat "Mimosa" und Dillkartoffeln — DM 23,00

Weinrestaurant „Mutter Engel"

Carl Kesseler & Co.

Bärenstraße 5, 6200 Wiesbaden, Telefon (0 61 21) 30 10 44
Mitglied der Chaîne seit 1968
Täglich geöffnet von 11.30 Uhr bis 14.30 Uhr und von 17.30 Uhr bis 22.30 Uhr

Spezialitäten: Kalbsrückensteak „Mutter Engel", ostpreußisches Storchennest

Kesseler's „Mutter Engel" Weinrestaurant ist in doppeltem Sinne das Restaurant bester Tradition, denn bevor im Jahre 1954 der Name „Mutter Engel" - der seit über einem Jahrhundert mit Wiesbaden unzertrennlich verbunden ist - übernommen wurde, hatte sich Carl Kesseler schon einige Jahre im Hause Bärenstraße 5 den Ruf eines Gastronomen guten alten internationalen Stils erworben, der in der Auswahl seiner Gerichte an die Leistungen der hervorragenden Kochkünstler aller Zeiten und Länder anknüpft.

SPEZIALITÄTEN VOM GRILL

	DM
Kalbsleber auf Englische oder Berliner Art .... *mit Speck, Kartoffelpurée gratiniert, Salate der Saison*	25,—
Kalbsniere flambiert .... *pommes natures, Salat*	28,—
Kalbsniere nature .... *pommes natures, Salat*	25,—
Paprikaschnitzel „Budapest" .... *Paprikasahne, Butternudeln, Kopfsalat mit Kräutern*	26,—
Kalbsmedaillon „Sir Holden" (2 Stück) .... *auf Croutons und gebackenen Bananen, Sauce Hollandaise, Nußbutter, pommes frites*	29,50
Cordon bleu .... *Kalbssteak gefüllt mit Schinken und Schweizerkäse, paniert, Buttererbsen, pommes frites*	28,—

Rezepte vom Küchenchef

Hubert Wieshalla

Ostpreußisches Storchennest „Spezial"

Zutaten (für 6 Personen): 12 Filetsteaks à 100 g (6 Rind- und 6 Kalbssteaks), 15 große geschälte Kartoffeln. Gemüse: Spargel, Bohnen und Erbsen. **Zubereitung:** Die Kartoffeln werden in dünne Scheiben und diese wiederum in dünne Streifen (Streichholzlänge) geschnitten. Die Hälfte dieser Kartoffelstreifen gibt man in eine Schüssel mit Wasser. Mit der anderen Hälfte legt man ein Durchschlagsieb in Nestform aus. In dieses Sieb preßt man ein etwas kleineres Sieb und bindet beide Siebe an 3 bis 4 Enden fest zusammen. Das ausgelegte Doppelsieb legt man in ein nicht zu heißes Fettbad und läßt das Kartoffelnest goldgelb backen. Es ist darauf zu achten, daß das Nest während des Backprozesses völlig mit Fett bedeckt ist. Ist das Nest fertig, hebt man es vorsichtig aus dem Sieb heraus und richtet es in der Mitte einer großen ovalen Platte an. Die gewässerten Kartoffelstreifen werden kurz abgespült und auf ein Sieb geschüttet, abtropfen lassen und ebenfalls im Fett goldgelb gebacken. Während des Backens müssen diese mit einem Schaumlöffel in Bewegung gehalten werden, damit sie gleichmäßig bräunen. Mit diesen „Strohkartoffeln" wird das angerichtete Kartoffelnest ausgefüllt. Die Filetsteaks formt man gleichmäßig, würzt sie beiderseitig mit Pfeffer und Salz und brät sie in einer Pfanne mit Butter, sie werden des öfteren gewendet und mit der Bratenbutter übergossen, damit sie nicht trocken werden. Ferner ist darauf zu achten, daß die Steaks nur halb durchbraten, so daß sie noch saftig und innen rosa sind. Die fertigen Filetsteaks werden in das angerichtete Kartoffelnest gelegt und mit den Spezialsaucen Choron und Béarnaise überzogen. Der Spargel wird mit Sauce Hollandaise überzogen, und die Gemüsesorten werden häufchenweise um das Kartoffelnest auf der Platte angerichtet.

Sc. Hollandaise: 1/2 Pfund Butter in einem Topf auslassen, langsam kochen lassen, bis die Butter klar ist. Es ist darauf zu achten, daß die Butter nicht bräunt. Die geklärte Butter durch ein feines Haarsieb gießen und etwas abkühlen lassen. 6 Eigelbe werden mit dem Saft 1/2 Zitrone, 1 Eßlöffel Wasser, etwas Salz und einigen Tropfen Worchestershire-Sauce gewürzt und im warmen Wasserbad mit dem Schneebesen zu einer cremigen Masse aufgeschlagen (das Wasserbad darf nicht zu heiß sein!). Danach nimmt man den Topf aus dem Wasserbad heraus und rührt löffelweise die geklärte Butter darunter. Die Butter soll möglichst die Temperatur der Eiercreme haben. Die fertige Sc. Hollandaise wird in 3 kleine Schüsseln aufgeteilt.

Sc. Choron: In eine der 3 Schüsseln werden zu der Sc. Hollandaise 2 Eßlöffel Tomaten-Ketchup daruntergerührt.

Sc. Béarnaise: In die dritte Schüssel kommen zu der Sc. Hollandaise gehackte Kräuter (1 Teelöffel Petersilie, 1/2 Teelöffel Kerbel, 5 Blätter Estragon), einige Tropfen Worchestershire-Sauce, etwas Herbadox und, wenn vorrätig, etwas eingekochte Bratensauce.

Wiesbaden

Hotel Nassauer Hof – Restaurant „Die Pfanne"

Kaiser-Friedrich-Platz 3–4, 6200 Wiesbaden, Telefon (0 61 21) 3 96 81
Geöffnet täglich ab 12 Uhr
Mitglied der Chaîne seit 1974

Spezialitäten: Geräucherte Lammkeule mit Pfeffer und Feigen, Suprême vom Perlhuhn in Rhabarbersauce

Das Hotel-Restaurant „Die Pfanne" bietet 120 Gästen in verschiedenen, ineinander übergehenden Räumen Platz. Der Restaurantraum ist vom Hotel bewußt einfach gehalten, im Stil eines badisch-elsässischen Landhauses und als Kontrast zum elegant-französischen Raum der „Ente" im gleichen Haus.
Der aus Straßburg stammende Küchenchef mit der großen Phantasie, mit seinen kulinarischen Einfallsreichtum, macht das im stilisierten bäuerlichen Stil gehaltene Restaurant zu einem Anziehungspunkt für Feinschmecker.

Frische Salate der Saison

1. Salatteller „du Marché" — *10,50*
Salat aus frischem Spinat, Tomaten, Kresse, Champignons, Grapefruitfilets, Gänseleberparfait und pochierten Wachteleiern in Himbeer-Essig-Dressing

2. Salatschüssel „Die Pfanne" — *7,50*
verschiedene Salate mit Geflügel und Palmenherzen in Sherry-Essig-Dressing

Eine neue Création unseres Küchenchefs:

3. Salatteller „Amor au Cidre" — *13,50*
Salat aus frischen Äpfeln, Feldsalat, Eisbergsalat, Sauerampfer und warmem Kalbsbries in Apfelwein-Essig-Dressing

Rezepte vom Küchenchef

Pierre Pfister

Salatteller „Amor" mit warmen Lammbrieschen in Apfelwein-Essig-Dressing

Zutaten (für 3 Personen). Salat: 150 g junger Spinat, 60 g Sauerampfer, 1/2 Apfel, 40 g frische Champignons, 1/2 Körbchen Kresse, 3 Stück Tomaten, 150 g Lammbries, 30 g Butter. Apfelwein-Essig-Dressing: 5 cl Apfelwein-Essig, 5 cl Öl, 1/2 geschälter Apfel, 1/2 Teelöffel Dijon-Senf, Saft einer 1/2 Zitrone, 1 Eigelb, Salz und Pfeffer. **Zubereitung:** Apfelwein-Essig-Dressing: Eigelb, Dijon-Senf, Zitronensaft, 1/3 Apfelwein-Essig, geriebenen Apfel, Salz und Pfeffer in eine Schüssel geben. Wie bei der Mayonnaise das Öl unterfügen und den Rest Essig beigeben. Abschmecken. Salatteller „Amor": Den jungen Blattspinat und den Sauerampfer von den Strunken befreien, waschen und abtropfen lassen, Apfel schälen, vierteln und in feine Scheiben schneiden. Die Kresse kurz vor den Blättern abschneiden. Die Champignons säubern und in dünne Scheiben schneiden. Alles mit der Apfelwein-Essig-Dressing vermengen. Auf einen Teller gibt man kreisförmig halbierte, geschälte Tomaten, die mit Salz und Pfeffer gewürzt wurden. Den Spinat, Sauerampfer-Salat im Häufchen in die Mitte geben. Darauf das gesäuberte blanchierte und in Butter gebratene Lammbries geben (mit Salz und Pfeffer gewürzt). Mit vier Scheiben roher Champignons ausgarnieren.

Suprême vom Perlhuhn in Rhabarbersauce, pommes parisiennes natures

Zutaten (für 3 Personen): 2 Perlhühner, 80 g Rhabarber, 30 g Schalotten, 30 g Butter, 4 cl Chablis, 6 cl Crème fraîche, 6 cl Jus lié, Salz, Pfeffermühle, 400 g Kartoffeln, 80 g Blätterteig. **Zubereitung:** Suprême vom Perlhuhn: Das frische Perlhuhn mit Salz würzen und im Backofen braten. Die Brüste von Knochen und Haut befreien. Auf einen vorgewärmten Teller geben. Rhabarbersauce: Rhabarber schälen, waschen und in Würfel schneiden (ca. 1 cm). In eine Sauteuse mit Butter geben, mit Chablis ablöschen, sofort vom Feuer nehmen. In einer Sauteuse fein geschnittene Schalotten mit Butter anschwitzen und mit etwas Rhabarberfond ablöschen. Jus lié beigeben, mit Crème fraîche auffüllen, reduzieren, mit Salz und Pfeffermühle würzen. Passieren. Die blanchierten Rhabarberwürfel in die Sauce geben und das Perlhuhn napieren. Auf den Teller Pommes Parisiennes Natures und 2 Blätterteiglilien geben.

Hotel Restaurant „Fasanerie" Zweibrücken

Inh. Friedwolf Liebold

6660 Zweibrücken, Telefon (0 63 32) 4 04 13 und 4 38 62
Mitglied der Chaîne seit 1977
Geöffnet täglich von 12 bis 24 Uhr

Das Romantik-Hotel FASANERIE ist idyllisch in einem Waldpark, der sich nach Süden der Sonne zu öffnet, gelegen.
Behagliche Komfort-Zimmer mit stilvoller Einrichtung, mit Bad/Dusche und WC, Minibar und Direktwahltelefon stehen den Gästen zur Verfügung. Es besteht unmittelbarer Zutritt zu dem auf gleicher Ebene geschickt einkomponierten Swimmingpool.

Das Restaurant hat einen guten Ruf in weitem Umkreis. Den Hausherrn findet man ebenso häufig in seiner Küche wie bei seinen Gästen. Sein Augenmerk gilt der modernen, leichten Küche. Der Einfluß der nahen cuisine francaise ist unverkennbar.

Aus der Tageskarte:

Spinatherzensalat mit gerösteten Walnüssen	DM 6,80
Klare Sauerampfersuppe (der erste aus unserem Garten)	DM 4,50
Ochsenbrust mit Lauchpurrée	DM 19,--
Kalbsbriesle auf Kohlrabi	DM 21,--
Salm in Champagnerschaum	DM 21,50
Heilbutt mit Beurre blanc	DM 21,--
Sorbet von frischen Erdbeeren	DM 7,--

Rezepte vom Küchenchef

Reinhold Schneider

Forellenfilets in Avocadocreme

Zutaten: 900 g Forellen, 2 gut ausgereifte Avocados, 2 unreife Mangofrüchte oder 3 Stück pikant-säuerliche Äpfel, 3 kleine, feste Salatköpfe, 350 g Butter, 1 1/2 Glas Cognac, 1 1/2 Glas Noilly Prat. **Zubereitung:** Die Forellen säubern und filieren. Die Filets mit Salz, Pfeffer und gemahlenem Fenchel würzen und frischem Orangensaft beträufeln, sodann von beiden Seiten goldgelb braten. Die Mangos oder Äpfel werden geschält in mittlere Spalten geschnitten und mit den Salatherzen kurz angebraten. Es soll ein wenig Farbe bekommen, aber trotzdem müssen Obst und Salat knackig sein. Von den geschälten Avocadobirnen wird das Fleisch mit einer Gabel pürreeartig zerdrückt, dann gibt man den Cognac und Noilly Prat dazu, stellt das Ganze in ein Wasserbad und rührt die restliche Butter mit einem Schneebesen unter. Die Konsistenz soll einer weichen Sauce Hollandaise ähneln. Die Avocadocreme über die Forellen geben und mit Pariser Kartoffeln servieren.

A la Carte:

Unsere Spezialität

LEBEND FRISCHE FORELLEN AUS UNSEREM QUELLBECKEN

Forelle »Blau«	17,50
Forelle »Müllerin Art«	17,50
Forelle »à la maison«	18,50
Forelle in Riesling	18,50

WIR FÜHREN STETS FRISCHE SEEFISCHE –
BITTE BEACHTEN SIE DAS TAGESANGEBOT

Hauptgerichte

Rahmgeschnetzeltes . . . . . mit Fasanerie-Rösti	18,50
Schwabentopf . . . . kleine Lendchen in Rahm, auf Spätzle	19,00
Filetspitzen »Normandie« . . . mit Äpfeln und Calvados	20,50
Rumpsteak »Vigneronne« . . . mit Schnecken und Rotwein	20,50
Pfeffersteak »à la maison« . . . mit grünem Madagasgarpfeffer in Rahm	21,50

Baden-Württemberg

Kurhotel Mitteltal

Gärtenbühlweg 14, 7292 Baiersbronn-Mitteltal, Telefon (0 74 42) 20 85
Mitglied der Chaîne seit 1971
Durchgehend geöffnet
Spezialitäten: Die Leistungsfähigkeit unserer Küche erstreckt sich vom ländlichen Gericht über die internationale Küche bis hin zu den Spitzen der Nouvelle cuisine.

Mitten im Schwarzwald, 4 km von Baiersbronn, liegt dieses „Exclusive Schwarzwaldhaus". Als Hotel zählt es zur gastronomischen Spitzenklasse, als Familienbetrieb genießt es einen besonderen Ruf.

Die Hotelier-Familie Bareiss beherrscht ihr Metier sowohl im kommerziellen wie auch im gastronomischen Bereich aus dem Effeff.

Die zauberhaften Appartements – Wohnraum und Schlafraum getrennt – sind ebenso komfortabel wie geschmackvoll ausgestattet. Besondere Attraktion der Rundbau-Appartements sind gemütliche Keramik-Kachelöfen. Holz und Schmiedeeisen unterstreichen auch hier den rustikalen Charakter des Hauses.

Aus der Tageskarte:

UNSERE MENUKOMPOSITIONEN

G E D E C K I DM 16,50
Rote Bohnensuppe

Gekochtes Rindfleisch mit Sauce Raifort, Bouillonkartoffeln, viele pikante Beilagen,

Apfel im Schlafrock

G E D E C K II DM 17,50
Rote Bohnensuppe

Kalbsleber geschnetzelt nach Badener Art, hausgemachte Nudeln und Gartensalate

Apfel im Schlafrock

G E D E C K III DM 18,50
Rote Bohnensuppe

Bresser Poularde "Vinaigre" mit frischem Estragon, pommes Williams, junger Broccoli

Apfel im Schlafrock

G E D E C K IV DM 19,50
Rote Bohnensuppe

Wildmedaillons in Morchelrahm, handgeschabte Spätzle, Preiselbeerkompott

Apfel im Schlafrock

FEINSCHMECKERMENU DM 55,--
Potpourri von Meeresfrüchten

Kressesüppchen mit Quenelles

Champagner-Sorbet

Frische Gartensalate vom Wagen

Lamm-Nüßchen auf Artischockenböden, Kräuterpurée, gratin dauphinois

Feigenbeignets "Surprise"

Rezepte vom Küchenchef

Paul Mertschuweit

Bresser Poularde in Sauce Estragon

Zutaten (für 4 Personen): 1 schöne Poularde (Gewicht 1,5 kg), Hühnerklein, Hals, Flügelspitzen, Füße, 4 Eßl. Geflügelfond, 4 Eßl. Sahne, 1 Sträußchen frischen Estragon, Salz, Pfeffer. **Zubereitung:** Die Poularde mit dem Estragon füllen, innen und außen salzen und Keulen und Brust mit Bindfaden gut festbinden. In einer schweren, reichlich gebutterten Kasserolle leicht anbräunen, das Hühnerklein zugeben, mit der Geflügelbrühe auffüllen und zugedeckt 40 Min. über kleiner Flamme dünsten; dabei soll die Sauce hell bleiben. Das Estragonsträußchen herausnehmen, kurze Zeit weiterkochen lassen, die frische Sahne zugeben und die Sauce durch ein feines Sieb passieren. Die Sauce soll glatt und etwas dünnflüssig sein. Die Poularde in vier Portionsstücke tranchieren, reichlich mit Sauce übergießen und auftragen.

Kiwi-Sorbet

Zutaten (für 4 Personen): 750 g frische Kiwis, 1/3 l Zuckersirup (18° C), Saft einer halben Zitrone. **Zubereitung:** Den Zuckersirup kochen und abkühlen lassen. Die Kiwis schälen, pürieren und unter den Zuckersirup rühren. Den Zitronensaft zufügen und die Masse in einen Eiswürfelbehälter füllen und in den Gefrierschrank stellen. Die Masse ab und zu durchrühren, bis eine cremige Konsistenz erfolgt. In vorgekühlten Champagner-Gläsern anrichten und servieren

A la Carte:

FISCHE UND KRUSTENTIERE

22,--	Lotte in Estragonbutter gebraten, Möhren-Fenchel-Purée
24,--	Forellenfilets in Hummersauce, Kaviar
27,--	Steinbutt - souffliert - , Sauerampfer-Sherry-Crême, pochierte Lauchschoten
28,--	Seezunge und Lachsstreifen in Kräuterschaum, wilder Reis
30,--	Bachkrebse auf Blattspinat überkrustet

WILD, FLEISCH, GEFLÜGEL

24,--	Bresser Masthahn - getrüffelt - in Marc de Champagne, Apfel Dauphinoise
27,--	Rehnüßchen mit Gänsestopfleber und Morcheln, Sc.Renaissance
28,--	Wildentenbrüstchen im Kräutermantel mit grünem Pfeffer, Gemüse-Lasagne
30,--	Lamm-Mignons mit Wiesenchampignons überbacken,Gemüserösti
32,--	"Lied ohne Worte" - eine Création
34,--	Erster Stangenspargel mit gefülltem Kalbsmedaillon in Zitronen-Melisse

DESSERTS

6,50	Mousse au chocolat
9,50	Exotisches Früchte-Emincé mit Rahmeis und Sabayon
9,50	Ingwer-Rahmeis in der Netzmelone
10,50	Feigenbeignets auf Erdbeerpurée

Freiburg i. Breisgau

Weinhaus Ihringer – Hotel Falken

Rathausgasse 30–32, 7800 Freiburg, Telefon (07 61) 3 69 84
Mitglied der Chaîne seit 1960
Geöffnet von 6.30 bis 24.00 Uhr,
sonntags und von Mitte Juli bis Mitte August geschlossen.

Hotel Falken ist ein kleines, individuelles Hotel im Herzen der Schwarzwaldhauptstadt Freiburg. Auf dem Banner der fachmännisch geleiteten Küche steht „Immer etwas Besonderes". Eine ganze Reihe selbst kreierter Spezialgerichte des „Patrons" runden das „Besondere" ab. Das Hotel mit seinen komfortablen, heimeligen Schwarzwaldzimmern vermittelt eine ganz persönliche Wohnkultur.

Aus der Tageskarte:

Unser Tellergericht
Glottertäler Frit-Würstle auf Filderkraut,Pürree 8,5o

Hauptgerichte
Geeiste Chile-Melone 6,--
Chicoreesalat "Nicoisse" 6,8o
Cremechampignons in Blätterteig 7,8o
Saftige Rinder-Crepinetts,
gedünstete Butterkarotten, Kartoffelschaum 12,5o
Caseler Kotelette glaciert,
Weinsauerkraut,Kartoffelschaum m.Parmesan überb. 15,5o
1/4 junge Bauernente mit Apfelscheiben,
Rotweinkraut, neue Risolet-Kartoffeln 19,--
Jungschweinelendchen in Pfeffersauce,
geröstete Kartoffelklöße, römischer Salat 21,--
Wildschwein-Nüßchen,
Spätzle, Kompott 26,--

leicht und bekömmlich
Tagesfrischer Stangenspargel aus der Gironde,
Eierschaumsauce 18,--

Tagesdessert
Creme Caramel 3,5o
Vanille-Eis mit Sauerkirschen 4,--

Rezepte vom Küchenchef

Heinz Milch

Hammelhaxe „Patron" gedünstet, überbackener Kartoffelschaum

Zutaten und Zubereitung: Eine Hammelhaxe wird mit Salz, Pfeffer, einer Spur Knoblauch eingerieben, angebraten und ca. 30 Minuten schmoren lassen, mit einer grobgewürfelten Zwiebel und Karotte. Kurz in Wasser blanchierte große Rotkrautblätter werden ausgebreitet, mit einigen Kümmelkörnern und etwas frischem Ananassaft beträufelt. Die Haxe wird nun in die Blätter gewickelt, um das Ganze werden dünne Magerspeckscheiben geschlungen. Im Anbratfett wird nun die ganze Haxe langsam fertiggeschmort und kurz vor dem Garen mit einem Gläschen Weißwein abgelöscht. Dieses Gericht verspricht bei richtiger Zubereitung bereits himmlische Freude auf Erden. Zum Schluß reichen wir ein interessantes aromatisches Destillat aus dem Hochschwarzwald „Ein Zibärtle" das aus einer kleinen Wildmirabelle gewonnen wird.

Schwarzwälder Sturzbachforelle mit Mandeln überbacken, mit Blätterteig-Mundbissen

Zutaten und Zubereitung: Die abgeschlagene Forelle wird ausgenommen und in einem leichten, kurzen Weinsud 5 Minuten ziehen lassen. Einige Eßlöffel dieses eingekochten Suds werden mit Mehlbutter zu einer sämigen Sauce auf dem Feuer aufgerührt, mit etwas holländischer Sauce und etwas steifer, ungesüßter Sahne vermengt, mit Zitrone, Worchestershiresauce und etwas Cayenne-Pfeffer abgeschmeckt. Die Forelle wird nun auf einer feuerfesten Platte angerichtet, bis zum Kopfansatz von der Haut befreit und nun mit einem dicken Teppich der vorgefertigten Mousselinesauce sauciert, darüber 2 Eßlöffel Mandelsplitter. Das Ganze wird nun im Salamander überbacken und mit einigen Blätterteig-Mundbissen zu Tisch gebracht. Die Getränkekulisse hierzu gibt ein leichter, frischer Laufener Gutedel aus dem Markgräflerland in unserem Haus ausgebaut.

A la Carte:

D E L I K A T E S S E N

Luftgetrockneter Wildschinken auf Graubrot mit südländischen Senffrüchten	8,80
Wacholdergeräuchertes Forellenfilet, Sahnemeerrettich, Toast-Butter	9,--
Meine Fasanenpastete mit Aspik, Sauce Cumberland, Toast-Butter	11,--
Schwarzwälder Bauernschinken auf dem Brettle, Landbrot	11,50
Feinster norwegischer Rauchlachs, Meerrettichsahne, Toast-Butter	15,--
Geschabtes Ochsenfilet "Lebemänner-Art", am Tisch angemacht	18,50
Tagesfrischer Hummer, Sauce Mayonnaise, Toast-Butter	nach Größe
Getrüffeltes Gänseleber, Parfait auf Eis, Sauce Cumberland, Toast-Butter	25,--
Meine bunte Rauchpalette, Brotauswahl, Süßrahmbutter	27,50
Russischer Beluga-Mallossol-Kaviar auf Eis, Toast-Butter	28,--

Friedrichshafen

Hotel Buchhorner Hof

Bes. Fam. Baur

Friedrichstraße 33, 7990 Friedrichshafen 1,
Telefon (0 75 41) 2 10 11/12
Mitglied der Chaîne seit 1968
Ferien vom 20. Dezember bis 10. Januar, von Oktober bis März sonnabends geschlossen

Spezialitäten: Bodenseefische, Pasteten von Reh und Geflügel

Die alte Reichsstadt Buchhorn, das heutige Friedrichshafen, stand Pate bei der Namensgebung des Hauses. Dieser Name ist eine Verpflichtung für die Pflege alter Hotelkultur, die in diesem Hause mehr als hundertjährige Tradition besitzt.

Familie Baur bemüht sich jetzt bereits in der dritten Generation, den Gast zu versorgen, und obwohl in der Zwischenzeit ein Industrie-Hotel mit modernem Komfort, ist das Haus weiterhin ein Treffpunkt gepflegter familiärer Gastlichkeit geblieben.

Das Hotel steht dort, wo sich bis heute die Zeppelinstadt Friedrichshafen am reizvollsten präsentiert. Obwohl an der Hauptstraße gelegen, sind es nur wenige Schritte zu den malerischen Uferanlagen des Bodensees mit einer bezaubernden Bucht vor dem Schloß, die die Besucher immer wieder begeistert, da hier das rege Leben der Wassersportler zu finden ist und für Abwechslung und Unterhaltung sorgt.

Aus der Tageskarte:

Hechtklößchen "Valence"
mit frischer Gurke und
Trüffelstreifen Risotto — DM 19,50

Wildschweinnüßchen "Prinz Eugen"
gefüllte Birne mit Maronenmus
Kräutersteinpilze
Spätzle vom Brett — DM 15,50

Junge Flugente in Estragonsauce
gefüllte Artischockenherzen mit
Lebermus, Herzoginkartoffeln — DM 23,50

Rezepte vom Küchenchef

A. Fink

Oberschwäbische Fischsuppe

Zutaten: 0,5 l Fischfond, 0,2 l Sahne, 5 Eigelb, 4 Kretzerfilets, 70 g Aal, 70 g Zander, 50 g Gemüsestreifen (Lauch, Sellerie, Karotten), 0,5 l trockener Riesling, Salz, Glutamat, Dill, 30 g geschlagene Sahne, 20 g Felchenkaviar. **Zubereitung:** Streifen von Gemüse und den Fischen im Fischfond garen, als Einlage bereitstellen. Den Fond mit Sahne, Eigelb und Riesling legieren, abschmecken mit Salz, Glutamat und frisch gehacktem Dill. Auf die Suppe Sahne und Felchenkaviar geben.

Lammrücken „Buchhorner Art"

Zutaten: 1,2 kg Lammrücken, 2 Knoblauchzehen, 40 g Butter, 30 g Semmelbrösel, 30 g Emmentaler, 3 Eigelb, 15 g Basilikum, 10 g Estragon, Salz, Pfeffer. **Zubereitung:** Den Lammrücken mit Knoblauch einreiben, mit Salz und Pfeffer würzen und rosa braten. Die Rückenfilets werden ausgelöst und zurück auf die Karkasse gelegt. Die restlichen Zutaten werden vermischt, auf den Rücken aufgetragen und gratiniert.

A la Carte:

Medaillon vom Kalbsrücken in Zitronensauce mit Gemüsestreifen und Morcheln Mandelreis	18,-- DM
Truthahnbrüstchen "Jacqueline" in Sherrysahne, mit gedünsteten Äpfeln und gerösteten Mandeln, pommes parisienne	16,50 DM
Tournedos in Armagnac mit Steinpilzen à la creme Gratin Dauphinoise	29,50 DM
Salt von Grönland-Crevetten mit jungen Böhnchen, Palmenherzen und frischem Dill	15,50 DM

Hinterzarten

Parkhotel Adler (Hotel-Restaurant)

7824 Hinterzarten/Hochschwarzwald,
Telefon (0 76 52) 7 11-7 17, Telex 07-726 92
Mitglied der Chaîne seit 1962
Ganzjährig geöffnet von 8 bis 24 Uhr
Spezialitäten: Hausgeräucherte Forellenfilets, Lammschulter „Provencale", Schwarzwälder Beerenfrüchte am Tisch flambiert, badische und französiche Spitzenweine

Das heutige Parkhotel Adler ist ein Begriff internationaler Gastronomie. Das moderne Hotelgebäude mit 80 Zimmern, hiervon 5 Appartments; die Residenz mit weiteren 15 Appartments – alle Zimmer mit Bad, Zimmertelefon, Fernsehen und Radio, zum Teil mit Südbalkons. Das Hotel, die Residenz und das Stammhaus liegen inmitten eines 40.000 qm großen Privatparkes; dieser wiederum liegt in einem alten Besitz von Wald und Wiesen von 72 Hektar, bis nahe an den Titisee führend. Eine große Variation von Aufenthalts- und Restaurationsräumen, wie Frühstückszimmer, Hotelhalle, Fernsehraum, Bar und weitere sieben verschiedene, tradionell bedingte, geschmackvoll eingerichtete Restaurationsräume (Schwarzwaldstube, Grill, Club, Antike, Pavillon und das französische Restaurant). Getrennt von diesen Restaurationsräumen das Adlereck für einen Schnellimbiß nach dem Skilaufen oder einer Wanderung. Für Tagungen und Festlichkeiten stehen Räume für 20 bis 120 Personen zur Verfügung.

Aus der Tageskarte:

Seezungenfilets mit Hechtklößchen in Dillsauce	DM 29,--
Briesle mit Stangenspargel gratiniert	DM 21,--
Kalbsmédaillons mit Champignons in Bourbon-Whisky	DM 32,--
Poulet sauté "Stanley", Champignonreis, verschiedene Salate	DM 24,--
Lammnüßchen mit Ananasbeignets, Prinzeßbohnen	DM 34,--
Boeuf sauté "Stroganoff", am Tisch flambiert - für zwei Personen -	DM 64,--
Wiener Kaiserschmarren - für zwei Personen -	DM 14,--

Rezepte vom Küchenchef

Helmuth Dubick

Crêpes mit Kalbsnieren in feiner Kräuter-Sauce, dazu Kopfsalat in Tomaten-Dressing – für 3 bis 4 Personen –

2 ganze Kalbsnieren (500–600 g) in Wasser einmal aufkochen und abgießen, dann erneut mit 3/4 l Wasser ansetzen. Beigaben: 1 Lorbeerblatt, einige Gewürzkörner, etwas Zitronenschale, 1 kleine Zwiebel. Kochzeit: 45–50 Minuten. **Kräuter-Sauce:** 30 g Butter zerlassen, darin 45 g Mehl anschwitzen und mit Kalbsnierenfond auffüllen, gut durchkochen lassen, mit 1/8 l Sahne und 3 Eigelb legieren. Kräutereinlage: Gehackte Petersilie, Estragon und Kerbel. Verfeinern mit Zitronensaft oder Weißwein. **Crêpesteig:** 200 g Weizenmehl, 3/8 l Milch, 3 ganze Eier, 5 g Salz. Teig bereiten und kleine Eierkuchen abbacken. Kalbsnieren in dünne Scheiben schneiden, in die Eierkuchen einschlagen und mit Kräutersauce überziehen. **Kopfsalat in Tomaten-Dressing:** Kopfsalat vorrichten, mit einem Dressing aus Tomatensaft, feingewürfelten Zwiebeln, gewürfelten Tomaten, Salz, Pfeffer und einem Hauch Knoblauch anmachen.

A la Carte:

FLEISCHGERICHTE	mit Beilagen serviert	
Wiener Schnitzel		18,—
Kalbsschnitzel in Paprikasahne		20,—
Schweinelendchen in Orangencurry		24,—
Kalbsleber „Berliner Art"		26,—
Kalbs-Geschnetzeltes „Geisha"		26,—
Kalbssteak en papillote		30,—
Tournedos „Rossini"		32,—
Lammrücken „Provençale"	für 2 Personen	70,—

VOM GRILL	mit Beilagen serviert	
Ochsenschwanz „Flämische Art"		18,—
Entrecôte „Café de Paris"		26,—
Mixed Grill „Américaine"		30,—
Filetsteak mit Kerbelbutter		30,—
Entrecôte double, Sce. Béarnaise	für 2 Personen	56,—
Châteaubriand „Jardinière"	für 2 Personen	66,—

WILD UND GEFLÜGEL	mit Beilagen serviert	
Suprême von Poularde „Prinzeß"		20,—
Médaillons vom Hirsch in Wacholdercrème		32,—
Jg. Hähnchen in Champagner oder „Grand'mère"	für 2 Pers.	42,—
Rehrücken „Baden-Baden"	für 2 Personen	66,—

AM TISCH ZUBEREITET	mit Beilagen serviert	
Seezungenfilets „Bellevue"		34,—
Pariser Pfeffersteak		34,—
Kalbsnieren „Maitre d'hôtel"		34,—
Rumänischer Paprika-Gulasch vom Rind	für 2 Personen	68,—
Filets-Mignons vom Kalb	für 2 Personen	70,—

KALTE FLEISCHGERICHTE		
Westfälischer Knochenschinken		17,—
Schwarzwälder Schinkenspeck		17,—
Bündnerfleisch mit Käsesalat		19,—
Delikateß-Aufschnitt		19,—
Parmaschinken „Waldorf"		20,—
Roastbeef, Sce. Remoulade		22,—
Beefsteak tartare		24,—

Hotel Weisses Rössle

Freiburger Straße 38, 7824 Hinterzarten/Hochschwarzwald,
Telefon (0 76 52) 14 11 und 14 12
Mitglied der Chaîne seit 1966
Täglich geöffnet von 7 bis 24 Uhr, Ferien vom 26. November bis 15. Dezember, sowie um die Osterzeit

1347 wurde die Rösslewirtschaft – heute als Hotel „Weisses Rössle" – zum erstenmal urkundlich erwähnt. Nach einer sehr bewegten Geschichte des Rössle entstand nach dem Brand von 1925 das neue Hotel „Weisses Rössle". Seit 300 Jahren – bis 1969 – im Besitz der Familie Gremminger, wurden Karl-Heinz und Urda Zimmermann die neuen Besitzer. 1972/73 wurde der Bau des neuen Gästehauses „Sonnenflügel" – 23 Appartements mit allem Komfort – beendet.

Vom heißen Herd

Omelette mit Pilzen, Butterkartoffeln, Kopfsalat 9,20
Omelette aux champignons, pommes au beurre, salade de laitue
Omelette with mushrooms, potatoes and green salad

Schweinerückensteak »Jägerart« mit hausgemachten Spätzle 16,00
Selle de porc avec Spaetzle (spécialité badeoise)
Saddle of pork with Spätzle

Wiener Schnitzel, Bratkartoffeln und Salatteller 15,20
Escalope de veau viennoise, pommes sautées et salade
Breaded veal cutlet, fried potatoes and salad

Hühnerbrust à la Princesse mit Risi-Bisi 16,50
Suprême de volaille »Princesse« avec Risi-Bisi
Breast of chicken »Princess« with Risi-Bisi

Geschnetzeltes Kalbfleisch »Zürcher Art«, Rösti oder Spätzle, bunter Salatteller . . 17,60
Emmincé de veau »Zurichoise«, roesti, salade
Sliced veal »Zurich-style«, Rösti or Spätzle, salad

Hausherrenschnitzel, Butterkartoffeln, verschiedene Gemüse 19,60
Cordon bleu »Roessle spéciale«, légumes, pommes au beurre
Stuffed veal cutlet with vegetables and potatoes

Filetspitzen »Stroganoff«, Kreolenreis 21,80
Filet »Stroganoff«, riz créole
Sliced tender parts of beef »Stroganoff«

3 verschiedene Filets nach Art des Hauses
22,00
Les 3 filets maison · 3 different fillets

Rezepte vom Küchenchef

Peter Böhler

Menu für eine Person:

Sauerampfersuppe

Zutaten und Zubereitung: Den Sauerampfer gut waschen und in feine Streifen schneiden. In Butter weich dünsten (40 g Butter, 30 g Mehl). Die Butter mit Mehl abbinden und mit Fleischbrühe auffüllen – gut durchkochen lassen. Zum Schluß mit Crème fraîche und einem Eigelb verfeinern. Würzen. Als Einlage 1 Stück Wachtelei.

Rinderfiletsteak

Zutaten und Zubereitung: 180 – 200 g Rinderfilet mit Salz und Pfeffermühle würzen, englisch braten. 6 Stück Weinbergschnecken mit etwas Butter und Gemüsebrunoise andünsten. Mit Burgunder Rotwein ablöschen und etwas einreduzieren lassen. Frische Gänseleber ebenfalls mit Burgunderwein und etwas Pastetengewürz garen lassen. Das Ganze wird dann auf das Rinderfilet gegeben und mit Sauce Bearnaise überbacken.
Als **Beilage** empfehlen wir:

Frischer Staudensellerie mit frischem Kerbel verfeinert. Pro Person 100 – 120 g Staudensellerie, 5 g Kerbel, 5 g Butter. Den Staudensellerie normal putzen und säubern und in 10 cm lange Stücke schneiden. In leichtem Salzwasser kernig kochen, zum Schluß mit der Butter und dem Kerbel anschwenken.

Pommes Dauphinois

Zutaten und Zubereitung: Pro Person ca. 90 g Kartoffeln (geschält) in dünne Scheiben schneiden, in eine Kokotte einsetzen, die wir zuvor gebuttert haben. Zubereitung der Gratiniermasse: Milch, Salz, Pfeffer, Muskatnuß, Ei, geriebener Gruyère-Käse, etwas Knoblauch. Mit dieser Masse werden die Kartoffelscheiben bedeckt und zum Schluß mit dem geriebenen Käse bestreut. Zur Verfeinerung ein paar Butterflocken darübergeben. Bei mäßiger Hitze (130°) 45 – 50 Minuten im Ofen überbacken.

Schwarzwälder Kirschsoufflé

Zutaten: 100 g entsteinte Sauerkirschen, 75 g Zucker, 3 cl Kirschwasser, 50 g Butter, 40 g Mehl, 1/4 l Milch, 3 Eier. **Zubereitung:** Die Kirschen mit den 3 cl Kirschwasser marinieren. Die Milch mit 75 g Zucker aufkochen lassen. Von der Butter und dem Mehl eine Masse herstellen und die aufkochende Milch damit abbinden. Eigelb und Eiweiß voneinander trennen. Die Eigelbe unter die Masse rühren und das geschlagene Eiweiß nach Abkühlen der Masse ebenfalls. Eine Kokotte ausbuttern und mit Mehl stäuben, danach etwas Masse einfüllen und den Rest der Masse obenaufgeben. Im Backofen bei 170 – 180° backen ca. 20 Min., zum Schluß mit Staubzucker bestreuen.

Kandern

Historisches Gasthaus zur Weserei

Hauptstraße 70, 7842 Kandern, Telefon (0 76 26) 4 45
Mitglied der Chaîne seit 1973
Geöffnet von 8 bis 24 Uhr, montags geschlossen, Ferien von Anfang November bis Anfang Dezember

Im südlichen Schwarzwald liegt das schöne Gasthaus zur Weserei, ein stimmungsvolles altes Haus mit modernen Gästezimmern, von denen jedes Dusche und WC hat. Von Kandern aus lassen sich zu Fuß viele herrliche Punkte des Südschwarzwaldes erwandern.

Wer Wert auf ein vorzügliches Essen legt und einen guten Tropfen zu schätzen weiß, der ist im Historischen Gasthaus zur Weserei am richtigen Ort.

Aus der Tageskarte:

Aus der See und aus den Flüssen:

Gefülltes Zanderfilet in der Kruste! Eine amüsante Geschichte - "Vom Kramer erzählt"! Mit bunten Salaten	29,00
Das Hexeneinmaleins! Mit Froschschenkel ohne Knochen in Rieslingsauce, mit Lachsnocci, Shrimps und bunten Salaten	26,00
Lachsschaumauflauf "Königin Silvia" aus frischen Lachsen	23,00
Fr. Norw.Lachs in Sc.Mousseline überbacken, Salatteller	23,00
Zanderfilets auf Blattspinat überbacken u.Nußkroketten	20,00
Hummer-Krabben-Schwänze in Curryschaum, bunte Salate	22,00
Lachsschaumklößchen "WESEREI" mit bunten Salaten	19,00

Gerner servieren wir Ihnen die Fischgerichte als Vorspeise für zwei Personen.

Aus dem Schwarzwald:

Rehrücken "WESEREI". Frisch gebraten, ab 2 Pers., pro Person	26,00
Wildhasenfilets wie unser Chef sie liebt, Spätzle, Salate	21,00
Gespickte Rehkeule nach Art des Hauses! Spätzel, Salate	21,00

Rezepte vom Küchenchef

G. Kramer

Kramer's Hexeneinmaleins

Zutaten und Zubereitung (für 3 Personen): In einer Pfanne Zwiebeln mit Butter angehen lassen und darinnen 9 Paar frische Froschschenkel, ausgepuhlt (also ohne Knochen) dünsten lassen. Dann 100 g Shrimps, von 6 geschälten Tomaten Concassee (nur das Äußere) dazugeben. Außerdem reichlich Knoblauch (gerieben) und gehackte Petersilie. Alles wieder angehen lassen, mit Riesling + Sylvaner (Badischer!) ablöschen, einen Eßlöffel kalte Veluté von Fisch dazugeben, durchziehen lassen und mit ca. 150 g geschlagener, ungesüßter Sahne vollenden. Anrichten und als Garnitur pro Person 7 Stück kleine Lachsklößchen (Nocci) drauflegen. Ein Blätterteigfisch, Zitrone und gehackte Petersilie.

A la Carte:

Für unsere Feinschmecker

15 muntere lukullische Sachen

❶ Tournedos mit Ochsenmark und grünem Pfeffer überbacken, frische Artischocke, Nußkroketten und bunte Salate 25.–
❷ Tournedos mit Morcheln, Sc. Bearnaise, Pommes frites und bunter Salatplatte 25.–
❸ Kalbsteak „Frohen Herzens genießen" mit vielen bunten Gemüsen und Salaten der Saison 24.50
❹ Kalbsteak Nazareth (in Mandeln gebacken) mit Butterreis und buntem Salatteller 20.50
❺ Rumpsteak nach „Wallenstein am Lagerfeuer" mit Strohkartoffeln, Spargel, Sc. Bearnaise, Salat 23.–
❻ Geschnetzeltes Kalbfleisch mit Früchten in Currysauce, gratiniert, Butterreis und Salat 20.–
❼ Pfeffersteak mit grünem Pfeffer, Pommes frites, bunte Salatplatte 22.–
❽ Gefüllte Poulardenbrust in Mandeln gebraten mit fr. Champignons, Sc. Bearnaise, Curryreis, bunter Salatteller 20.50
❾ Château Briand mit Sc. Bearnaise, drei verschiedene Saisongemüse, Pommes frites und bunte Salatplatte (für 2 Pers.) 52.–
❿ Entrecôte Double mit vielen feinen Gemüsen umlegt, Sauce Bearnaise und Salat (für 2 Pers.) 50.–
⓫ Wesereiplatte für 2 Personen 50.–
⓬ Schlemmerspießchen, Curryreis, Salat Hawaii 21.–
⓭ Entrecôte First Class, Mandelreis, geb. Banane, Apfel-Mango-Chutney und bunte Salate 24.–
⓮ Kalbsteak „Öfter mal was Neues", Butterreis, bunte Salatplatte 21.50
⓯ Leckere Sachen um Sie zu überraschen ab 30.– bis 50.–

Gasthaus „Künstlerkneipe"

Pfarrstraße 18, 7500 Karlsruhe 21, Telefon (07 21) 57 22 47
Mitglied der Chaîne seit 1975
Geöffnet von 12 bis 15 Uhr und 18 bis 24 Uhr, Sonntagabend und montags geschlossen

Spezialitäten: Fisch-Pasteten, Gänseleber

Die „Künstlerkneipe" war in der ersten Hälfte des 18. Jahrhunderts eine einfache Bauernschänke. Im Jahre 1859 erwarb der Urgroßvater des heutigen Besitzers das Anwesen. Um die Jahrhundertwende erhielt das Haus sein heutiges Aussehen. Dabei war das Wirken zahlreicher Künstler der damaligen Karlsruher Kunstschule, die in jener Zeit sehr häufig das Haus besuchten, entscheidend: viele Bilder und Schnitzereien stammen von diesen Freunden des Hauses. Der Stil des Hauses ist der einer „Badisch-Elsässischen" Weinstube.

Die Künstlerkneipe wird heute in der vierten Generation von Karin und Hugo Schwall geführt.

Rezepte vom Küchenchef

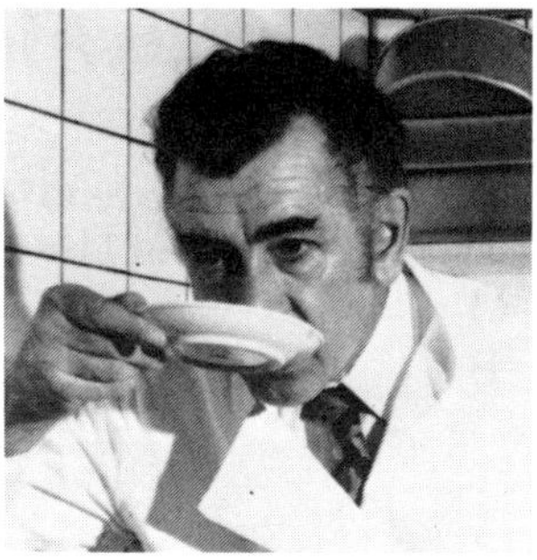

Hugo Schwall

Frischer Steinbutt in Riesling

Zutaten (für 3 Personen): 3 Steinbutt-Filetstücke je 200 g, 50 g Butter, Salz, Pfeffer, 1 Tasse Steinbutt-Fond, 1/4 l trockener Riesling, 3 Eßlöffel Crème Fraîche, 1 Eigelb. **Zubereitung:** Steinbutt-Filets salzen und pfeffern, in einer flachen Kasserolle 25 g Butter zerlassen, Steinbutt einlegen und in der aufsteigenden Butter von beiden Seiten andämpfen. Steinbutt-Fond mit Riesling zugeben, bei schwachem Feuer ca. 5 – 7 Minuten ziehen lassen (der Fisch soll kernig bleiben). Fisch herausnehmen und auf einer Platte warmstellen. Den Fischsud auf großer Flamme einreduzieren, Crème Fraîche beifügen, mitkochen und abschmecken. Dann abseits des Feuers die restliche Butter in kleinen Stückchen in die Sauce einrühren, das Eigelb mit etwas Riesling verquirlt der Sauce beigeben. Sauce über den Fisch gießen. Hinweis: Ein halbes Schnapsglas Noilly Prat (trockener französischer Wermut) gibt dieser Sauce einen besonderen Pfiff. Besonders fein schmeckt der Fisch auf etwas Blattspinat, dazu reicht man Reis oder Salzkartoffeln.

Heute besonders zu empfehlen:

Unser Aperitif: Ein Glas Champagner „Cuvée Künstlerkneipe" 8.-

Tagessuppe 3.- | Frische Fischsuppe 7.50 | Grüne Entensuppe 5.50

Hausgemachte Schneckensuppe 7.50 | Daxlander Aalsuppe 6.50

Rosa Crevetten in der Schale, grüne Sauce 10.50

Frischer Aal gefüllt, grüne Sauce 10.50

Feine Lachs-Terrine, grüne Sauce 11.50

Feinste Tauben-Pastete mit Gänseleber 13.50

Salat „Künstlerkneipe" mit Wachtelbrust u. Gänseleber 16.50

Feinste hausgem. Gänseleber-Terrine 18.50

Frischer Steinbutt in Riesling, Reis 26.-

Frischer Norweger Lachs in Dillsauce, Salzkartoffel 25.-

Frische Scampi-Klößchen in Hummersauce, Reis 25.-

Frischer Aal in Salbei, Salzkartoffel 24.-

Kalbsnierle in Pinot-Rouge, Nudel-Gratin, Salat 24.-

Lamm-Nierle Provençale, Safranrisotto, Salat 22.-

Kalbsbriesle auf Blattspinat gratiniert, Croquettes 23.-

Schweinefilet in Calvados, Spätzle, Salat 23.-

Kalbsmedaillons mit Steinpilzen, Spätzle, Salat 25.-

Rehsteaks mit Pfifferlingen, Spätzle, Preiselbeeren, Salat 27.-

Zwei frische Wachteln m. Böhnchen, Pommes-Dauphin 24.-

Frische ganze Flugente nach Art des Hauses (für 2 Personen) 50.-

Königsfeld

Schwarzwaldhotel

Hermann-Voland-Straße 10, 7744 Königsfeld, Tel. (0 77 25) 70 91–93
Mitglied der Chaîne seit 1969
Täglich geöffnet von 7 bis 24 Uhr.

Die Küche wird von den internat. erfahrenen Küchenchefs Stopf und Sukale geführt, das Restaurant von den Oberkellnern Frideres und Capobianco. Alle sind langjährige Mitarbeiter des Hauses. Das spricht für ein sehr gutes Betriebsklima. Hotel und Restaurant wurden ständig modernisiert. Zum Teil liegt das Haus im Park ruhig am Doniswald, gegenüber vom Kurpark. Hallenbad-Sauna mit fachlich gutgeführter Kneipp-Badeabteilung.

Die Küche ist bekannt. Sie ist mehr als lobenswert. Die Speisekarte erinnert an Ostpreußen mit seinen Spezialitäten. Aal-Terrine nach „Mutter Diegner", Masurische Krebssuppe, Elch nach Gutsherrenart. Hausgebeizter Lachs ist besonders gerühmt. Hechtklößchen nach Spreewälder Art. Aber auch die Nouvelle Cuisine ist und war hier stets zuhause.

Aus der Tageskarte:

Fleischgerichte:

Gebratene Lammkeule, Bohnen, Kartoffeln	14,80
Paprikaschnitzel, Hausmacher Spätzle, Salat	16,80
Gefülltes Kalbsschnitzel "Cordon bleu", pommes frites, Salat	18,60
Kalbsrückensteak mit Schinken u. Käse gratiniert, pommes frites, Salat	19,80
Rumpsteak vom Grill mit Meerrettich, pommes frites, Salat	19,80

Wildgerichte:

Hirschkalbsgoulasch mit frischen Champignons, Spätzle, Salat	13,60
Gespickte Hasenkeule in grüner Pfeffersauce, Spätzle, Salat	16,80
Hirschkalbsmedaillons "Försterin Art", Spätzle, Salat, gef.Williamsbirne	21,60

Für 2 Personen:

1 ganzer gespickter Hasenrücken, Steinpilzcreme, gebackene Apfelringe, Birnensabayon, pommes Dauphin, Salatteller	39,80

Menü nach Dr. Schnitzer:

Melonencocktail, Vollkorn-Flädle-Suppe, reiche Salatplatte, Apfel-Meerrettich-Weizenschrot, Schwarzwaldbeerenbecher	22,80

Dessert:

Erdbeerparfait	5,80
Eisauflauf "Grand Marnier"	6,50
Schokoladenparfait Spezial	6,80

Rezepte vom Küchenchef

Lothar Stopf

Aal „Mutter Diegner"

Zutaten: 250 gr frischen Aal – in 4 cm lange Stücke schneiden, 1 frische Karotte, 1 Stange Lauch, 1/2 frische Sellerieknolle, 2 mittelgroße Zwiebeln, 1 Lorbeerblatt, 1 Eßl. frisch gehackten Dill, etwas frisch gemahlenen Pfeffer, 1 Pr. Salz, 1/4 l frische Sahne, 1/2 l Fischfond. **Zubereitung:** Die Zwiebeln, Karotte, Sellerie, Lauch in feine Julienne schneiden und mit etwas Butter anschwitzen, ohne Farbe zu nehmen. Mit dem Fischfond ablöschen. Wenn es aufkocht, die gesäuberten Aalstücke hinzugeben, Lorbeerblatt, Pfeffer und Salz leicht kochen, bis Aal und Gemüse weich sind. In eine Terrine schütten, die Sahne hinzufügen, ohne umzurühren. Obenauf den frisch gehackten Dill streuen und heiß servieren.

Elchfilet „Gutsherren Art" mit Steinpilzsauce und Kartoffelflinsen

Zutaten: 250 gr Elchfilet, 150 gr frische od. 50 gr getrocknete Steinpilze, 1/2 l Buttermilch, 2 cl Weinbrand, 2 dcl Rotwein, Salz, frisch gemahlenen Pfeffer, 100 gr frische Sahne, 1 Zwiebel, Wacholderbeeren, 2 Lorbeerblätter. **Zubereitung:** Die sauber zugeschnittenen Elchfilets 24 Stunden vorher in Buttermilch einlegen. Lorbeerblätter und Wacholderbeeren hinzufügen. Aus der Buttermilch nehmen und unter kaltem Wasser abwaschen. Mit Küchenkrepp trocknen. Salzen und pfeffern. Bei mittlerer Hitze in der Pfanne englisch braten. Zwiebel in Würfel schneiden und goldgelb anrösten, die Steinpilze hinzugeben, mit Weinbrand und Rotwein ablöschen und weich dämpfen. Mit frischer Sahne vollenden und über die englisch gebratenen Elchfilets geben. Von rohen geriebenen Kartoffeln kleine dünne Flinsen backen und als Beilage reichen.

A la Carte:

Am Tisch flambiert	DM
TOURNEDOS „CALVADOS"	26,80
ENTRECOTE A LA BORDELAISE	24,60
KALBSNIEREN MIT ÄPFELN FLAMBIERT	25,60
HASENFILET MIT SAUERKIRSCHEN UND MANDELN IN SCHWARZWÄLDER KIRSCH FLAMBIERT	28,60

Erinnerungen an Ostpreußen

MASURISCHE KREBSSUPPE	5,80
SCHMANDHERING	8,60
AAL GRÜN „NACH MUTTER DIEGNER" IN DER TERRINE	22,80
OSTSEELACHS NACH DANZIGER SENATSHERRENART	28,80
KÖNIGSBERGER KLOPSE MIT GEWÜRZGURKE	9,60
OSTPREUSSENTOPF (KALBSFILET, ÄPFFL, SAURER RAHM)	20,80
ELCHSTEAK NACH GUTSHERRENART (KARTOFFFLFLINSEN, STEINPILZSAUCE)	26,80
ALTER TILSITER MIT GÄNSESCHMALZ	6,80

Restaurant St. Stefanskeller

Stefansplatz 41, 7750 Konstanz, Telefon (0 75 31) 2 35 66
Mitglied der Chaîne seit 1971

Spezialitäten: La Nouvelle Cuisine Francaise

Das Restaurant „St. Stefanskeller" ist ein historisches Haus mit ca. 50 Plätzen. Die Vorderseite des Stefanskellers ist die alte Stadtmauer des 10. Jahrhunderts, aus alpinem Geröll errichtet.

1975 etablierte der jetzige Besitzer, Berthold Siber, sein Restaurant in der „Historischen Weinschenke". Der „St. Stefanskeller" ist ein Restaurant der Spitzenklasse und wird im Vartaführer unter den ersten sechs Restaurants der Bundesrepublik genannt.

Fische und Krustentiere

Suprême vom Steinbutt mit Nußfülle,
kleine tournierte Gemüse,
Champagner-Sauce DM 35,--

Getrüffelte Bodenseelachsforelle
"Lennart Bernadotte", kalte Gurkensauce DM 32,--

Ragout von Seezunge mit Hummer und Kaviar,
Estragonsauce, Gemüsemelange DM 38,--

Soufflierender Lachs
an Senfsauce auf Lauchgemüse DM 34,50

Hechtklößchen auf Meeresalgen
mit Krebsschwänze, Schnittlauchsauce DM 26,--

Rezepte vom Küchenchef

Berthold Siber

Supreme vom Babysteinbutt mit Nußfarce in Champagnersauce, kleine tournierte Gemüse

Zutaten (für 4 Personen): 2 Babysteinbutt mit ca. 700 g pro Stück, 3 Eiweiß, 1/4 l flüssige Sahne, 60 g feingehackte Walnußkerne, 1/2 Zitrone, Salz, Cayenne-Pfeffer, 3 Schalotten, 5 cl Champagner, 1 dl geschlagene Sahne, 20 g Butter, 2 l Wasser, 2 Karotten, 3 weiße Rüben, 1/2 Salatgurke, 8 schöne Kopfsalatblätter. **Zubereitung:** Die beiden Babysteinbutt filieren, die Haut abziehen. Die vier kleineren Filets zweimal durch den Fleischwolf passieren, mit Salz und etwas Cayenne-Pfeffer würzen, die Schüssel auf zerstoßenes Eis setzen und nach und nach 3 Eiweiß darunterrühren. Wenn die Masse ziemlich kompakt ist, langsam die frische, flüssige Sahne darunterziehen, so daß die Masse luftig und leicht wird. Die feingehackten Walnußkerne dann unterziehen. Die Farce sollte nun ca. 2 Stunden kühl ruhen, damit sie anzieht. In der Zwischenzeit die 8 Kopfsalatblätter kurz in kochendem, stark gesalzenem Wasser blanchieren und dann in kaltem Wasser abschrecken. Die vier größeren Steinbuttfilets leicht plattieren, mit Salz und etwas Zitrone würzen. Einen Fischfond zubereiten aus den Steinbuttresten, 2 feingehackte Schalotten und 2 l Wasser kalt aufsetzen, zum Kochen bringen und abseihen, mit etwas Salz abschmecken. Die Fischfilets mit der Nußfarce füllen, indem man die Endstücke der Filets übereinander schlägt und jeweils in zwei Salatblätter einhüllen. Die farcierten und umhüllten Filets ca. 8 Minuten pochieren (im Steinbuttsud). Während dieser Zeit läßt man 1/2 l des übrigen Fischsuds mit einer feingehackten Schalotte bis zur Hälfte reduzieren, nimmt diesen vom Feuer und rührt langsam die Butter und die geschlagene Sahne darunter, evtl. nochmals nachschmecken, und vor dem Servieren den Champagner unter die Sauce rühren. Die pochierten Steinbuttfilets gut abtropfen lassen, auf Tellern anrichten und mit der Sauce überziehen, garnieren mit klein tourniertem Gemüse aus Gurken, Karotten und weißer Rübe, die im Salzwasser nur ca. 2 Minuten blanchiert werden.

Fleisch und Geflügel

Lammsattel mit Pfefferminze gebraten, kleine Gemüse, Gratin Dauphinois (2 Personen)	DM 65,--
Junge Barberie-Ente an Beaujolais meine Gemüsepürees (2 Personen)	DM 65,--
Ganzes Kalbsfilet gebraten "Agnes Sorell", gefüllt mit Gänseleber, Trüffelsauce (2 Personen)	DM 75,--
Reh-Nüßchen mit Preiselbeerrahm handgeschabte Spätzle, Salatteller	DM 31,--
Tournedos Bordelaise Rotweinmarksauce, Gratin Dauphinois	DM 36,--

Lörrach-Inzlingen

Landgasthaus Waidhof

An der Bundesstraße 316, 7851 Lörrach-Inzlingen,
Telefon (0 76 21) 26 29
Mitglied der Chaîne seit 1950
Geöffnet von 10 bis 23 Uhr, außer montags

Spezialitäten: Überraschungs-Menüs, von denen vorher nichts verraten wird. Außerdem Spezialitäten, die Walter Haas aus allen Weltteilen mit nach Hause bringt.

Der „Waidhof" an der Bundesstraße 316 bei Lörrach ist ein gern besuchter Treffpunkt der Feinschmecker – ob sie nun aus der sichtnahen Schweiz kommen, von drüben aus Frankreich, oder aus dem eigenen Lande.

Einer der besten Küchenmeister Deutschlands, Walter Haas, hat hier sein eigenes, bezauberndes Reich, in dem die Gäste seine überzeugenden Kochkünste an Ort und Stelle bewundern und gewiß freudig genießen können: so auch die „Putenbrüstchen in Asbach-Sahne", eine knusprig-leckere Spezialität des Bailli-Maître Rôtisseur der Confrérie de la Chaîne des Rôtisseurs.

Aus der Tageskarte:

Lammkotelette vom Grill "Provencale" mit grünen Böhnchen und Rahmkartöffele 25,-- DM

-.-

Unsere Hechtklößchen in feiner Hummersauce mit hausmacher Nudeln und buntem Salatteller 23,-- DM

-.-

Das Fischtöpfli gefüllt mit Hecht, Hummer, Zander, Barsch, Salm, Krabben, St.Jacobs-Muscheln, dies alles überbacken mit feiner Hummersauce, dazu Reis und Salat 24,-- DM

-.-

Ulis Tip für heute:

Lammsteak vom Grill "Provencale" mit Broccoli und pommes dauphinoise 28,-- DM

-.-

Zum Dessert heute frisches Melonensorbet DM 7,--

Walter Haas

Kalbsröllchen Colonia

Zutaten (für 4 Personen): 4 Kalbsschnitzel à 120 g, 100 g Spinat, 1/2 Zwiebel, 1/2 Knoblauchzehe, 1 Sardellenfilet, 1 1/2 Eßl. Butter, 2 Teel. Mehl, 2 dl Hühnerbrühe, 1 kl. Dose Morcheln, Salz, 1 Eigelb, 1 Eßl. eingesottene Butter, 6 Eßl. Sauce hollandaise (evtl. aus Dose); Tomatenbutter: 40 g Butter, 1 Teel. Tomatenmark, Salz und Pfeffer. **Zubereitung:** Schnitzel dünn klopfen. Gewaschenen Spinat in leichtem Salzwasser einmal aufwallen lassen. Gut abtropfen. Fein gewürfelte Zwiebel, ausgepreßte Knoblauchzehe und zerdrückte Sardelle in 1/2 Eßlöffel Butter anziehen, Spinat beifügen, halb gar dämpfen und erkalten lassen. Restliche Butter mit Mehl anschwitzen, mit Hühnerbrühe ablöschen und zu einer dicken Sauce einkochen. Abgetropfte Morcheln zugeben, erkalten lassen. Die Kalbsschnitzel salzen, den Spinat dünn aufstreichen und Morchelsauce darüber verteilen. Die Schnitzel aufrollen, mit Holzspießchen fixieren. Die Fleischröllchen im verschlagenen Eigelb wenden und in der eingesottenen Butter rundum braun braten. Mit der inzwischen erwärmten oder aus dem Beutel zubereiteten Sauce hollandaise überziehen, mit einer Scheibe Tomatenbutter belegen und zu Butterreis servieren. Für die Tomatenbutter die Butter mit dem Tomatenmark vermischen, mit Salz und Pfeffer würzen. In Folie eingepackt im Kühlschrank bis zum Servieren aufbewahren.

A la Carte:

Kalbsröllchen "Colonia", gefüllt mit Morcheln und Blattspinat, Sce. Hollandaise, Tomatenbutter, dazu Reis und Salat	DM 18,--
Kalbsteak "Madras" mit pikanter Currysauce, Bananenreis und Salate	DM 17,50
Kalbsleber "Berliner Art" mit Apfel und Zwiebeln, grüne Bohnen, pommes-frites	DM 17,50
Pfeffersteak "Waidhof", Birnenkartoffeln, Salate	DM 25,50
Entrecôte "Café de Paris", pommes-frites, Salat	DM 19,50

Alte Sonne

Bei der Katholischen Kirche 3, 7140 Ludwigsburg,
Telefon (0 71 41) 2 52 31 und 2 52 32
Mitglied der Chaîne seit 1974
Geöffnet von 7 bis 23 Uhr, sonnabends geschlossen, sonntags erst ab 14 Uhr geöffnet, 3 Wochen Sommerferien

Spezialitäten: Fisch, Wild, Geflügel

Seit 250 Jahren besteht die „Alte Sonne", die 1724 der Leiblakai Herzog Ludwigs, Adam Leger, für sich erbaute. Im Jahre 1892 erwarb die Familie Benzing das Haus. Die Liebe zur Kochkunst des jetzigen Küchenmeisters Max Benzing hat die „Alte Sonne" zum Treffpunkt vieler Schleckermäuler gemacht. Die Räume der „Alten Sonne" sind traditionsbewußt und doch modern gestaltet. Das Hotel ist sehr intim und mit allen Finessen unserer Zeit eingerichtet.

A la Carte:

Schweinerückenscheiben »kurländisch« mit Apfelringen, Pflaumen und geschmälzten Nudeln	*16.50*
Geschnetzeltes Schweinelendchen »Winzerin« in Rahmsößle mit eingelegten Weintrauben und Schnecken, dazu Rösti	*19.60*
Lendchen »Boursin« auf Sahneknöpfle mit feinem französischem Kräuterkäse überschmelzt	*20.80*

* * * * *

Junges Hühnerbrüstchen in trockenem Weißwein gedämpft dazu Morcheln in Rahm und Reis Creole	*17.60*

* * * * *

Kalbsrückenscheiben in Rahmsößle mit frischen Champignons und handgeschabten Spätzle	*18.60*
»Saltimbocca Romana«, kleine Kalbsteaks mit Lachsschinken und frischem Salbei in Käsehülle, dazu Tomatenspaghetti	*19.80*

Rezepte vom Küchenchef

Max Benzing

„Stuttgarter Stumpen"

Zutaten: 1 ganzes Schweinefilet von ca. 500 g, 10 Scheiben dünn geschnittenen Bauchspeck, 250 g frische Champignonköpfe, 250 g handgeschabte Spätzle, 12 Schupfnudeln, 250 g frische Prinzeßbohnen, 250 g frische Karotten, Sauce hollandaise und Parmesankäse zum Überbacken, etwas Rahmsauce mit Crème fraiche, 3 Grilltomaten. **Zubereitung:** Das ganze Schweinefilet wird in die Speckscheiben eingehüllt und auf dem Grill insgesamt ca. 10 Minuten von allen Seiten rosa gebraten. Anschließend wird der Stumpen mit Sauce hollandaise überzogen und mit etwas Parmesan bestreut, im Salamander überbacken. Auf einer großen Platte anrichten, mit den sautierten Champignonköpfen, Bohnen und Karotten umlegen. Dazu reicht man Spätzle, Schupfnudeln und etwas Rahmsauce.

Aus der Tageskarte:

Menü 1: DM 13.40

Schwäbische Hirnsuppe
*****
Tellerschnitzel "Wiener Art" gebacken, mit kleiner Salatplatte

Menü 2: DM 14.50

Schwäbische Hirnsuppe
*****
Rehragout "Winzerin" mit Pilzen, Weintrauben, Spätzle und Salaten

VORSPEISEN

Matjescocktail "Matrosen Art" 6.80
"Junggesellenbrot" mit Roastbeef, gebackenen Zwiebelringen und frischer Ananas 7.50
Geflügelsalat mit Orangenspalten 7.60
"Fischerfrühstück", frische Krabben in Kräuterrührei 10.80

SUPPEN

Klare Hühnerbrühe 3.50
Blumenkohlcrèmesuppe 3.50

DER KÜCHENCHEF EMPFIEHLT IHNEN HEUTE

Hühnerbrüstchen "Cordon bleu" mit feinem Gemüse und Kartoffelcroquettes 17.90

Kleine Kalbsteaks "Honved" in Paprikarahm mit Champignonreis und Gartensalaten 18.70

Frischer Atlantik Seeteufel vom Grill "provencal" mit Dampfkartoffeln und Eisbergsalat 18.90

Rehrücken - Medaillons auf Apfelscheiben mit Walnußsahne, dazu handgeschabte Spätzle, Preiselbeeren, Pilzallerlei und Kopfsalat 24.80

AUS UNSERER SCHWÄBISCHEN KÜCHE

Rinderherz in Burgunder mit kleinem Makkaroniomelette und Salatallerlei 9.80

Eingemachtes Kalbfleisch mit frischen Champignons, dazu Reis und Kopfsalat 10.90

Felchenfilets in Zitronenbutter mit Petersilienkartoffeln und Salaten 17.60

Murrhardt

Sonne-Post

7157 Murrhardt, Telefon (0 71 92) 80 81
Mitglied der Chaîne seit 1960
Täglich göffnet von 6.30 bis 24.00 Uhr

Spezialitäten: Fisch und Wild

Wer dem Alten verbunden ist und dennoch den Fortschritt liebt – der wird sich im Hotel Sonne-Post in Murrhardt im Schwäbischen Wald wohlfühlen. Der Fachwerkbau ist ein Überbleibsel aus der romantischen Zeit der Postkutschen. Und in diesem aus dem 17. Jahrhundert stammenden Gebäude nehmen die Gäste des Hotels ihre Mahlzeiten ein. Daß das Speisen in solch historischen Räumen aber zum erlesenen Genuß wird, dafür sorgen die beiden Chefs. Ihre Küche mit den jahreszeitlichen Spezialitäten wie Edelkrebse, Aal, Waller, Reh, Wildschwein, Fasan und vieles mehr ist weithin bekannt. Selbstverständlich hält man für den Kenner auch auserlesene Weine bereit.

Die familiäre Atmosphäre dieses Hauses aber kann nur erleben, wer sich Zeit nimmt für einen erholsamen Aufenthalt. Modern eingerichtete Zimmer laden ein zum Ausruhen. Im Mineral-Hallenschwimmbad (28 Grad) mit Solarium-Empore und Sonnenterasse kann man der Fitness frönen. Ein vollständiges Programm bietet die großzügige Saunaanlage mit Freiluft-, Massage- und Ruheraum.

A la Carte:

Fische

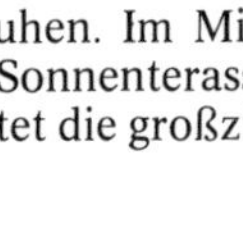

Forelle blau mit zerlassener Butter und Kartoffeln	ab 14,80
Forelle „Müllerin Art“ mit Kartoffeln	ab 14,80
* Kocheraal in Butter gebraten mit Salbei und Kartoffeln	Tagespreis
* Kocheraal grün mit Kartoffeln	Tagespreis
* Donauwaller aus dem Spezialsud mit Mandelbutter, Sahnemeerrettich und Kartoffeln, nach Gewicht	Tagespreis

Wild

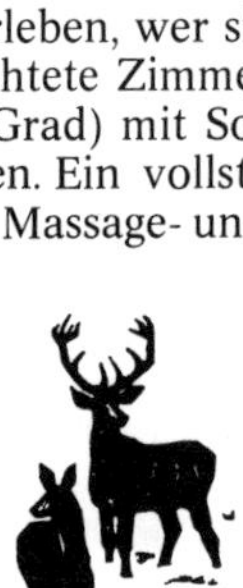

Rehragout (entbeint) mit Knödel und Salat	13,80
Rehschnitzel in Sahne mit Champignons, Semmelknödel und Salat	20,80
Rehnüßchen in Sahne mit gebackenen Bananen, gefüllte Birne, Spätzle, Salatteller	23,80
Saisonbedingte Wildspezialitäten finden Sie auf der Tageskarte	

Rezepte vom Küchenchef

Wilhelm und Albert Bofinger

Rehrücken mit Wachholderrahmsauce

Zutaten und Zubereitung: 0,8 – 1,0 kg Rehrücken abhäuten, mit Salz und Pfeffer würzen, in rauchheiße Pfanne geben, in der Röhre bei 250° ca. 15 – 20 Minuten braten, dabei öfters übergießen. Nach 5 Minuten Wildknochen und Abschnitte mit anbraten, nach weiteren 5 Minuten Wurzelwerk (Zwiebeln, Karotten, Sellerie, Lauch) dazugeben. 1 Teelöffel zerdrückte Wacholderbeeren, 1/2 Teelöffel zerdrückte Pfefferkörner, 2 Lorbeerblätter, 3 Nelken, etwas Thymian etwas Rosmarin. Nach der Garzeit Rehrücken herausnehmen, in Alu-Folie einwickeln und im Wärmeschrank bis zum Anrichten mindestens 10 Minuten ruhen lassen. Zu Knochen und Wurzelwerk 1 Eßlöffel Tomatenpüree geben, weiter Farbe nehmen lassen, mit 4 cl Doppelwacholder flambieren, mit 0,2 l kräftigem Rotwein ablöschen und mit etwas Fleischbrühe oder Wildsauce auffüllen und auskochen. Nach dem Passieren 0,1 l Sauerrahm darunter ziehen und abschmecken.

Weckknödel

Zutaten und Zubereitung: 4 Wecken vom Vortag in dünne Scheiben schneiden, mit 0,1 l kochender Milch übergießen und zugedeckt ziehen lassen. Dazu 1/2 Zwiebel, 50 g geräucherter Bauchspeck oder Rauchfleisch in Würfel geschnitten und goldgelb angeschwitzt, 3 frische Eier, gehackte Petersilie, etwas Salz und Muskatnuß. Alles gut vermengen, kleine Knödel abdrehen und in siedendem, leicht gesalzenem Wasser 10 – 15 Minuten (nach Größe) ziehen lassen.

Aus der Tageskarte:

Tagesmenü: Kraftbrühe mit Grießklößle
* * *
Kalbskopf gebacken, sauce remoulade,
gemischter Salat
* * *
Erdbeerbombe 17.80

* *

Herz und Züngle in feiner Madeirasoße mit Nudeln und Endiviensalat 11.80

Rehragout (entbeint) mit Knödel und Salat 13.80

Kalbsleber Berliner Art mit Kartoffelpüree, Salatteller (mit gedünsteten Apfelscheiben, Röstzwiebeln) 16.80

Wildschweinbraten in Trollinger-Rahmsoße, Semmelknödel, Kräutersalat 18.80

Saltim bocca à la romana, Käsereis, Kopfsalat (mit Champignons, Pökelzunge, frischem Salbei, in kräftiger Marsallasoße) 19.80

Lendchen Café de Paris mit kleinen Kenia-Bohnen und Kartoffelkroketten 21.80

Kalbsbries und Lendchen mit Blattspinat und pommes dauphine 21.80

Frische Pfifferlinge in Butter gebraten mit Ei, Salzkartoffeln, Kopfsalat, Schinkenbeilage 22.80

Saulgau

Hotel Kleber-Post

Hauptstraße 100, 7968 Saulgau/Oberschwaben,
Telefon (0 75 81) 30 51
Mitglied der Chaîne seit 1965
Täglich geöffnet von 7 bis 1 Uhr, Ferien vom 27. Dezember bis 5. Januar

Spezialitäten: Donau- und Federsee-Fische, Landgeflügel, Wild, Lämmer von der Alb, warme Nachspeisen.

Das Hotel Kleber-Post in Saulgau ist seit 1671 im Besitze der Familie. Die gemütlichen großen Räume, der schöne Garten mit dem luftigen Gartensaal, das Restaurant mit der allen Ansprüchen angepaßten Speisenkarte, laden Sie ein zu wohltuender Rast.

Alle 60 Hotelzimmer sind modern und wohnlich eingerichtet, viele davon mit Dusche oder Bad. 45 Autoboxen in jeder Größe.

Separates Konferenzzimmer, kleinere und größere Räume, Lesezimmer und alle Einrichtungen für den Reiseverkehr schaffen einen idealen Aufenthalt. Auch bieten Sie die richtige Atmosphäre für Pflege von geschäftlichen Beziehungen bei Tagungen oder sonstigen festlichen Anlässen.

Die herrlichen Barockbauten Oberschwabens, das obere Donautal mit seinen romatischen Burgen, der Berg Bussen, Schloß Heiligenberg und nicht zuletzt der Bodensee werden von Saulgau aus wegen seiner zentralen Lage inmitten von Oberschwaben in angenehmen Halbtages- und Tagestouren besucht.

Aus der Tageskarte:

Geröstete oder geschmälzte Maultaschen mit gemischtem Salat	9,--
Weller- oder Trüschenleber-Terrine mit Salat von Spinatblättern	13,--
Toast mit geräuchertem Donauaal in Dillbutter, Salat von Sauerampfer und Champignons	14,--
Frische Gänseleber in Butter gebraten, Salat von Kenjaböhnchen und Avocados	18,50
Lammkeule oder Lammrücken mit Fenchel überbacken, Broccolipurée, Macairekartoffel	18,--
Oberländer Landente mit Apfelspalten, Maisflädle und Rotkohlköpfle	22,--

Die Küchenmeister: Robert Weber (links) und Andreas Kleber

Oberländer Landente mit Apfelspalten, Maisflädle und Rotkohlköpfle

Zutaten (für 3 bis 4 Personen): Ente: eine Landente von ca. 1800 gr. 2 Äpfel, 2 Zwiebel, Beifuß, 1 Orange, 1 Limone, 2 dl trockener Weißwein, Gewürze. Maisflädle: 1/4 l Milch, 2 Eier, 100 gr Mehl, etwas Maiskörner, 50 gr geklärte Butter. Apfelspalten: Spalten von 3 Äpfeln, 50 gr Zucker, 20 gr Butter, 1 dl herber Weißwein. Rotkohlköpfle: 1 Rotkohlkopf, Zimt, Zucker, Salz, 100 gr Butter, 1 dl Rotwein, 1 Schuß Essig. **Zubereitung:** Die Ente mit Apfelstücken, Zwiebelstücken und Beifuß füllen, bridieren, mit Salz und Pfeffer würzen und in einer Kasserole mit etwas Wasser ansetzen. Im Ofen ca. 70 Minuten braten, so, daß das Fleisch am Knochen, speziell an der Brust rosa bleibt. Während dieser Bratzeit Zwiebel, Möhren, Sellerie, sowie Entenknochen (die abgehackten Flügelstücke und den Hals) dazugeben. Die Ente glasieren und herausnehmen. Den Bratenfond mit Weißwein ablöschen und reduzieren, dann karamelisieren und den Saft der Orange beigeben. Abschmecken mit Salz, gestoßenem weißem Pfeffer und einer Prise Cayenne. Als Garnitur blanchierte Limonenschalen in Julienne geschnitten. Zucker bräunen, mit Butter und Weißwein mischen, die Apfelspalten soweit darin garen, daß sie noch fest sind. Maisflädle: Aus 1/4 l Milch, 100 gr Mehl und 2 Eiern einen Teig herstellen. Die Flädle hauchdünn halb backen, einige Maiskörner darauf streuen und auf beiden Seiten ausbacken. Rotkohlköpfle: Die mittleren Blätter eines blanchierten Rotkohlkopfes auslegen, die Stränge entfernen, mit Zimt, Zucker und Salz würzen, in einer Serviette austropfen lassen und zu kleinen Kugeln formen. In einer Braisière mit Butter ansetzen, 1 dl Rotwein und einen kleinen Schuß Essig beigeben und im Rohr ca. 20 Minuten garen lassen.

A la Carte:

Kalbsnierenschnitten "Sandemann", Butterknöpfle	17,50
Savarin von Donaulachsforelle, Kresseschaum, Gemüsereis	24,--
Kitzbraten, Berner Rösti, bunter Salatteller	21,--
Schweinenacken (Coppa) in Blätterteig, Pfeffersauce, grüne Bohnen, Schloßkartoffel	18,--
Tournedos "General Kleber" mit Gänselebermédaillons pommes Dauphin und Schoten	25,--
Warmer Schokoladenpudding "Rosa Kleber", Chaudeausauce	7,50

Schramberg

Gasthof – Restaurant „Hirsch"

Familie Kercher

Hauptstraße 11, 7230 Schramberg, Telefon (0 74 22) 2 05 30
Mitglied der Chaîne seit 1970
Geöffnet – außer montags – von 12 bis 23 Uhr

Spezialitäten: Eigene Pasteten- und Terrinen-Fertigung. Hervorragende Qualitäten von Frischfisch, Krustentieren und Rindfleisch. Frischer Ostseesalm im Hummersössle, Lendchen Boursin.

Der Gasthof „Hirsch" ist ein alter Familienbetrieb. Das Haus wurde im Jahre 1748 erbaut. Es war über Jahrzehnte hinweg Posthalterei und trug den Namen „Zum Roten Ochsen". Bis vor gar nicht langer Zeit war es eine einfache Wirtschaft. Erst Gebhard und Irmela Kercher, die heutigen Wirte, machten den „Hirsch" zu einem der besten Häuser im Schwarzwald, einem jener Gasthöfe, der ein Paradebeispiel dafür ist, daß die kleineren Familienbetrieb oft die besten sind. – Tischreservierung erforderlich.

Und wer in Schramberg übernachten will: die Gästezimmer des „Hirsch" – alle mit Dusche – tragen zur Ruhe und Entspannung bei.

Erlesene Vorgerichte

Forellenfilet *aus unserem Birkenrauch* 8.50
Frischer **Räucherlachs** *von der Seite* 16.50
Wachtel „Royale" *mit Gänseleber und Trüffel (für 2 Personen) p. P.* 16.-
Cocktail *von frischen Krabben und Früchten* 14.50
Pastete *nach Tagesangebot*
Krusten- und Schalentiere auf Vorbestellung

Selbstgefertigte Suppen

Klare Bouillon *mit Flädle und Kräutern* 3.50
Kerchers grünes **Muschelsüppchen** 5.50
Schwarzwälder Forellensüppchen *legiert (für 2 Personen) p. P.* 5.50
Ein **Ochsentee** *mit Markscheiben und Schnittlauch* 5.50
Germini *mit Kräutersahne legiert (für 2 Personen) p. P.* 5.50
Hausmacher **klare Ochsenschwanzsuppe** *mit Sherry* 5.50

Rezepte vom Küchenchef

Gebhard Kercher

Valigetti – Kalbsnüßchen in Kräutern auf Hausmacher Schinkennüdele

Zutaten (für 4 Personen): 400 g Kalbsfilet, enthäutet, 400 g Mehl, 4 Eier, 2 Eßlöffel Olivenöl, 100 g gekochter Schinken, 20 g Parmesan, gerieben, 150 g Créme fraiche, 2 reife Tomaten, abgezogen, in kleine Würfel geschnitten, Salz, Pfeffer, Muskat, 20 g frische Gartenkräuter. **Zubereitung:** Nudelteig: 400 g Mehl, 4 Eier und Olivenöl zu einem zähen Teig verarbeiten, etwas ruhen lassen in feuchtem Tuch. Mit Nudelhaushaltsmaschine auf gewünscht dünne Breite ausrollen und zu feinen Nudeln schneiden, trocknen lassen. In Salzwasser al dente kochen. Nudeln mit Schinkenwürfeln, die etwas in Butter angeschwitzt wurden, und mit Créme fraiche mischen und mit Pfeffer (Pfeffermühle), Muskat und Salz abschmecken. Kalbsfilet dünn ausklopfen und in Butter leicht anbraten, auf die in einer gebutterten Platte angerichteten Nudeln legen und mit Gartenkräutern, Tomatenwürfeln und Parmesan bestreuen. Im Salamander leicht ankrusten. Dazu reichen Sie gartenfrische, knackige Salate der Saison.

Aus Freude an der Qualität

Nicht gefrosteter Seefisch

Eine herrliche **Seezunge** in Butter gebraten 24.-

Seezungenfilets in schäumenden Mandeln 24.-

Ostseesalm im Hummersößle, Reis (Spezialität) 22.50

Weitgerühmte Spezialitäten des Hauses

Lendchen "Boursin" auf Sahneknöpfle mit feinem französischem Kräuterkäse überschmelzt 17.50

Valigetti Kalbsnüßchen in Ei gebraten auf hausmacher Schinkennüdele 17.50

Lendchen "Florentiner Art" auf Blattspinat im Ofen gebacken Kartoffelcroquetten (preisgekrönt) 18.50

Das **Drei Sterne Filet** mit grünem Pfeffer 23.50

Zartes **Filet** in luftigem **Blätterteig** Taragonasößle 24.50

Tournedo "Nouvelle Cuisine" in apartem Kräuterschaum 23.50

Filet Mignon in Estragonsößle, handgeschabte Spätzle 21.50

Filetspießchen auf Reis Colonial Weinsößle 18.50

Unser berühmter **Rostbraten** mit Zwiebele und Kräutern, handgeschabte Spätzle 17.50

Kalbsrücken im Rahmsößle mit frischen Champignons handgeschabte Spätzle 19.50

Wildgericht

Gespicktes **Hasenfilet** im Wildrahmsößle Weinapfel mit Preiselbeeren handgeschabte Spätzle 19.50

Gasthof zum Löwen

Veitstraße 2, 7000 Stuttgart 50 (Mühlhausen), Telefon (07 11) 53 22 26
Mitglied der Chaîne seit 1974
Geöffnet von 11 bis 14 Uhr und von 17 bis 23 Uhr, sonntags ab 14 Uhr, montags geschlossen, Ferien vom 24. Dezember bis 12. Januar und vom 25. Juli bis 25. August.

Spezialitäten: Frische Forellen, Schwarzwälder Eisauflauf

105 Jahre genau ist es her, daß am Zusammenfluß von Neckar und Feuerbach der Gasthof zum Löwen gebaut wurde, geeignet als Ziel der Wanderer und Ausflügler vor den Toren der Stadt. Dadurch ergab sich, daß den Gästen dieses Hauses immer etwas Besonderes geboten wurde. Und das ist so geblieben bis zum heutigen Tag.

Nach der totalen Zerstörung im Krieg wieder aufgebaut, wird der „Löwen" heute in der 3. Familiengeneration von Küchenmeister Friedrich Nagel und seiner Frau Ursula geführt. Durch die Qualität des Gebotenen aus Küche und Keller hat sich der Gasthof zum Löwen einen Ruf erworben und bewahrt, der weit über die Grenzen des Stadtgebiets Stuttgarts hinaus geht. Die Küche bietet immer dem Angebot der Jahreszeiten entsprechende Spezialitäten. Zu erwähnen sind hier Spargel, Krebse, Gänse, Reh, Fasan und vor allem spezielle Fischgerichte von Seezunge, Steinbutt, frischen Lachsen – zubereitet nach den Kriterien der Neuen Küche (nouvelle cuisine).

Dazu gibt es Weine aus den Lagen des Mittleren Neckartals, an der Spitze der Mühlhäuser Trollinger vom Faß und der Mühlhäuser Riesling (eigener Anbau).

Natürlich gehört die bekannte freundliche Aufnahme und Bedienung dazu, so daß man im „Löwen" Körper und Geist restaurieren kann. Eine Einkehr in diesem Gasthof wird zum Erlebnis, an das man sich immer gerne erinnern wird.

Schwäbische Gerichte :

Schweinsnierle pikant mit handgem.Spätzle	DM 9,--
Geschnitzeltes Kalbsleberle in Rahm mit handgem.Spätzle	DM 14,50
Angemachter Backsteinkäse mit Bauernbrot	DM 4,50

Rezepte vom Küchenchef

Friedrich Nagel

Feine Lachsklößchen in Kräuter-Chablis

Zutaten und Zubereitung: 450 g filierter, enthäuteter und entgräteter frischer Ostsee- oder Norwegerlachs wird zusammen mit 3 entrindeten und in Sahne eingeweichten altbackenen Brötchen durch den Wolf gelassen, dann mit 1/8 l Sahne und 2 Eiweiß gut gekuttert. Nun wird die Masse mit Salz und weißem Pfeffer abgeschmeckt, auf gestoßenem Eis gut verarbeitet und dann noch 2 geschlagene Eiweiß daruntergearbeitet. In einer flachen Kasserolle läßt man Butter mit fein gehackten Schalotten angehen, löscht nun mit Chablis ab, sticht aus der Masse Klöße ab, welche dann in dem Chablis zugedeckt gegart werden. Die Klöße werden in einer feuerfesten Form angerichtet und mit Butterpapier zugedeckt warmgestellt. In den Fond gibt man 1/8 l Sahne, 50 g Butter, läßt aufkochen und bindet mit beurre manier, schmeckt mit Salz, wenigen Tropfen Zitrone ab, läßt durchkochen und gibt ganz zum Schluß Dill, Petersilie, Kerbel, Sauerampfer und Zitronenmelisse feingehackt dazu und nappiert sofort die Klöße. Beilage: Pilaw-Reis und Gurkensalat in Joghurt-Dressing.

Fleischgerichte vom Grill und aus der Pfanne:

Schwäbisches Allerlei Geschnitzeltes vom Kalb in Rahm, handgem.Spätzle, Salate	DM 16,50
Hohenzollerntopf (versch.Filets mit fr.Champignons in Sc.Hollandaise) mit Kräuterkartoffeln und Salatteller	DM 20,--
Filetsteak vom Rind "Washington Style" in Whisky-Pfeffersauce, pommes Dauphine u.Salatteller	DM 23,50
Mastkalbsrückensteak "Casimir" mit Senffrüchten in Currysahne, Reis, Salate	DM 21,50
Sieben-Schwaben-Spieß mit Pilzen in Rahm, handgem.Spätzle und Salatteller	DM 21,--
Entrecote "Cafe de Paris" mit feinen Gemüsen, pommes Dauphine und Salatteller	DM 21,50
Frische franz.Ente in Portweinsc., pommes Dauphine, Salatteller	DM 24,50

Triberg

Parkhotel Wehrle Restaurant

Gartenstraße, 7740 Triberg/Schwarzwald, Telefon (0 77 22) 40 81
Mitglied der Chaîne seit 1968
Täglich geöffnet von 7 bis 24 Uhr

Spezialitäten: 20 Zubereitungsarten der Schwarzwaldforelle

Bereits im Jahre 1608 wurde das Hotel als „Goldener Ochse" urkundlich erwähnt und war später lange Zeit als „Roter Ochse" bekannt. In den Gründerjahren, unter dem Großvater Paul Dominik Wehrle, wurde das Haus in „Hotel Wehrle zum Ochsen" umbenannt, Anfang dieses Jahrhunderts dann in „Parkhotel Wehrle".

Als besonders reizvoller Restaurantraum gilt die an den Traditionsnamen erinnernde „Ochsenstube", die an Bauernstuben des Salzkammergutes und Tirol denken läßt. Im ältesten Teil des Hauses (Fachwerk) befindet sich das Grillrestaurant „Alte Schmiede".

Zum Hotel gehört ein Park mit seltenem Baumbestand; das Gästehaus, die Parkvilla und das Parkhäuschen bieten Zimmer in ruhiger Lage. Ein beheiztes Freibad befindet sich im Park, ein Hallenbad mit Sauna und Solarium im Gästehaus. Der Leitspruch des Hausherrn C. Blum: „Wir wären glücklich, wenn unsere Gäste sagen, daß sie sich wie in einem Privathaus wohlfühlen und zugleich alle Annehmlichkeiten eines erstklassigen Hotels vorgefunden haben!"

UNSERE VORSCHLÄGE VOM JAHRESZEITEN-MARKT

⊕⊕ FRISCHER STANGENSPARGEL (von 5oo gr.) 2o,--
mit drei delikaten Saucen
und Malta-Kartoffeln

als Beilagen empfehlen wir:

frische Rahmpfifferlinge	1o,--
gemischtes Schinkenbrettchen	7,--
Kalbsbries mit Mandeln gebraten	9,--
Kalbsrückensteak	12,5o

SEEZUNGE "Noilly Prat" 26,--
mit Champignonfüllung

Rezepte vom Küchenchef

E. Gaifer

Soufflierte Forelle mit Gemüsestiften in weißer Buttersauce

Zutaten: 1 Forelle, 2 EL Forellenschaummasse (siehe Forellenklößchen), 40 g Gemüsestifte (Stärke und Länge eines Streichholzes), Lauch, Kartoffeln, Staudensellerie, grüne Bohnen, 70 g gesalzene Butter, 1 dl fumet de poisson, 5 cl trockenen Weißwein (Sancère), 1 TL feingehackte Schalotten. **Zubereitung:** Forelle filieren und Haut abziehen. Würzen mit Salz, Pfeffermühle, etwas Cayenne. Filets mit Forellenschaummasse bestreichen (kuppelförmig). Eine flache Kasserole (den Filetgröße entsprechend) leicht ausbuttern, mit 1 TL feingehackte Schalotten bestreuen. Die Filets einlegen. Weißwein und fumet de poisson angießen. Auf dem Herd kurz ankochen und im Ofen bei schwacher Hitze garziehen lassen (ca. 8 – 10 Min.). Filets herausnehmen, die Oberfläche mit gesalzener Butter bestreichen und unter dem Salamander kurz abflämmen – warmhalten. Den Pochierfond passieren und stark einkochen, an den Herdrand ziehen und die gesalzene Butter mittels Rührbesen unterziehen. Die Gemüsestifte in Salzwasser knackig kochen. **Anrichten:** Die Filets auf einen großen, flachen (vorgewärmten) Teller geben, mit der Sauce umgießen und die Gemüsestifte ebenfalls drumherum verteilen. Sofort servieren!

MENÜS FÜR FEINSCHMECKER

GALANTINEN VON FORELLEN
mit feinster Hecht- und Salmfüllung
Riesling-Mayonnaise

* * *

REHMEDAILLON
in Wacholder-Sahnesauce
hausgemachte Spätzle
Preiselbeeren

* * *

KIRSCHWASSER-SCHAUMEIS
mit heißen Schattenmorellen 32,—

GÄNSELEBER
nach eigenem Rezept

* * *

SCHILDKRÖTENSUPPE
„Lady Curzon"

* * *

LENDENSCHNITTE „WEHRLE ART"
Morchelrahmsauce
Kroketten

* * *

FRANZÖSISCHE KÄSE
vom Brett

* * *

MARACUJA-SORBET 43,—

* * *

Tübingen

Hotel Krone

Uhlandstraße 1, 7400 Tübingen, Telefon (0 70 71) 3 10 36
Mitglied der Chaîne seit 1975
Durchgehend geöffnet, Ferien vom 22. bis 30. Dezember

Spezialitäten: Feine klassische Küche sowie feine schwäbische Küche (handgeschabte Spätzle vom Brett). Auserlesene Fischgerichte nach französischen Rezepten.

Das Hotel Krone in Tübingen ist größer und komfortabler geworden. Hinter der neugestalteten Fassade entstanden im 4. Stock zehn neue Zimmer, so daß das bekannte Haus jetzt über insgesamt 75 Betten verfügt.

Im Zuge der Bauarbeiten wurden auch die Zimmer im 3. Stock vollkommen neu eingerichtet. Bedingt durch die Lage an der verkehrsreichen Karlstraße erhielten alle Zimmer schalldichte Fenster und eine neuzeitliche Klimaanlage.

Der Gast kann jetzt bei der Buchung wählen, ob erin einem Zimmer im Kolonialstil oder im bayerisch-barocken Stil wohnen möchte. Jeder Raum wurde von den Inhabern Erika und Karl Schlagenhauff mit viel Liebe zum Detail eingerichtet.

Zusammen mit der anerkannt guten schwäbischen Küche, dem gepflegten Restaurant und den neuen Gästezimmern ist die „Krone" noch attraktiver geworden.

Aus der Tageskarte:

Spargelcremesuppe	DM 4,50
Spargel mit Sauce Vinaigrette und Katenschinken	DM 12,--
Zu allen nachstehenden Gerichten werden neue Kartoffeln oder Flädle serviert:	
Spargel mit Sauce Hollandaise	DM 17,--
Spargel mit Kalbsfilet in Butter, Sauce Hollandaise	DM 28,--
Spargel m.Schwarzwälderrauchfleisch	DM 21,--
Spargel m.grünem Pfeffer u.zerlassener Butter, dazu kl. Filetsteak	DM 28,--

Rezepte vom Küchenchef

Hermann Mayer

Forelle mit Gemüsejulienne in Riesling gedünstet

Zutaten und Zubereitung: 1 Forelle, 4 Eßlöffel Gemüsestreifchen (Karotten, Lauch, wenig Sellerie), etwas Schalotten, 30 g Butter, 1,5 dl Riesling, verschiedene frische Kräuter wie Kerbel, Dill, ganz wenig Estragon, Petersilie. Feuerfeste Platte mit gebutterter Folie auslegen. Die Forelle ausnehmen, waschen und trocknen, salzen, mit Zitronensaft und Worcestersauce innen und außen beträufeln und in die Folie legen. Die ganz fein geschnittenen Gemüsejulienne und Kräuter um und in der Forelle verteilen; ebenso die Butterflöckchen. Den Wein zugeben und die Folie gut schließen. 20 Minuten im Ofen bei 240 Grad garen. Folie erst am Tisch öffnen und servieren.

Tournedos „Cordon Rouge"

Zutaten und Zubereitung: 2 Tournedos (kleine Rinderfiletsteaks von je 90 g), 2 Scheibchen frische Gänseleber á 20 g, 25 g Butter, 4 cl Armagnac, 5 cl Portwein. Die Tournedos seitlich einschneiden, mit den Gänseleberscheiben, die man vorher 10 Minuten in Armagnac gelegt hat, füllen. Die Tournedos langsam in 15 g Butter auf beiden Seiten braten, mit Armagnac abflambieren und auf eine vorgewärmte Platte legen. Den Portwein in die Pfanne geben, aufkochen und vom Herd nehmen; 10 g Butter unterrühren. Tournedos und Sauce zusammen anrichten.

A la Carte:

Spezialitäten des Hauses

1. „Uhlands lukullisches Schatzkästchen"
für 2 Personen 50,—

2. Chateaubriand, Sauce béarnaise
mit frischen Gemüschen, Gratin dauphinois
für 2 Personen 52,—

3. Poulet de Bresse «Mireille»
in Traminer mit Morcheln, Nudeln 25,—

4. Filetspitzen nach Art des Küchenchefs
Schupfnudeln und Spätzle vom Brett 23,—

5. Kalbslendchen nach Alt-Tübinger Art
Pfifferlinge, Rahmsauce, Spätzle vom Brett 22,—

6. Tournedos „Cordon Rouge"
mit frischer Gänseleber gefüllt,
Kartoffelschaum,
Artischockenböden mit Morcheln 28,—

7. Lammrücken pré-salé
Ratatouille, Kartoffelschaum
für 2 Personen 50,—

Bayern

Romantik-Hotel-Post

8750 Aschaffenburg, Telefon (0 60 21) 2 13 33
Mitglied der Chaîne seit 1968
Durchgehend geöffnet von 6 bis 24 Uhr

Spezialitäen: Täglich acht verschiedenen Vorspeisen, Wild vom Spessart, Fluß- und Seefische aus dem Bassin, 20 Spezialitäten „Wo besser als bei uns", Nouvelle cuisine.

Bis in die gute alte Postkutschenzeit geht die Geschichte dieses Hauses zurück, das König Ludwig III. von Bayern zur königlich bayerischen Poststation ernannte. Und so heißt heute die Rotisserie des Hotels. Die rustikale Ausstattung des Raumes mit den gekalkten Deckenbalken und Raumaufteilern vermittelt in liebenswerter Weise den Eindruck, das Rad der Zeit habe sich rückwärts gedreht und man sitze in einem Post-Relais Anno 1880. Es gibt darin eine richtige originalgetreue gelbe Postkutsche, eine Pferdetränke, Spitzwegbilder und Postembleme und -gerätschaften aller Art zu bewundern. 1944 fiel die alte „Post" den Bomben zum Opfer. Sie wurde von ihren Besitzern, der Familie Seubert, unter den größten Schwierigkeiten wieder aufgebaut, erweitert und modernisiert. Seit 1954 hieß es in Aschaffenburg wieder: „Trara, die Post ist da!" zur Freude all der vielen Freunde und Gäste aus nah und fern, die hier genießen, was Küche und Keller zu bieten haben. Ihr berühmtester Gast dürfte wohl Kaiser Haile Selassie gewesen sein.

Aus der Tageskarte:

Frische Suppen	Fränkische Kartoffel-Suppe	2,80
	Fisch-Suppe nach Mainflößer Art	4,80
Fasten-Gerichte	Gebutterte, schwäbische Maultaschen mit Frisch-Salat	13,80
	Blatt-Spinat mit Teufelsaugen und Herzogin-Kartoffeln	12,80
	Omelette "Chasseur" mit neuen Kartoffeln + Tomatensalat	13,80
	Salatplatte auf Frühlingsart mit pochierten Eiern	13,80
Fische aus unserem Bassin	Forelle "Gourmet" gefüllt mit Camerones, Muscheln und Champignons, mit Kräuterbutter in der Folie gegart, dazu neue Kartoffeln und Frisch-Salat	19,80
	Schleie Blau, mit zerlassener Butter, Kartoffeln + Salat	16,80
	Karpfen im Wurzel-Sud mit Zitronen-Butter, Kartoffeln + Salat	17,80
	Gesottener Donau-Waller mit Sc.Hollandaise, Herzoginkartoffeln u.Gurkensalat	18,80
Frische See-Fische	Gebackenes Dorsch-Filet mit Sauce Tatar, Kartoffel- und Acker-Salat	13,80
	Heilbutt auf Florentiner Art mit frischem Blatt-Spinat und Schwenkkartoffeln	15,80
	Kanadischer Lachs, vom Rost, mit Kräuter-Butter, neuen Kartoffeln und buntem Wochenmarkt-Salat	18,80
	Seezunge "CASINO" mit gedünsteten Paprikaschoten, Camerones, Champignons, nappiert mit Sc. Hollandaise, dazu Kräuter-Risotto und Frisch-Salat	28,80

Rezepte vom Küchenchef

Klaus Heininger

Filet Wellington „Miniature"

Zutaten: 1 kleines Paket tiefgekühlter Blätterteig, 2 Filetsteaks, 1 Eßlöffel Öl, Salz, Pfeffer, 1 kleine Zwiebel, 1 Eßlöffel Butter, 125 gr frische Champignons, 2 Eßlöffel Weißwein, 1 Eßlöffel Mehl, 1 Eigelb, 1 Eiweiß. **Zubereitung:** Zwei Blätterteigscheiben auftauen lassen. Filetsteaks in heißem Fett von jeder Seite 2 Minuten braten, dann salzen und pfeffern. Zwiebelwürfel in 1 Teelöffel Butter andünsten. Geputzte Pilze feinhacken und mit der restlichen Butter und dem Wein dünsten, bis alle Flüssigkeit verkocht ist. Diese Masse mit den Zwiebeln mischen und über die Steaks geben. Blätterteig auf Mehl zu zwei Quadraten ausrollen. Je ein Steak mit der Pilzmasse daraufgeben, mit Teig umhüllen, die Ränder mit Eiweiß bestreichen und fest andrücken. Mit Eigelb bepinseln und das Filet bei 225 Grad 15 Minuten backen.

Boeuf Stroganoff

Zutaten: 250 gr Rinderfilet, 1 Zwiebel, 2 Eßlöffel Öl, 20 gr Mehl, 1/8 l Bratensaft, 1/8 l Sahne, Salz, Pfeffer, 1 Teelöffel Zitronensaft, 1 Gewürzgurke, 100 g Champignons. **Zubereitung:** Die Zwiebel schälen, würzen und in 1 Eßlöffel Öl andünsten. Mit Mehl bestäuben und unter ständigem Rühren mit dem Bratensaft auffüllen. 15 Minuten bei schwacher Hitze kochen lassen. Nun die Sahne unterrühren und die Soße mit Salz, Pfeffer und Zitronensaft würzen. Die Gurke in feine Streifchen und die Pilze in Scheiben schneiden und in der Soße erhitzen. Dann warmstellen. Das Fleisch in nicht zu schmale Streifen schneiden und im restlichen Öl 5 Minuten braten. Mit dem Fleischsaft in die Sahnesoße geben. Nochmals würzen.

A la Carte:

Kennen Sie schon unsere unübertroffenen Post-Köstlichkeiten

Forelle »Nazareth« in Mandeln, Butterkartoffeln, frischem Salatteller der Jahreszeit in feinem Dressing 18,80

Schweinemedaillons auf schwäbische Art, in Kräuterrahm, hausgemachte Eierspätzle vom Brett mit Muskat und Bohnenkraut, frischen Salaten vom Wochenmarkt 19,80

Marokkanisches Reisgericht, mild, mit Seezunge, brünierter Banane, gedünstetem Kalbsfilet, Pfefferschoten und buntem Frischsalat 20,80

Kalbssteak »surprise« mit gefülltem Artischockenboden, Tomate, pommes frites und frischem, gemischtem Salat der Jahreszeit 22,80

Filet »Carlos« mit Spezialkartoffeln, Orientgewürzen, Geflügelleber, Pilzen und frischem, gemischtem Salat vom Wochenmarkt 23,80

Kupferpfanne »Thurn und Taxis«, ein interessantes Gericht, serviert in der Kupferpfanne 25,80

»Ein kleiner Spaß« – für zwei Verliebte – mit Streichholzkartoffeln und Salaten der Saison je 25,80

Fondue Burgunder Art – für zwei Personen – auch Friture Bourguignonne genannt – mit einer Galerie pikanter Saucen je 25,80

»Delfter Steak« Croutons mit Spargeln, feinsten französischen grünen Bohnen, Hollandtomate, Ei, Käse und Rosinenreis 25,80

Fein marinierte Kalbslendchen mit Spezialsauce, handgeschabten Spätzlen vom Brett, mit Muskat und Bohnenkraut, Broccoli und gefülltem Schmorapfel 26,80

Hirschmedaillons »Schönbusch« mit Zitronengelee in gedämpfter Williamsbirne, Preiselbeeren, Grillspeck, Edelpilzen und Mandelbällchen 26,80

Hotel Bamberger Hof – Bellevue

Schönleinsplatz 4, 8600 Bamberg, Telefon (09 51) 2 22 16
Mitglied der Chaîne seit 1968

Spezialität: Filetspitzen in Cognac-Sahne

Das Hotel BAMBERGER HOF – BELLEVUE, eines der führenden Häuser in Nordbayern, vereinigt in idealer Parklage erholsame Ruhe mit diskretem Komfort. Es liegt günstig im Stadtzentrum, nur wenige Minuten von den bedeutenden Sehenswürdigkeiten entfernt. Jedes der geräumigen Zimmer – fast alle mit Bad oder Dusche – hat seine eigene Note. Keines hat ein lästiges Vis-à-vis. Fernsprecher in allen Zimmern, eigene Garagen im Hause und Lift vervollständigen die Bequemlichkeit.

Kalte Vorspeisen und Gerichte

falls nicht anders vermerkt, mit Toast und Butter

Frische Saison Salate	DM 3,50
Salatschüssel für 2 Personen	DM 6,50
Helgoländer Matjessalat, Landbrot oder Salzkartoffeln	DM 7,50
Salat Niçoise nach Art des Chefs, Toast und Butter	DM 8,50
Fränkische Bauernvesper auf Holzteller, Brot und Butter	DM 11,—
Westfälischer Knochenschinken, Brot und Butter	DM 12,50
Bornholmer Ostseelachsröllchen, Sahnemeerrettich, Toast und Butter	DM 12,50
Echte getrüffelte Straßburger Gänseleber in der Terrine, Toast und Butter	DM 38,—
Russischer Kaviar „Malossol" auf Eis, Toast und Butter	Preis nach Saison
Frischer Hummer, Zubereitung nach Wunsch, Vorbestellung erwünscht	Preis nach Größe/Saison

Suppen

Spargelsuppe oder Tomatensuppe	DM 3,—
Bouillon mit Ei	DM 3,30
Französische Zwiebelsuppe gratiniert	DM 4,20
Klare Ochsenschwanzsuppe	DM 4,50
Echte Schildkrötensuppe	DM 5,—
Echte Schildkrötensuppe „Lady Curzon"	DM 5,50

Warme Vorspeisen

Feines Ragout im Näpfchen	DM 7,50
Nürnberger Rostbratwürste auf Weinkraut, Meerrettich und Brot	DM 7,50
6 Weinbergschnecken provençale, Weißbrot	DM 8,—

Rezepte vom Küchenchef

Manfred Kusiek

Schweinelendchen in Kräutern mit Zitronenrahm

Zutaten und Zubereitung: 540 Gramm Schweinelendchen am Stück mit Oregano, Thymian, Estragon und Kerbel einreiben und in Butter leicht braten (10 bis 15 Minuten in abgedeckter Pfanne). Fleisch danach herausnehmen, frische Petersilie in gleicher Pfanne anschwitzen (Petersilie fein gehackt), mit Zitronensaft ablöschen und mit frischer Sahne und etwas Bratensaft vervollkommnen. Das Fleisch danach in gleichmäßige Stückchen schneiden, auf einer Platte anrichten und die fertige Kräuter-Zitronen-Sauce über das Fleisch geben. Als Beilagen pommes croquettes und frische Salate.

Haupt- und Grillgerichte (Beilagen inklusive)

Schweinekotelette natur mit Sahne, Calvados-Apfel	DM 13,50
Medaillons vom Schweinefilet „Bamberger Hof"	DM 15,50
Gebratenes Schweinelendchen in Kräuter mit Zitronenrahm, Salzkartoffeln und Saison-Salate	DM 16,—
Rumpsteak „Maitre d'Hôtel"	DM 17,—
Kalbschnitzelchen in Marsalla mit Pilafreis und diversen Salaten	DM 17,50
Zür'cher Kalbsgeschnetzeltes mit Rösti und Salate der Saison	DM 17,50
Kalbsteak vom Grill mit Kräuterbutter, Prinzeßbohnen und pommes frites	DM 18,50
Feinschmeckertopf nach Art des Küchenchefs	DM 19,50
Filetgoulasch in Cognac-Sauce „altfranzösische Art"	DM 19,50
Tournedos „Rossini", Grilltomate, Butterbohnen, pommes frites	DM 21,—
Pfeffersteak flambiert, Butterbohnen und pommes frites	DM 22,—
Chateaubriand, doppeltes Filetsteak (für 2 Personen)	DM 42,—
Fondue bourguignonne (für 2 Personen)	DM 48,—
Arrangement „Bamberger Hof" (für 2 Personen)	DM 52,—

Für Steakliebhaber

Das Steak nach Maß (200 g)	DM 23,—
jede weiteren 100 g	DM 10,50

Zubereitung und Beilagen nach Ihren Wünschen

An Beilagen halten wir stets für Sie bereit:
- Gebackene oder natur Kartoffeln
- Saison-Gemüse
- Saison-Salate
- Kräuterbutter oder Sc. béarnaise

Wie erwarten Sie Ihr Steak?
bleu = roh
saignant = fast roh
à point oder medium = mittel
bien cuit = durch

Unsere bunten Teller (kleine Spezialitäten für eilige Gäste)

Kinderteller: Kalbschnitzel Rotkäppchen, Pommes frites	DM 7,50
GALÀ-TOAST 2 Schweinemedaillons, Speckscheibe, Champignonrahm und Chilly-Sauce auf Toast	DM 9,50
Rostbraten „Strindberg", pommes frites und Butterbohnen	DM 11,—
„BAMBERGER HOF — Steak", Strohkartoffeln und Saucen nach Wahl	DM 11,—
Grillteller nach „Art des Hauses"	DM 11,50

Bischofsmais

Hotel Wastlsäge Hotel, Restaurant, Café

8371 Bischofsmais, Telefon (0 99 20) 2 16 - 2 18
Mitglied der Chaîne seit 1960
Betriebsferien: Ende Oktober bis Mitte Dezember

Spezialitäten: Mit Haus und Küche leistete das Hotel wegbereitende Arbeit für die touristische Erschließung des Bayerischen Waldes.

Seit seiner Eröffnung im März 1956 ist das Haus weit über die Grenzen Bayerns bekannt und zu einem Anziehungspunkt für Gäste aus aller Herren Länder geworden.

Wer intensive Erholung abseits der geschäftigen Touristenzentren sucht, findet hier heute so wie damals ein ruhiges Ferienhotel, das in puncto Komfort und Service keine Wünsche offenläßt. Darüberhinaus bietet sich die Wastlsäge auch als wirklich ungestörte Klausur für Tagungen und Konferenzen an.

Jeder kommt auf seine Kosten. Egal, ob er bei Waldspaziergängen oder im hauseigenen Schwimmbad Erholung und Entspannung finden will oder ob er sich eine intensive Arbeitsatmosphäre wünscht, in der fruchtbare Gespräche gedeihen.

Der Farnbach rauscht noch wie einst vor dem Haus. An das alte Sägewerk erinnern weiterhin der Name des Hotels und die gemütliche Wastlstube, in der Sie herzlich willkommen sind.

A la Carte:

KLEINE KÖSTLICHKEITEN VORWEG	DM
MATJESFILETS auf Eis in Sahne mit Äpfeln und Zwiebeln	7,--
GEFLÜGELSALAT "Prinzess" mit Spargel, Toast und Butter	9,50
COCKTAIL VON HELGOLÄNDER HUMMER, Toast und Butter	16,--
FLENSBURGER RÄUCHERAAL mit Toast, Butter und Sahnemerrettich	13,--
HORS D'OEUVRE-PLATTE mit Toast und Butter - für 2 Personen -	17,--
STRASSBURGER GÄNSELEBERPASTETE in der Terrine mit Toast und Butter - für 1 Person -	24,50
BELUGA MALOSSOL KAVIAR (28 g) mit Toast und Butter	28,--

SALATE	
Kopfsalat	2,--
Frischer Tomatensalat	2,50
Verschiedene frische Salate aus der Salatschale	4,50
Große bunte Salatplatte garniert mit Ei	7,--
Spargelsalat in pikanter Essig-Oel-Kräutersauce	7,--

Rezepte vom Küchenchef

Peter Stolzenberger

Darne de Saumon „Chambord"

(Lachsmittelstück in Rotwein mit Champignonköpfen und Krebsschwänzen)

Zutaten für eine Person: 140 gr roher Lachs oder Salm, 1/8 l Rotwein, 3 Stck Champignonköpfe, 5–6 Stck Krebsschwänze. **Zubereitung:** Die Scheibe Lachs mit etwas Butter in einer Sauteuse anbraten, mit Rotwein auffüllen und leicht kochen lassen. Als Gewürze 1 Lorbeerblatt, 2–3 Wacholderbeeren, 5–6 zerstoßene Pfefferkörner und eine Messerspitze Knoblauchsalz mitkochen lassen. Wenn der Lachs gar ist, Mittelgräte entfernen, Haut abziehen, den Kochfond einkochen und mit etwas Mehlbutter binden, mit Eigelb und Sahne legieren, abschmecken mit einem Spritzer Kognak und etwas Zitrone und etwas Pfeffermühle. Die angewärmte Garnitur (Champignonköpfe und Krebsschwänze) auf den Lachs geben und mit der Sauce nappieren.

Filet de boeuf à l'Arlesienne

(Rinderfiletschnitte mit Champignons, Artischocken, Kapern, Tomaten, Knoblauch, Zwiebelringen)

Zutaten für eine Person: 140 gr Filet, 1 Eßl. gedünstete Zwiebeln, 10 Stck Kapern, 1 Zehe Knoblauch zu Knoblauchbutter, 1 Kaffeelöffel englischer Senf, 2 Eßl. Champignons in Viertel, 1 Tomate als Concassée, 5 Zwiebelringe, 3 Scheiben Auberginen, gebacken. **Zubereitung:** Die Rinderfiletschnitte 3–4 mm zwischen zwei Plastikfolien klopfen, mit Salz und Pfeffermühle würzen. Gedünstete Zwiebeln mit Knoblauchbutter und Petersilie hacken, gut auf das Filet einstreichen und das Ganze mit englischem Senf bestreichen. Auf beiden Seiten kurz anbraten (aber rosa lassen), in eine Cocotte geben. In den Butterfond die Champignons geben, kurz anschwenken, – Knoblauchbutter –, zum Schluß die Kapern, mit Cognac ablöschen, flambieren und mit Bratensaft reduzieren und über das Filet geben. Nebenbei in einer Sauteuse Zwiebeln glacieren, Tomatenconcassée dazugeben, mit Knoblauchbutter und Salz abschmecken und über das Filet geben. Mit gebackenen Zwiebelringen und gebackenen Auberginenscheiben garnieren.

A la Carte:

V O M H E I S S E N H E R D	DM
KASSELER KOTELETT mit Spiegelei und verschiedenen Salaten	9,50
KALBSSCHNITZEL "Wiener Art", Bratkartoffeln und Salatteller	12,--
GESCHNETZELTES KALBFLEISCH "Züricher Art", hausgemachte Spätzle, bunter Salatteller	13,50
KALBSRÜCKENSTEAK mit feinem Ragout überbacken, Zuckererbsen, Kartoffelstäbchen	14,--
FILETSPITZEN "Stroganoff", Champignons, Pilafreis, Salatteller	14,50
SCHLEMMERSPIESSCHEN auf Curryreis mit Früchten in Maraschinosahne	13,50
GEFÜLLTES KALBSSCHNITZEL "Cordon bleu", Pariser Karotten, Buttererbsen, Nußkartoffeln	14,--
PIKANTES SCHWEINELENDCHEN "Westmoreland" (Essiggemüse, Tafelpilze) Kartoffelkroketten, Kopfsalat in französischem Dressing	12,50
ZWIEBELROSTBRATEN mit Lyoner Kartoffeln und Salatteller	14,--
TOURNEDOS "Helder" mit gefüllter Tomate, Spartelköpfen, Artischockenboden, Kartoffelkroketten	16,50
FILETTOPF "Wastlsäge" (3 verschiedene Filets mit Edelpilzen, gegrillter Tomate, gebratenem Speck) Paprikareis, Salatteller	14,--

Gästehaus „Ullrich" - Hotel

August-Ullrich-Straße 42, 8731 Elfershausen, Telefon (0 97 04) 2 81
Mitglied der Chaîne seit 1968
Geöffnet täglich, außer montags, von 7 bis 24 Uhr

Spezialitäten: „Original Schweinfurter Schlachtschüssel", Kulinarische Weinproben und andere fränkische Spezialitäten

Das Hotel und Gästehaus „Ullrich" ist ein Haus für Individualisten. Es ist ein modernes Haus und doch so gemütlich eingerichtet, daß der Gast ein Leben „wie in Filzpantoffeln" haben kann.

Von den gut eingerichteten Gästezimmern – jedes mit Dusche oder Bad, Radio, Fernsehanschluß, Selbstwähltelefon ausgestattet – hat man einen schönen Blick auf's Burgen- und Kuppenland der Röhn. Der Lift bringt den Gast vom Schlafstock in die Wellen- und Wasserwelt eines großen Hallenbades. Eine Sauna ist selbstverständlich auch vorhanden, sowie Kegelbahnen, Sportplatz mit Flutlicht, Billard. Das Hotel hat Tagungsräume für 10 bis 100 Personen. Es liegt ca. 2 km vom Autobahnanschluß Hammelburg der Bundesautobahn Kassel-Würzburg entfernt.

Rezepte vom Küchenchef

Alfred Schärpf

Gefüllter Rehrücken

Zutaten: 600 g ausgelöster Rehrücken, 1 Rehnetz, 200 g feines Brät, 3 Scheiben roher Schinken, 3 Scheiben gekochter Schinken, 20 g gehackte Pistazien, 20 g Perigord-Trüffel, 2 cl Weinbrand, 4 cl flüssige Sahne. **Zubereitung:** Den Trüffel und den gekochten Schinken in feine Würfel schneiden und mit den gehackten Pistazien unter das Brät rühren. Mit Weinbrand und Sahne verfeinern. Das Rehnetz auslegen und den rohen Schinken auflegen. Darauf den ausgelösten Rehrücken legen und mit dem Brät füllen. Mit dem Rehnetz einschlagen und in der Bratröhre bei 180 Grad 40 Minuten braten. Als Beilage empfehlen wir Ihnen Pfifferlinge, Butterbohnen, gefüllte Birne mit Preiselbeeren und Mandelbällchen.

Wer die Wahl hat, hat die Qual!

Augustus Filet Topf	DM 16,80
Wiener Schnitzel	DM 16,80
Brochette "Ullrich" mit Lyoner Kartoffeln	DM 17,80
Züricher Kalbsgeschnetzeltes mit Berner Rösti	DM 18,80
Piccata a la Romana	DM 18,80
Schweinelendchen Hawaii	DM 16,80
Schweinerückensteak "Cordon bleu"	DM 16,80

Für Kenner:

Lammkotelettes klassisch	DM 24,--
Kalbsnieren flambiert	DM 22,80
Froschschenkel "Provencale"	DM 22,80
Lammsattee für 2 Personen, frisch gebraten	DM 46,--

Aus dem Meer:

Heilbutt vom Rost	DM 15,20
Silberlachs gekocht mit Hechtklößchen	DM 16,80
Seezungenfilets "Pariser Art"	DM 21,80
Hummerkrabben "Teufelsart"	DM 22,--

Posthotel Partenkirchen

Besitzer Otto und Lisa Stahl

Ludwigstraße 49, 8100 Garmisch-Partenkirchen,
Telefon (0 88 21) 5 10 67/68
Mitglied der Chaîne seit 1974

Spezialitäten: Typisch bayerische Küche mit ihren Spezialitäten wie Spanferkel, Kalbshax'n, Tafelspitz, alle Arten von Knödeln, Mehlspeisen, Münchner Weißwürst, Nürnberger Rostbratwürst.
Internationale Küche und markante Gerichte aus schweizerischen, französischen und italienischen Regional-Küchen.

Die „Partenkirchner Post" kann ihre Geschichte auf die Zeit der Thurn und Taxis'schen und später Königlich-Bayerischen Posthaltereien und Postgasthöfe zurückführen. Im 15. Jahrhundert wird das Gebäude schon im Bayerischen Staatarchiv als „Kloster Beuerbergsche Taverne Partenkirchen" benannt; 1763 kam die Funktion als Poststation.

Diese Herberge, das „Posthotel Partenkirchen", ist jetzt mit der Technik der modernen Hotellerie ausgestattet; fast alle Zimmer haben Bad, Dusche, WC und Telefon.

Dieses typisch oberbayerische Hotel strengt sich an, alte gediegene Posthalterei-Atmosphäre mit zeitgemäßem Komfort zu verbinden.

Ein üppiges Angebot vom Besten aus Küche und Keller verspricht Gaumenfreuden für die, welche nach volkstümlicher bayerischer Art oder nach gehobener französischer Note schmausen wollen.

Aus der Tageskarte:

Consommé double mit Butternockerl

Gedeck 1: Knuspriges Spanferkel "Braumeister Art", gefüllter Bratapfel, rohe Kartoffelklöße, Chambertinkraut DM 19,50

Gedeck 2: Gespickte Hasenkeule à la Grand Veneur, Pfeffer-Rahmsauce, frische Pfifferlinge, Rosenkohl "Grand Mère" DM 23,--

Vanille-Eisbecher "Amarena"

Rezepte vom Küchenchef

Horst Habelitz

Pot-au-feu Henry IV.

Zutaten (für 6 bis 8 Personen): 1000 g Tafelspitz, 1 Poularde, etwa 1800 g schwer, 600 g Kasseler Rippchen, 500 g Zungenwurst, 400 g magerer Bauernspeck, 8 Leberklößchen, 8 Markbeinscheiben im Knochen (vom Schlachter ca. 2 cm dick schneiden lassen), 1/2 Sellerieknolle, 3 Karotten, 8 Kohlbällchen, 1 Bouquet garni (Suppengrün), 4 l Rinder-Bouillon, 1 Bund Schnittlauch, 1 Stangenbrot, 100 g geriebener Parmesankäse. **Zubereitung:** Rezept für Leberklößchen (Nockerl): 250 g Rinderleber, 250 g Schweinehals, 100 g Weißbrot ohne Rinde in Rahm eingeweicht, ein ganzes Ei, ein Eigelb, 50 g Schalotten, das Weiße einer halben Lauchstange, Salz, Pfeffer, Majoran, Schnittlauch, Petersilie. Rezept für Kohlbällchen: Das sind kleine Krautwickerl, so groß wie ein Hühnerei, gefüllt mit gehacktem Bauernspeck und Zwiebeln zu gleichen Teilen. Die blanchierte (abgebrühte) Tafelspitz und Poularde mit einem Bouquet garni in der Rinder-Bouillon garkochen. Die Kohlbällchen mit Bouillon im Ofen in einer Kasserolle dämpfen. Kasseler und Bauernspeck werden extra gekocht., Karotten und Sellerie tournieren (daumendicke, dattelförmige Form geben) oder in gleichmäßige Stäbchen schneiden und in Salzwasser garen. Tafelspitz, Poularde, Kasseler, Zungenwurst und Bauernspeck werden nun tranchiert (in Scheiben geschnitten) mit den Gemüsen, Markbeinen, pochierten (gargekochten) Leberklößchen in einen passenden Suppentopf eingesetzt und mit der abgeschmeckten Bouillon bedeckt. Man erhitzt nun alles noch einmal und gibt das „Pot-au-feu" mit Schnittlauch bestreut zu Tisch. „Les condements" (die Garnitur) wird auf einer Platte extra angerichtet: Parmesan-Croutons (Scheiben von Stangenbrot mit Parmesan bestreut, bei Oberhitze Käse schmelzen lassen), Cornichons, Perlzwiebeln, Preiselbeeren, Meerrettichsahne, evtl. Senffrüchte.

A la Carte:

Jägerspiel "Weidmanns-Art" Wildschwein- und Hirschfilet mit Steinpilzen, Wildrahmsauce, hausgemachte Spätzle u.Preiselbeeren	DM 21,--
Kalbsschnitzel "Cordon bleu", gefüllt mit Käse und Schinken, Pommes frites, Tomatensalat	DM 19,50
Kalbssteak "à la Parisienne", Spargelspitzen, Sauce Foyot, Schwenkkartoffel, Zuckererbsen	DM 21,--
Mixed Grill "St. James" Grill-Tomate, Princessbohnen, Pommes gaufrettes	DM 22,--
Entrecôte "Cafè de Paris", dazu Kräuterbutter, frischer Meerrettich, Pommes frites, grüne Bohnen	DM 21,--
Pfeffersteak nach Art des Hauses, grüner Madagaskar-Pfeffer, in Cognacrahmsauce, Salatplatte	DM 23,--
Filet-Steak "Rossini", Gänseleber-Parfait, Sc.au Madeira, Pèrigourd-Trüffel, Tomate au four, Pommes château	DM 25,--
Züricher Geschnetzeltes mit frischen Champignons, Rösti, Kopfsalat	DM 21,--
Besonderes Bayerisches: Hausgeräuchertes Ripperl m.Kraut u.Kartoffelpurèe	DM 12,--
Abgebräunte Milzwurst m.Sc.Remoulade u.bunt.Salatteller	DM 10,50
Spezialität des Patrons: Gesottene Ochsenlende im Pfeffersud (grüner Pfeffer mit frisch geriebenem Meerrettich)	DM 20,--

Garmisch-Partenkirchen

Reindl's Partenkirchner Hof

Bahnhofstraße 15, 8100 Garmisch-Partenkirchen,
Telefon (0 88 21) 5 80 25
Mitglied der Chaîne seit 1960
Reindl-Grill täglich geöffnet von 11.30 bis 15 Uhr und von 18 bis 23 Uhr,
Ferien vom 15. November bis 15. Dezember

Spezialitäten: Nouvelle Cuisine

Der Partenkirchner Hof war bis zum Ende des Jahres 1958 als Offiziers-Hotel der Amerikaner beschlagnahmt. Nachdem Karl Reindl am 1. Januar 1959 die Schlüssel des elterlichen Hotels zurückgegeben worden waren, konnte er nach gründlicher Renovierung und Umgestaltung Mitte Juni 1959 den „Partenkirchner Hof" und den „Reindl-Grill" eröffnen. Heute zählt das Restaurant zu den besten in Bayern. Reindl, ein Schüler von Alfred Walterspiel, gehört zu jenen deutschen Köchen, die sich in der Welt umgesehen und davon auch profitiert haben.

Aus der Tageskarte:

L u n c h :

Lauchcrême mit Buttercroûtons — 16,--

Pot au feu "Henry IV." mit
pochiertem Gemüse, Kohlrabis à la crême
normannische Kartoffeln — 18,--

Eismeringue Maison

D i n e r :

Spanferkelherzterrine mit Pistazien
Selleriesalat mit Nüssen, Toast Melba — 18,--

Klare Oxtail mit Chesterstange — 20,--

Roastbeef rôti mit weißen Pfefferkörnern
Baked potatoes, frischer Lattich mit Marksauce

Kirschen nach Gräfin-Art

TAGESSPEZIALITÄTEN

Kalbskopf gebacken, sauce remoulade
Kartoffel- und Gurkensalat, Kopfsalat — 13,50

Braisierter Ochsenschwanz in Burgunder
mit Champignons und Buttercroûton,
hausgemachte Eierspätzle,
glacierte Karotten und Sellerie — 16,50

Rezepte vom Küchenchef

Karl Reindl

Poulets aux écrevisses

Zutaten: 6 Krebse, ein 800 g schweres Hähnchen, elsässischer Riesling, Bouillon, Petersilie, Sellerie, Karotten, Dill, Kümmel, Salz, Butter, Zwiebeln, zehn Champignons, 1 El Mehl, frische Sahne, Kräuterbutter, Reis und Chicoree (das Rezept gilt für zwei Personen). **Zubereitung:** Sechs lebende Krebse werden in einem Sud aus etwas Weißwein, Bouillon, Petersilie, Karotten, Dill, sehr wenig Kümmel und etwas Salz vier Minuten gekocht, so daß die Krebse nur gerade durch sind. Inzwischen wird ein frisch geschlachtetes Hähnchen, 800 g schwer, geachtelt. Die rohen Stücke in Butter mit wenig Zwiebeln und etwa zehn rohen Champignons goldbraun anschwitzen, mit einem Eßlöffel Mehl bestäuben und mit einem Viertelliter elsässischem Riesling auffüllen. Die Krebse müssen vorsichtig ausgebrochen werden, die Hähnchenstücke werden nach 20 Minuten in einer Schale angerichtet und warm gesetzt. Zu dem Hähnchenfond passiert man den Krebsfond, läßt ihn einreduzieren, gibt etwas frische Sahne und Kräuterbutter hinzu, schmeckt den Fond noch etwas ab und gibt die ausgebrochenen Krebsschwänze und -scheren dazu. Wenn diese gut heiß sind, werden die Hähnchenteile nochmals hinzugegeben und dann alles in der Schale angerichtet. Dazu serviert man im Partenkirchener Hof trockenen Reis und gedämpften Chicoree.

A la Carte:

Vom Holzkohlengrill

Kalbssteak oder Kotelette		17.50
Kalbsfilet	1/2 Portion 12.00	20.00
Kalbsleber mit Speck	1/2 Portion 9.00	17.00
Züricher Leberspießle		16.00
Schweinekotelette		13.50
Lammkotelette		19.00
Lammchops	1/2 Portion 10.00	19.50
Schaschlik kaukasisch		14.00
Mixed Grill americaine		19.00
Filetsteak		20.00

* Entrecote „Graf von Werdenfels"	19.00
Chateaubriand oder Entrecote double Sc. Béarnaise für 2 Personen	44.00
Porter House Steak ab 2 Personen 100 g	6.00
1/2 Poulet grillé diable	15.00

Zu sämtlichen Gerichten werden verschiedene Salate und pommes frites oder pommes chips sowie Kräuter-Butter, Schalotten, oder Weinhändlerbutter serviert.

Vom Spieß

1/2 Hähnchen mit Kompott pommes mousseline	15.00
Kalbsnieren flambiert Prinzessbohnen, Creoler Reis	18.00
Filet de Boeuf à la Broche „Provencale" Ab 2 Personen, pro Person (250 g)	26.00
Junge Mastente mit Orangen oder Äpfeln verschiedenen Gemüsen, pommes croquettes für 3–4 Personen (auf Vorbest.)	36.00–48.00
Fondue Bourguignonne oder Chinoise mit pikanten Saucen und Salaten ab 2 Personen, pro Person	19.00

Kalte Gerichte

Gemischter Aufschnitt mit Brot und Butter	14.00
Bauernbrotzeit auf dem Holzteller	12.00
Ung. Salami-Teller	8.50
Gemischter Schinken	13.00
Holsteiner Holzteller	13.00
Echter Katenschinken	15.00

* Spezialitäten des Hauses

Desserts

Gemischtes Kompott	4.00
Merinque mit Eis und Sahne	4.50
Ananas Crepes	5.00
Frisches Obst, Obst nach der Saison	4.00
Geeister Obstsalat mit Maraskino	5.50
Eisbecher „Partenkirchner Hof"	6.80
Halbgefrorenes Fürst Pückler	6.00
Pfirsich Melba	6.00
Birne „Helene"	6.50
Crepes Suzettes fine liqueurs, flambiert	7.50
Himbeeren, Pfirsich, Kirschen oder Banane flambiert	7.80
Salzburger Nockerl ab 2 Personen, pro Person	6.00
Omelette Surprise ab 2 Personen, pro Person	8.00
Parfait „Nelusko"	5.50

Kurotel 2002

Von-der-Tann-Straße 18, 8730 Bad Kissingen, Telefon (09 71) 50 11
Mitglied der Chaîne seit 1977
Durchgehend geöffnet

Spezialitäten: Für den aktiven Erlebnisurlaub moderne Ernährung entsprechend hohem Gästeniveau. Originelle Buffets inclusive entsprechender Dekoration nach einem Motto. Zu jeder Mahlzeit großes Salatbuffet.

Kurotel 2002. Eine Nummer kleiner. Eine Klasse besser. Stellen Sie sich vor: Ein anspruchsvolles Hotel mit dem Komfort der ganz großen. Mit Swimming pool, Sauna, Schönheits-Salon, Spielothek, Tennisplatz und Turnhalle. Mit TV-Räumen, Panorama-Café, Presse-Shop, Bibliothek und Konferenz-Räumen.

Mit einer beispielhaften ärztlichen Betreuung auf der Basis eines sportmedizinischen Programms. Mit Diplom-Sportlehrer und einer staatlich geprüften Gymnastiklehrerin. Mit fachmännisch geschultem Personal in der Bäder- und Massageabteilung.

Wie gesagt – ein Hotel ersten Ranges. Mit Charakter, Charme und Persönlichkeit. Mit allen Vorteilen der ganz großen Kurotel 2002. Nicht allen etwas. Sondern wenigen alles.

Gäste, die aus Prinzip „nein" sagen, werden im Kurotel 2002 einen schweren Stand haben. Beispielsweise gelingt es kaum jemanden, den Verlockungen unserer Speisekarte zu widerstehen. Und nur ganz Standhafte sind gegen die weinseligen Reize der Roten Kachel gefeit. Ganz zu schweigen von den Damen, denen es fast nie gelingt, unserem Schönheits-Studio die kalte Schulter zu zeigen. Wir finden das eigentlich ganz menschlich. Was meinen Sie?

Aus der Tageskarte:

CHICKEN à la King
(Geschnetzeltes Geflügelfleisch, Tomatenconcassée,
englischer Staudensellerie, Sherry, Sahne) DM 18,5o

HASENRÜCKENFILET in Mandelbutter gebraten,
junger Broccoli, glacierte Maronen,
Mandelbällchen DM 21,oo

LAMMNÜSSCHEN am Spieß
gratiniert mit feinen Kräutern, Pfefferminzsauce,
Grilltomate, feine Prinzessböhnchen in Speck DM 19,--

GEFÜLLTE KALBFLEISCHRÖLLCHEN in Biersauce
gedünsteter Chicorée in Butter,
glacierte Weißkrautköpfchen DM 19,--

Rezepte vom Küchenchef

Michael Köhne

Garnelen „Provencalische Art"

Zutaten: 4 Stück Garnelen à 45 gr, 1/2 kleine Zwiebel, 5 Stück gefüllte in Scheiben geschnittene Oliven, 1/4 Zehe Knoblauch, 2 Tomaten, 1 Spur Thymian, Olivenöl, 100 gr frische Champignons, 1 Eigelb, 1/16 l Sahne, Salz, Pfeffer, 1/16 l trockenen Weißwein. **Zubereitung:** Die gesäuberten Garnelen werden in Olivenöl angeschwitzt. Nachdem man die Zwiebeln, Oliven und Champignons dazugegeben hat, wird mit Weißwein gelöscht. Danach wird abgeschmeckt mit Knoblauch, Thymian, Salz und Pfeffer, Worchester Sauce. Nun fügt man die entkernten, geschälten in Würfel geschnittenen Tomaten hinzu. Zum Schluß wird mit Eigelb und Sahne legiert.

A la Carte:

An Ihrem Tisch flambiert

Zartes Filetsteak mit grünem Pfeffer, die Sauce mit Whisky abgeschmeckt	DM 25,–
Kalbsnieren mit Champignons, Tomatenvierteln und Cognac	DM 22,–
Filetgoulasch „Stroganoff", feuriger Leckerbissen nach original Rezept	DM 18,–

Vom Grill und Pfanne

FILETSTEAK mit Kräuterbutter (Verlangen Sie das zarte Steak leicht rosa, also àpoint oder blutig, englisch)	DM 21,50
ENTRECOTE „Strindberg", eine richtige Gaumenfreude	DM 18,–
KALBSRÜCKENSTEAK „au four", zart und speziell	DM 19,50
MIXED GRILL, hausgemachte Spießchen	DM 19,50
WIENER SCHNITZEL, das panierte Kalbsschnitzel mit der Zitronengarnitur	DM 18,–
KALBSLEBER mit Apfelscheiben und Röstzwiebeln	DM 18,50
JUNGSCHWEINRÜCKENSTEAK „Bercy"	DM 17,–
SCHWEINELENDCHEN „Madagaskar"	DM 18,50
CORDON-BLEU (gefüllt mit gek. Schinken und Käse paniert)	DM 18,50
SCHASCHLIKSPIESS „türkische Art"	DM 18,–
Für 2 Personen	
ENTRECOTE „double", Bearnaise Sauce	DM 38,–
CHATEAUBRIAND mit feinen Gemüsen	DM 54,–

ZU DEN HAUPTGERICHTEN IST DER SALAT VOM BUFFET „a discretion" INBEGRIFFEN

Gaststättenbetriebe am Flughafen München-Riem

Töginger Straße 400, 8000 München 87, Telefon (0 89) 90 73 55 und 90 75 11
Mitglied der Chaîne seit 1964
Täglich geöffnet von 6 bis 22 Uhr

Spezialitäten: Internationale und bayerische Küche

Bei einem Aufkommen von annähernd fünf Millionen Fluggästen jährlich müssen die gastronomischen Einrichtungen eines Flughafens den unterschiedlichsten Anforderungen des vielschichtigen Gästekreises gerecht werden. Das wird durch die sorgfältige Auswahl und Abstimmung der einzelnen Restaurants aufeinander erreicht.

Erst vor kurzem wurden die neu gebauten Restaurants eröffnet: Das Restaurant „Windrose" mit seiner dekorativen Gestaltung kommt, ebenso wie die Zirbelstube" gehobenen Ansprüchen entgegen. Neben diesen beiden Restaurants ist die dritte maßgebliche Komponente die Schnellgaststätte „Münchner Kindl Quick" mit 160 Plätzen.

Aus der Tageskarte:

Kalte Gerichte	
1/2 Avocado "Vinaigrette " mit Toast	5.50
Andalusischer Eiersalat mit Toast und Butter	5.90
Meeresfrüchte-Salat in würziger Kräuter-Dressing mit Toast	7.80
Salatschüssel "Nizza" (Bohnen, Tomate, Thunfisch, Sardellenfilet, Oliven, Kapern,Ei)	9.80
Geeiste Honigmelone mit Parma-Schinken	10.50
Hausgebeizter Gravelachs mit Senfmayonnaise und Toast	12.50
Suppen	
Johannisbeer-Kaltschale	2.60
Bayerische Krensuppe mit Kresse und Rauchfleisch	2.80
Spargelcremè-Suppe mit Mandeln und Sahne überbacken	3.20
Aufgeschmolzene bayerische Brotsuppe mit Eigelb und Schnittlauch	3.80
Fischgerichte	
Frische Forelle blau oder gebraten mit Fischkartoffeln und Salat	n.Gr.
Zanderfilet vom Rost mit Dillkartoffeln und Gurkensalat	16.50
Heilbuttschnitte "Dugléré mit Reis	17.50
Scampis vom Grill mit Artischockenherzen, Sauce Hollandaise und Reis	21.50
Seezungenfilet auf Blattspinat, Chablis Sauce, Fondant-Kartoffeln	25.50
Bayerische Schmankerl	
Münchner Leberkäse abgebräunt mit Spiegelei und Röstkartoffeln	8.90
Jungschweinebraten mit Kruste, Kartoffelknödel und Krautsalat	10.50
Portion Schweinehaxenbraten mit Kartoffelknödel und Salatteller	13.30
Portion Kalbshaxe gebraten mit Semmelknödel, Blumenkohl und Salat	15.50
Tegernseer Bauernschmaus auf Kraut mit Fingernudeln	16.80

Rezepte vom Küchenchef

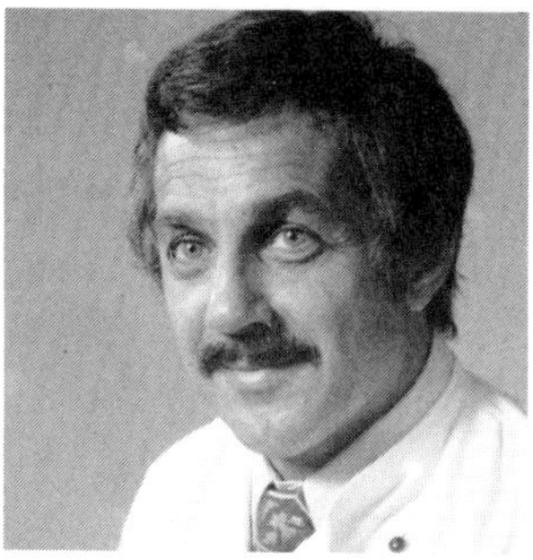

Walter Götz

Bayerische Krensuppe

Zutaten: 0,6 l kräftige Fleischbrühe, 30 g Butter, 1 Eßlöffel Mehl, 1/8 l Sahne, 1/16 l Sauerrahm, 1 Eigelb, 20 g frischer Meerrettich, 30 g gewürfeltes Rauchfleisch, Kresse, Salz, Pfeffer. **Zubereitung:** Von Butter und Mehl eine helle Mehlschwitze herstellen, mit der Fleischbrühe auffüllen, fein geschabten Meerrettich dazugeben, aufkochen, mit Sahne und Eigelb legieren, mit Sauerrahm, Salz und Pfeffer abschmecken. Vor dem Servieren Rauchfleisch und Kresse in die Tasse geben.

A la Carte:

Eierspeisen Œufs aux plats eggs dishes

Omelette natur von 3 Eiern mit Salat und Salzkartoffeln — DM 7,50
Omelette nature (3 oeufs) avec pommes natur et salade
Plain omelette (3 eggs) with potatoes and salad

Eieromelette mit Schinken und Salat — DM 8,50
Omelette au jambon et salade
Omelette with ham and salad

Omelette mit frischen Rahmchampignons, Parmesan u. Petersilienkartoffeln — DM 8,80
Omelette aux champignons, fromage et pommes de terre
Omelette with mushrooms and parsley potatoes

Schonkost: Eieromelette mit Ragout-fin, Petersilien-Kartoffeln und Kopfsalat — DM 9,80
Omelette au ragout fin et pommes vapeur, salade
Omelette with ragout fin and potatoes, salad

Vom Schwein Porc pork

Mageres Schweinekotelett vom Grill mit rassigem Paprikagemüse und Reis — DM 12,80
Cotelette de porc ‹Hongroise›
Pork chop ‹Balkan Style›

Schweinesteak gegrillt mit frischen Rahmchampignons und Sahnepüree — DM 14,80
Steak de porc grille aux champignons á la creme, púrée
Pork steak with mushrooms and mashed-potatoes

Schweinefilet-Medaillon ›Bombay‹ in pikanter Currysauce mit gebackener Banane, Mango, Kirschen und Reis — DM 18,50
Filet de porc ‹Bombay›
Filet of porc ›Bombay style‹ with rice

Vom Kalb Veau Veal

Wiener Schnitzel mit Pommes frites und Salat — DM 15,50
Escalope viennoise, pommes frites et salade
Original ›Wiener Schnitzel‹ with French fried potatoes

Gefülltes Kalbsschnitzel ›Cordon bleu‹ mit feinen Erbsen und Pommes frites — DM 17,90
Escalope de veau ‹Cordon bleu›
Veal steak ›Cordon bleu‹

Kalbskotelett vom Grill mit frischen Rahmchampignons, Sc. Hollandaise, hausgemachten Spätzle und Salat — DM 18,80
Côte de veau aux champignons à la crème
Veal-cutlet with mushrooms

Kalbsfilet-Medaillon ›Frou-Frou‹, in Butter gebratener Pfirsich, Kirschen, Banane, Currysauce und Reis — DM 21,–
Medaillon de veau ‹Frou-Frou›
Veal-steak ›Frou-Frou‹

Kalorienarme Kost: Kalbslendchen vom Grill mit großem bunten Salat-Teller — DM 18,50
Medaillon de veau grillé, asiette de salade
Grilled veal steak with salads

Olympiaturm-Drehrestaurant

Spiridon-Louis-Ring 7, 8000 München 40, Telefon (0 89) 35 50 99
Geöffnet von 9.30 bis 23.00 Uhr

Von den vier Aussichtsplattformen des Olympiaturms überblickt man das Olympiagelände, die Stadt München und das ganze bayerische Alpenvorland bis hin zur Alpenkette. Hoch oben – in 182 Metern Höhe – erwartet den Besucher Münchens gastronomische Attraktion: Das Dreh-Restaurant. Es dreht sich ständig. 36, 53 oder 70 Minuten dauert eine „Rundfahrt", bei der man exquisit ißt und trinkt.

230 Besucher können von allen Plätzen aus das wechselnde Panorama genießen.

Rezepte vom Küchenchef

Arnulf Kleinle

Milchlammschlegel „Tarragona"

Zutaten (für 6 Personen): 1 Lammschlegel, Zwiebel-, Karotten-, Lauch- und Selleriewürfel, Knoblauch, Rosmarin, Oregano, Lorbeerblatt, 6 geschälte Tomaten, Rotwein. **Zubereitung:** Der ganze Lammschlegel wird ausgelöst und am Tag vor dem Ansetzen mit Knoblauchsalz, Rosmarin und Oregano eingerieben. Im Rohr wird der Schlegel mit Olivenöl angebraten. Dann gibt man die Zwiebel-, Karotten-, Lauch- und Selleriewürfel dazu und löscht mit Rotwein ab. Nun läßt man das gut glacierte Wurzelwerk mit dem Schlegel schmoren. Immer mit dem Fond der Knochen auffüllen und etwa eine halbe Stunde vor Fertigung werden die geschälten Tomaten dazugegeben. Das Fleisch wird nun herausgenommen und tranchiert. Die Sauce mit Pfeffermühle abschmecken und unpassiert über die Fleischtranchen gießen. Anschließend mit frischgehacktem Kerbel bestreuen. Als Beilagen: Hausgemachte Nudeln und Blattspinat.

Geschnetzelte Kalbsleber
in Burgundersauce, Sahnepüree

Foie de Veau Sauté
Sauteed Calfs Liver DM 18,20

Heute besonders zu empfehlen!

Rinderlendenschnitte "Madagaskar"
mit grünen Pfefferkörnern,
Pommes-Frites
Entrecote - Sirloinsteak DM 20,50

Lammcurry "Bombay"
mit Tomaten und Bananen,
Parmesanrisotto und Kaiserschoten

Curry d'Agneu à l'Indienne
Lamb Stew with Curry DM 14,80

Oberpfälzer Kartoffelbraterl
Gefüllte Schweinebrust mit
gerösteten Kartoffeln und Eissalat
mit Joghurtdressing

Poitrine de Porc Farcie
Stuffed Breast of Pork DM 13,50

München

Restaurant „Schwabinger Grillroom”

Walter Fimmel GmbH

Friedrichstraße 1 / Ecke Georgenstraße, 8000 München 40,
Telefon (0 89) 39 31 01
Mitglied der Chaîne seit 1966
Geöffnet täglich von 12 Uhr bis 1 Uhr nachts

Spezialitäten: Wildbretwochen, Fischwochen, Monatsspezialitäten

Das Restaurant „Schwabinger Grillroom", von dem Architektenehepaar Walther und Bea Betz modern, stilvoll und mit viel Gefühl für einen in jeder Hinsicht genußvollen Aufenthalt gestaltet, bietet 100 Gästen Platz; im Sommer, wenn die herrliche Terrasse mitbenutzt werden kann, kommen weitere 80 Plätze hinzu.

Von der Pfanne

Gemischtes vom Lamm „provençale“ 12.80

Nierchen, Leber und Lammlendchen in Öl gebraten mit Zwiebelchen, gewürfelten Tomaten und Knoblauch, mit feinen Kräutern bestreut. Mit Reis serviert.

Schweinekotelett auf „Ungarische Art“ 11.80

junges, mageres Schweinsrückensteak in rassiger Paprika-Sahnesauce — Butterreis

Spießchen auf „pikante Art“ 14.50

kleine Filetspitzen mit Speck, Zwiebeln und Paprika aufgespießt, pikant mariniert, dazu eine feurig-scharfe Soße, Butterreis

Lendchen nach Großmutter Art 16.50

verschiedene Filetschnitten vom Kalb - Schwein - Rind in Butter mit Gemüsestreifen gebraten, mit Weißwein abgelöscht, gebunden mit frischer Sahne. Petersilienkartoffeln.

Kalbsnierchen „Robert“ 16.50

geschnetzelte Nierchen in englischer Senfbutter geschwenkt, mit Cognac flambiert, zusammen mit Schalotten und frischen Gartenkräutern in einer delikaten Sauce mit Reis aufgetragen

Rezepte vom Küchenchef

Walter Fimmel

Rezept für Hasenpfeffer nach Großmutters Art

Zutaten und Zubereitung: Einen frischgeschossenen Hasen abziehen und ausnehmen, Blut abfangen und mit etwas Essig vermischen, wobei darauf zu achten ist, daß das Blut sich nicht zersetzt. Sodann die Leber von der Galle befreien und beiseite stellen. Dann wird der Meister Lampe in Stücke zerteilt, in einer Terrine mit einigen Löffeln Weinbrand begossen, mit geschnittener Zwiebel, Salz und Pfeffer, am besten aus der Mühle, versehen und mit einer Flasche Rotwein 24 Stunden mariniert. – 150 g Speck in grobe Würfel schneiden, sodann 2 – 3 mittelgroß geschnittene Zwiebeln zugeben und Farbe nehmen lassen. Die gut abgetrockneten Hasenteile zugeben und bis zum Steifwerden mit dem Kochlöffel bewegen, sodann die Marinade mit einem Kräuterbündel sowie einer zerdrückten Knoblauchzehe zugeben und langsam bei kleiner Flamme kochen lassen. Nach dem Garsein die Fleischstücke in einer Schüssel warmhalten, mit geriebenem Lebkuchen den Bratenfond leicht sämig machen, das Blut und die geschnittene Leber in die Soße geben und diese, sobald sie gar ist, zu den Fleischstücken geben. Die Soße darf nicht zu dick sein. Die Soße wird dann über die Fleischstücke geseiht und mit 1/8 l frischem Rahm vervollständigt. Zur Verbesserung kann man frische Waldpilze hinzufügen. Hierzu reicht man Germ- oder Serviettenknödel.

Bouillabaisse auch Bourride genannt

Fischsuppe, der Hauptbestandteil Grande vive und Baudroi ist, in der Terrine aufgetragen und über geröstete Weißbrotscheiben gegossen.

pro Pers. **12.00**

Montag Mittag — **Medaillons vom Lamm** — **9.80**
dazu in Folie gebackene Kartoffel und diverse Salate

Dienstag Mittag — **Gegrillte Leber und Speck** — **9.80**
dazu in Folie gebackene Kartoffel und diverse Salate

Bouillabaisse provencale

Kleine Mittelmeerfische, Merlan, Grondin, Fletan, Merluchon werden im ganzen mit Wurzelgemüse, Fenchel, Tomaten, Safran und Kräutern pochiert, auf Platten angerichtet und mit der Bouillabaisse, die in einer Terrine ist, gereicht. Bon appetit!

ab 2 Pers., pro Pers. **24.00**

München

Hotel Vier Jahreszeiten

Maximilianstraße 17, 8000 München 22, Telefon (0 89) 22 88 21
Mitglied der Chaîne seit 1972
Restaurant geöffnet von 12 bis 15 Uhr und 18 bis 24 Uhr

„Wenn einer sagt: Es ist mir gleich, wann, wo und was ich esse, so verdient er unser tiefstes Mitleid, weil er mit den schönsten Gaben Gottes nichts anzufangen weiß!".

Dieser Ausspruch von Alfred Walterspiel, dem 1960 verstorbenen Besitzer des Nobelhotels „Vier Jahreszeiten" und Gründer des renommierten „Restaurant Walterspiel", demonstriert seine ästhetische Einstellung zu seinem Beruf. Im „Restaurant Walterspiel" wird aus dem Kochen und Servieren eine Kunst gemacht. Küchendirektor Harald Hackbarth versteht es bravourös, dem internationalen Ruf dieses Restaurants gerecht zu werden, das sich in erster Linie der „Nouvelle Cuisine" verschrieben hat.

Im „Walterspiel" mit seinem luxuriösen Interieur ist alles harmonisch aufeinander abgestimmt: der Ton der Ziegenleder-Wandverkleidung stimmt mit dem der Möbel, dem beige-goldenen Relief-Geschirr (Exclusiv-Jugendstil-Dekor für das „Walterspiel") und mit den kunstvollen Tischdekorationen überein, alles in diesem Heiligtum der Gastronomie ist von jenem Formenwillen durchsetzt, der um die Jahrhunderwende Kunst und Leben in Einklang zu bringen suchte: vom Jugendstil.

Rezepte vom Küchenchef

Harald Hackbarth

Seewolfschnitzel mit Sauerampfer

Zutaten: 2 kg frischer Seewolf (von Haut und Gräten befreien und die Filets in 4 gleiche Schnitzel schneiden), 1/8 l trockener Weißwein, 1/8 l Noilly Prat Wermut, 1/8 l Fischfond, 40 g gehackte Schalotten, 1/4 l Sahne, 50 g Sauerampfer, 50 g Öl, Salz und Pfeffer. **Fischfond:** Die Gräten mit 1 l Wasser zum Kochen bringen und ab und zu abschäumen, 1 kg geschnittene Zwiebeln, Petersilienstengel, Salz und den Saft einer viertel Zitrone dazugeben, 30 Minuten langsam kochen lassen und durch ein Tuch seihen. **Zubereitung:** Weißwein, Wermut und Fischfond in einer Kasserolle aufsetzen, die Schalotten zufügen und alles einkochen, bis sich ein sirupartiger Fond bildet. Durch ein Sieb gießen, die Sahne zufügen, und bis zur gewünschten Konsistenz einkochen. In der Zwischenzeit den Sauerampfer putzen, waschen und jeweils mehrere Blätter aufeinanderlegen und zusammenrollen, kurz in kochendem Salzwasser blanchieren, und in die fertig eingekochte Sauce geben. Die Schnitzel vom Seewolf pfeffern, salzen und in Öl von beiden Seiten ca. 5 Minuten braten, auf vorgewärmten Tellern anrichten und mit der Sauce umgießen. Als Beilage eignet sich körnig gekochter Reis.

Aus der Tageskarte:

Lachsmedaillons souffliert in
Champagnersauce

Kleine Pfannkuchen mit Meeresfrüchten
gefüllt

Medaillons vom Lotte auf englischem
Sellerie - Sauce Americaine

Kalbsmilcher mit frischem Stangen-
spargel
Neue Kartoffeln

Filetspitzen vom Rind mit Hopfensprossen
Pariser Nocken

Lammnüsschen mit Basilikum gebraten
Gefüllte Artischockenböden mit Karotten-
püree

Junge Wachteln mit Blattspinat im
Blätterteig
Morchelrahmsauce

Gebratener Kaninchenrücken mit grünem
Pfeffer
Junger Kohlrabi, Maronenkrusteln

Oberammergau

Hotel Alois Lang

St. Lukas-Straße 15, 8103 Oberammergau, Tel.: (0 88 22) 41 41-44
Mitglied der Chaîne seit 1971
Spezialiäten Rehrücken „Werdenfels"
Durchgehend geöffnet

Nur wenige Schritte vom Dorfzentrum entfernt liegt inmitten eines gepflegten Garten das Hotel Alois Lang.

Die Gästezimmer sind komfortabel ausgestattet, jedes Zimmer hat Telefon und Bad oder Dusche, zu vielen Zimmern gehört ein Balkon. Die Sorge um das Wohlbefinden der Gäste ist oberstes Gebot im Hause, und dieser Grundsatz gilt sowohl für die außergewöhnlichen Leistungen des Küchenchefs als auch für sämtliche Mitarbeiter.

Aus der Tageskarte:

MENÜ I — DM 15,--

Tagessuppe

Seoner Schweinekotelette mit ged. Rosenkohl und pommesfrites

Tagesdessert

MENÜ II — DM 15,--

Tagessuppe

Truthahnsteak mit glasierten Früchten, Curryreis, buntem Salatteller

Tagesdessert

MENÜ III — DM 17,--

Tagessuppe

Rumpsteak Strindberg mit feinem Gemüse garniert und Kartoffelcroquetten

Tagesdessert

MENÜ IV — DM 19,--

Tagessuppe

Rehkeule "BADEN-BADEN" mit ged.Birne, Preiselbeeren, hausgemachten Spätzle, Kartoffelpuffer und feiner Wildrahmsauce

Tagesdessert

Rezepte vom Küchenchef

Hermann Greiwald

Gefüllte Forelle (in der Folie) mit spezieller Kräuterbutter

Zutaten (für 3 Personen): 3 lebende Forellen à 250 g. Für die Füllung: 150 g Garnelenschwänzchen, 2 kleine gewürfelte Scharlotten, 1 Teelöffel Petersilie gehackt, 1/2 Teelöffel Dillspitzen gehackt, 1/8 l Riesling, 2 Eßlöffel miede pain (Weißbrotkrume), 40 g Butter. Für die Kräuterbutter: 100 g Butter, 1 Sardellenfilet, 1/2 Teelöffel Meerrettich, Zitronensaft, 20 g Hummerpaste, 1 Teelöffel Schnittlauch. **Zubereitung:** Forellen schlachten, säubern, säuern und salzen. Füllung: Scharlotten in Butter anschwitzen, Petersilie, Dillspitzen und Garnellenschwänzchen hinzufügen, kurz sautieren und mit miede pain abbinden. Forellen damit füllen und auf eine gebutterte Alu-Folie legen, mit Riesling bespritzen. Die Folie in Fischform falten an den Seiten gut verschließen. Im Ofen bei 220° ca. 20 Minuten garen lassen. Kräuterbutter: 100 g Butter schaumig rühren, Sardellenfilet in der Pfanne auf dem Herd zergehen lassen und in die Butter geben, Meerrettich, Zitronensaft, Hummerpaste und Schnittlauch ebenfalls unter die Butter rühren. Diese Kräuterbutter separat zur Forelle servieren.

A la Carte:

Unsere Spezialitäten

Gefüllte Bachforelle „in der Folie", mit spezieller Kräuterbutter, Schwenkkartoffeln und Salatplatte	16,–
Kalbssteak „à la mode du Chef", Spargel, Blumenkohl, Herzoginkartoffeln	17,–
Rumpsteak „Mexicaine", pik. Peperonigemüse, Mais, feine Salatplatte	17,–
Rumpsteak Beurre „Cafe de Paris", mit feinen Erbsen, Butterkarotten, und Pommes Croquettes	17,–
Rehkeule „Baden-Baden" in Wacholderrahmsauce, frischen Champignons, gedünstete Birne mit Preiselbeeren, hausg. Spätzle und Kartoffelpuffer	17,–
Spezialhausplatte „Alois Lang" für 2 Personen, verschiedene Filets mit Grill-Tomate, gebratenem Speck, erlesenen Gemüsen garniert, Pommes frites und Sauce Bearnaise	40,–
Hasenrücken nach Art des Hauses für 2 Personen, mit Wildrahmsauce, gedünst. Pfirsich mit Preiselbeeren, hausg. Spätzle, Kartoffelcroquetten	34,–

Auf Bestellung:

Fondue „Mongolische Art", mit Kraftbrühe, pikante hausgem. Saucen, Pommes frites (ab 2 Personen)

Hummer nach Ihren Wünschen zubereitet

Regensburg

Avia-Hotel

Frankenstraße 1 – 3, 8400 Regensburg, Telefon (09 41) 4 20 93
Mitglied der Chaîne seit 1954
Täglich geöffnet von 11.30 bis 14 Uhr und von 18 bis 22 Uhr

Spezialitäten: Hammel- und Fischgerichte

Ein gepflegtes Haus mit 120 Betten, vollklimatisierten, lärmgeschützten Zimmern. Jedes Gästezimmer hat Fernsehen, Radio, Tonband, Selbstwähltelefon, elektrische Selbstweck-Uhrenanlage, Bad/Dusche, WC.

Im exquisiten, klimatisierten Restaurant mit zwei Freiterrassen erwartet den Gast eine international anerkannte Küche mit echtem Holzkohlegrill.

Das Avia-Hotel mit seinen großzügigen Räumen ist für Tagungen, Konferenzen und Familienfeiern ausgezeichnet geeignet.

Aus der Tageskarte:

Verschiedene Vorspeisen

Appetizers:

100	Matjesfilets englisch in Curryrahm mit Banane und Ananas . . . . Fillets of matie with curry-cream	DM 7,50
101	Cocktail „Lady Morgan" mit Crevetten und Grapefruitspalten Cocktail with shrimps and grapefruit	DM 11,50
102	6 Stück Weinbergschnecken mit Würzbutter im Häuschen . . . 1/2 dz. snails, toast	DM 7,25
103	Schottischer Toast mit Kräuterrühreier u. Sardellenfilets Scrambled eggs with anchovis	DM 5,75
110	Hausgebeizter Nordlandlachs, köstliches Sößchen Graved salmon with delicious sauce	
	1/2 Portion . . . . 1/2 mess	DM 9,50
111	große Portion . . . . 1/1 mess	DM 16,50
112	Kleiner Vorspeisenteller . . . . . Various appetizers	DM 9,50
120	Geräucherte Forellenfilets mit Preiselbeermeerrettich . . . . Smoked fillets of trout with horse-radish and cranberry-cream	DM 7,75

Rezepte vom Küchenchef

Peter Seemann

Kalbssteak „Mode du Chef"

Zutaten und Zubereitung: 3 Kalbsrückensteaks à 180 g würzen, mehlieren, in halb Butter und halb Margarine goldgelb braten, Fond mit trockenem Weißwein (1/8 l) ablöschen und zur Hälfte einkochen. – 60 g gekochter Schinken in Julienne anschwenken, 12/4 Artischockenböden, 12/4 geschälte und ausgedrückte Tomaten dazugeben, 3 Eßlöffel Sauce Bearnaise, den eingekochten Fond und 1 Teelöffel frischen Dill, alles gut durchschwenken (nicht kochen lassen)! Einen Hauch Knoblauch dazugeben. Das Ganze über das Kalbssteak geben und anschließend unter dem Salamander leicht glacieren. Beilagen nach Wunsch.

A la Carte:

Fleischgerichte

meat-dishes:

168 Schweinekotelette „Walliser Art"
mit Preiselbeermeerrettich
und Briekäse überbacken,
junge Erbsen, Kartoffelkrusteln . . DM 12,50
Cutlet of porc with horse-radish and camembert

169 Kalbssteak nach der Mode des Chefs,
mit Artischockenböden, Tomaten,
Schinkenstreifen, Kartoffelkrusteln,
Salat „Regina" . . . . DM 19,–
Steak of veal with artichoke-bottoms and tomatoes

170 Lammkoteletten „Americaine",
Kräuterbutter, Magerspeck, Grilltomate,
grüne Bohnen, provencer Kartoffeln DM 17,50
Cutlets of lamb with herb-butter and roasted bacon

180 Sizilianisches Zitronenpiccata
„Restaurant Riz"
Butterreis, frische Salate . . . . DM 18,50
Sautéed veal with lemon-sauce

181 Züricher Kalbsgeschnetzeltes
mit frischen Champignons,
hausgemachte Eierspätzle,
frische Salate . . . . DM 15,50
Swiss sautéed veal with mushrooms

182 Filetspitzen „Calvados"
mit Apfelspalten,
Curryreis, bunter Salat . . . . . . DM 17,50
Fillet goulash „Stroganow"

Rosenheim

Parkhotel Crombach

Kufsteiner Straße 2, 8200 Rosenheim,
Telefon (0 80 31) 3 40 48 und 3 40 49 und 1 92 21
Mitglied der Chaîne seit 1968
Täglich geöffnet von 6.30 Uhr bis 24 Uhr

Spezialitäten: Nasi Goreng, Cordon Rouge, Reis Colonial

1967 wurde das Parkhotel Crombach neu erbaut. 80 Betten, 54 Zimmer, Konferenzräume für 20 bis 140 Personen, Clubraum für 10 bis 40 Personen, Speisesaal, Weinstube, Gartenterrasse, Tiefgaragen für 16 Wagen, Parkplatz für 35 Wagen, Spezialitätenküche mit heimischen und internationalen Gerichten, Clubhotel des Rotary- und Lionsclub, eigene Weinhandlung, ruhige Lage im Stadtzentrum am Salinpark.

JUGOSLAWIEN
YUGOSLAVIA - JOUGOSLAVIE

»BALKANSPIESS«
auf Paprika, mit Salat

»Balkan Spit«, on red pepper rice with salad

»Brochette des Balkans«, riz au paprika, salade

14,—

INDIEN
INDIA - L'INDE

REIS »COLONIAL«
Kalbsfiletspitzen in Currysauce mit Cognac, Schweinsfilet, Champignons, Ananas, Banane, Mandeln

»Colonial« Rice, tips of veal fillets in curry sauce with cognac, pork fillet, mushrooms, pineapple, banana, almonds

»Riz à la Coloniale«, pointes de filet de veau au curry baignées de cognac, filet de porc, champignons, ananas, banane, amandes

16,—

ITALIEN
ITALY - L'ITALIE

»PICCATA MILANESE«
zarte Kalbschnitzel, mit Parmesan paniert, auf Tomatenspaghetti

»Piccata Milanese«, tender veal cutlets dressed with parmesan cheese on tomato spaghetti

»Piccata Milanese«, tendre escalope de veau au panée au parmesan, spaghetti à la tomate

14,50

Rezepte vom Küchenchef

Rudolf Akermann

Doppelte Hühnerkraftbrühe „Hotel Post"

Zutaten (für 4 Personen):3 Liter Kraftbrühe, darin 1 Huhn, 1 kl. Schinkenknochen, 1 kl. Knoblauchzehe, 1 Sträußchen Petersilie und 1 Lorbeerblatt 45 Minuten kochen. Einlage: 4 kleine Maultäschchen. **Zutaten** (Füllung): 100 g Blattspinat, 2 Semmeln, 2 Eier, 100 g Zwiebeln. **Zubereitung:** Alles kleinhacken, Semmeln mit Sahne einweichen und alles gut verarbeiten.

Gefüllte Rinderfiletspitze „Kaiserliche Art"

Zutaten (für 4 Personen): 400 g Rinderfiletspitze, 100g Gänsestopfleber, Speck zum Auslegen. Farce: 50 g Kalbfleisch, 50 g Schweinefleisch, 30 g Pistazien. **Zubereitung:** Das Ganze zunähen, salzen, pfeffern, mit Thymian würzen, rosa braten, 25 bis 30 Minuten. Sauce: 100 g Schalotten, 2 cl Cognac, 1/4 l Sahne, 1/4 l Demiglace, 80 g Butter. Beilagen: Pommes Lya. **Zubereitung:** Croquettenmasse mit frischem Meerrettich ausrollen, in daumendicke Scheiben schneiden, panieren, mit einer Tülle oben eindrücken, ausbacken. Mit Tomatenwürfeln füllen. Erbsen in Tomaten gefüllt, frischer Rosenkohl, Möhrchen.

SCHWEIZ
SWISS - SUISSE

»FONDUE BOURGUIGNONNE«
Schweizer Spezialservice - ab 2 Personen und mehr -
»Fondue Bourguignonne«, swiss special plate for two or more
»Fondue bourguignonne«, service suisse spéciale, pour deux personnes au moins
pro Person
of person
par personne
19,—

FRANKREICH
FRANCE - FRANCE

PFEFFERSTEAK »PARISER ART«
mit Cognac flambiert, Pommes frites - etwas Herzhaftes!
Pepper Steak »Parisian Style«, flambé with cognac, french fried potatoes - something solid -
Steak au poivre »Parisienne«, flambé au cognac, pommes frites - particulièrement savoureux -
19,—

SPANIEN
SPAIN - L'ESPAGNE

»PAELLA VALENCIANA«
Safranreis mit Huhn, Scampi, Muscheln, Paprikaschoten, grüne Erbsen
»Paella Valenciana, saffron rice with chicken, scampi, mussels, red peppers, green peas
»Paella Valenciana«, volaille, riz au safran, scampi, moules, gousses de paprika, pois fins
19,—

Rottach-Egern am Tegernsee

Hotel Bachmair am See

Seestraße 47, 8183 Rottach-Egern, Telefon (0 80 22) 64 44 – 46 u. 20 11
Geöffnet täglich 24 Stunden durchgehend

Spezialitäten: Erlesene Menüs, echt bayerische Schmankerln

Das Hotel Bachmair am See: Hier vereinen sich Tradition und Moderne harmonisch. Gemütliche Träumer-Ecken aus der Frühzeit der Bachmair-Tradition um 1800 fügen sich in die neuen, mit Sorgfalt und Liebe eingerichteten Räume und Hallen ein. Die Fülle von Eleganz, Gemütlichkeit, Farben und Formen strahlt ein einmaliges Flair aus. 1974 wurde der Neubau mit maisonnettenartig eingebetteten Appartements hinter geschützten Balkons eröffnet. Alle Räume sind komfortabel mit Farbtelevision, Radio, römischem Bad, Mini-Bar und eigenem Zimmer-Safe ausgestattet.

Neun verschiedene Restaurants – rustikal und elegant eingerichtet, stehen den Gästen zur Verfügung.

Das Hotel verfügt über ein großes Hallenbad, Sauna, Solarium, Fitnesscenter, medizinische Abteilung für Bäder, Massagen, Kneipp-Anwendungen und eine Schönheitsfarm mit einem erfahrenen Kur-Team.

Aus der Tageskarte:

FISCHE UND KRUSTENTIERE

TEGERNSEER-RENKE Müllerin Art,
Petersilienkartoffeln, Salat — DM 18,--

SEEZUNGENFILET Lady Curzon
mit Meeresfrüchten in Currysahne
überbacken, grüne ital.Nudeln, Salat — DM 30,--

HUMMERKRABBENSPIESS St. Daniel
Patnareis, Salat — DM 28,--

LOUP DE MER (Seewolf aus dem
Mittelmeer) in Pernodbutter gebraten,
zarte Salate der Saison — DM 32,--

Rezepte vom Küchenchef

Hans-Bodo Eberhard

Seezungenfilet Lady Curzon

Zutaten: 3 Stück Seezungenfilets, 2 Stück ausgelöste Mittelmeerscampis, 3 Stück ausgelöste Jakobsmuscheln, 50 g geschnittene Champignons, 3 Stück kleine gewürfelte Schalotten, 1 Eßl. Mango Chutney, 1/4 Scheibe Ananas, 1/4 Banane, 1 Ingwerknolle, 1 cl Cognac, 2 cl Weißwein, 2 Eßl. Creme double, Zitronensaft, Salz, Pfeffer, Curry. **Zubereitung:** Die 3 Stück ausgelösten Seezungenfilets normal würzen, mehlieren, in Ei wälzen und in Butter braten, danach in eine Cocotte legen. Von den Mittelmeerscampis, Jakobsmuscheln und Champignons ein Ragout ansetzen. Die gehackten Schalotten, Mango-Chutney, Ananas, Banane und Ingwer hinzufügen mit Salz, Pfeffer und Curry abschmecken, das Ganze mit Cognac flambieren und mit Weißwein löschen. Zum Schluß die Creme double darunter ziehen, einige Spritzer Zitronensaft und nochmals abschmecken. Das jetzt fertige Ragout über die gebratenen Seezungenfilets geben und mit einem Löffel Hollandaise überziehen, etwas Parmesankäse darübergeben, kurz gratinieren und dann servieren. Beilagen: Spinatnudeln und Salatherzen in Sauce Vinaigrette. Weinvorschlag: 74er Meursault A. C. Propriétaire a Meursault.

A la Carte:

Fleischgerichte

SCHWEINEMEDAILLONS „BORGHESE“ auf grünen Nudeln, gratiniert, Kopfsalat	19,–
WIENER ROSTBRATEN Röstkartoffeln - Salat	19,–
RUMPSTEAK „Café de Paris“ Pommes frites - Prinzeßbohnen	22,–
CORDON BLEU Pommes frites - Feine Erbsen	22,–
KALBSRÜCKENSTEAK mit frischen Champignons überbacken Curryreis - Mango Chutney - Salat	25,–
REHRÜCKENSTEAK „Forstmeister-Art“ mit Edelpilzen Hausmacher Spätzle - Preiselbeeren	25,–
FILETSPIESSCHEN „GOURMANDISE“ auf Curryreis - Kopfsalat	25,–
GANZER REHRÜCKEN „BADEN-BADEN“ Hausmacher Spätzle - Preiselbeeren ab 2 Personen	48,–
BACHMAIRS SPEZIALPLATTE Pommes frites, Sauce Béarnaise für 2 Personen	48,–

Kur- und Sporthotel Sankt Englmar

Am Predigtstuhl 12, 8441 Sankt Englmar, Telefon (0 99 65) 3 12
Mitglied der Chaîne seit 1973
Restaurant täglich geöffnet von 7.30 bis 21 Uhr, Ferien von Anfang November bis Anfang Dezember

Lammchops Roseberry

Zutaten: 3 Chops à 230 g, Gewürzmischung (Salz, Pfeffer weiß aus der Pfeffermühle, Herbes de Provence, 2 Knoblauchzehen zerdrückt), ca. 2 cl Weinbrand, etwas Öl. 3 Blätterteigpasteten, 10 Stück Stangenspargel grün, ca. 0,3 l Dillrahm, etwas frischer Dill, 1 Eigelb, 2 Eßlöffel geschlagene Sahne, 6 mittlere, geschälte und entkernte Tomaten, 1 kleine Zwiebel fein geschnitten (Brunoise), 50 g Butter. 180 g grüne Erbsen mittelfein, ca. 60 g Butter. 300 g geschälte Kartoffeln, Brandteig (aus: 1/10 l Milch, 50 g Mehl, 25 g Butter, Salz, Muskat, 1 Ei), 20 g Parmesan – für Lorettekartoffeln, etwas frische Brunnenkresse. 1/8 l Sauce Bearnaise.
Zubereitung (Bratzeit ca. 12 Minuten): Von den Chops den Rückenknochen auf der Innenseite etwas aushacken, die beiden Bauchlappen übereinanderlegen und die Chops zu einer runden Form binden. Mit der Gewürzmischung gut einreiben, mit Weinbrand und etwas Öl beträufeln und ca. 24 Stunden marinieren, danach abtropfen lassen und rosa grillen. Spargel in ca. 3 cm lange Stücke schneiden, mit Dillrahm leicht binden, mit Eigelb und der Sahne legieren und in die gewärmten Pastetchen füllen, mit etwas frischen Dillspitzen bestreuen. Zwiebeln in Butter angehen lassen, die geschälten geviertelten Tomaten, Salz, weißer Pfeffer dazu und etwas dünsten lassen. Kartoffeln in Salzwasser kochen, abschütten – gut ausdämpfen lassen, passieren, mit dem Brandteig und dem Parmesan vermischen, mit einem Teelöffel Nocken in die Fritüre abstecken und ausbacken. Auf großer Platte anrichten, Tomaten über die Chops geben, nebenbei die Pastetchen, die Lorettekartoffeln und die gekochten, in Butter geschwenkten grünen Erbsen, mit etwas frischer Kresse garnieren, Sauce Bearnaise extra servieren.

Flußhecht aus der Loire (in feiner Sauerrahmsauce mit Knoblauch gedünstet)

Zutaten: 3 Flußhechtfilets ohne Haut à 200 g, 120 g Spickspeck, ca. 80 g Butter, 1 mittlere Zwiebel fein geschnitten (Brunoise), 2 Zehen Knoblauch zerdrückt, Weißes von 1/2 Lauchstange in feine Streifen geschnitten, gut 1/8 l Rotwein, ca. 200 g Saure Sahne, 3/8 l Demiglace, etwas frische Butter, 1 Zitrone, Salz, Worcester-Sauce, 600 g geschälte Kartoffeln, 120 g Speck durchwachsen in feinen Würfeln, etwas gehackte Petersilie, 9 Stück Fleurons. **Zubereitung:** Garzeit ca. 15 Minuten. Hechtfilets spicken, mit Salz, Pfeffer, Zitronensaft und etwas Worcester würzen, in einer Sauteuse Lauch und Zwiebeln in Butter angehen lassen, die Filets darauflegen, mit Rotwein, Knoblauch und Demiglace auffüllen, abdecken und dünsten, fertige Filets herausnehmen, auf Platte dressieren, die Sauce mit dem glattgerührten Sauerrahm einkochen lassen, mit etwas frischer Butter aufmontieren und den Fisch damit nappieren, die gekochten Kartoffeln mit Speck etwas angehen lassen, mit Petersilie bestreuen und extra servieren. Den Fisch mit Fleurons und Zitronensternen garnieren; als Beilage Kopfsalatherzen in Sauce Vinaigrette.

Rezepte vom Küchenchef

Franz Hammer

Poulardenbrüstchen "Kiew"
mit feiner Kräuterbutter gefüllt,
paniertund gebraten, Kräuterbutter,
Zitronenstern — DM 14,50

Entrecôte "Cafe de Paris", nach einem
Rezept aus Frankreich, Grilltomate,
Blattspinat sautiert, Ofenkartoffeln
mit Kräutersahne — DM 19,00

Rehmignons "Eremitage", gegrillt,
auf Blattspinat angerichtet,
geschmorte Apfelscheiben, Champignonköpfe, leichte Pfeffersauce,
Mandelbällchen — DM 19,00

Paillard de boeuf "Herren Art",
dünne Rinderfiletschnitte vom Grill,
in Rotwein pochiertes Ochsenmark,
Sauce Bearnaise, Staudensellerie
gratiniert, Maiskolben, Pommes Chateau — DM 19,00

Montana Hirschnüßchen, Litschies Malortie
rosa gebraten, Wildsauce mit Johannesbeergelee, Sahne und geriebener Meerrettich, Litschies, Orangenzeste,
grüne Nudeln mit Nüsse, Williamskart. — DM 19,50

Lammchop - Roseberry, mit feinen
Kräutern mariniert, rosa gebraten,
Sauce Bearnaise, Blätterteigpastete
gefüllt mit Spargelspitzen in Dillrahm,
grüne Erbsen, geschmolzene Tomaten,
Pommes Lorette — DM 20,00

Bullenfiletschnitte "Helder", vom
Grill, auf Brotcrouton angerichtet,
Sauce Bearnaise,
Sauce Choron,
Artischockenböden,
gebutterte Spargelspitzen,
geschmolzene Tomaten,
Kartoffelstäbchen — DM 21,50

Seerestaurant Undosa

Seepromenade 1, 8130 Starnberg, Telefon (0 81 51) 1 29 41
Mitglied der Chaîne seit 1967
Geöffnet täglich von 11 bis 24 Uhr, geschlossen vom 1. November bis 1. März
Spezialitäten: In unserem Kaminrestaurant servieren wir die gehobene gut bürgerliche Küche mit Spezialitäten aus dem Starnberger See. Im Delfter Stüberl haben wir uns auf die „Nouvelle cuisine française" spezialisiert (18 bis 24 Uhr)

Das Undosa mit Schwimmbad, an der südlichen Seepromenade, gehört zu den schönsten Gartenrestaurants Bayerns, bekannt als Hochzeits- und Tagungsort vor den Toren Münchens, bietet es Räume für 10 bis 500 Personen: Das „Kaminrestaurant" mit herrlichem Blick auf See und Gebirge, der Undosa-„Night-Club" mit internationalen Kapellen, das „Delfter Stüberl" und der „Festsaal". Im Sommer bieten wir täglich Musik und Tanz im Garten.

Aus der Tageskarte:

WILDGERICHTE:

Hirschragout "Försterin Art", hausgem. Eierspätzle, gef. Birne	12,50
Hirschkalbslendchen, fr. Pfifferlinge in Rahm, Mandelbällchen + Preiselbeeren	17,--
Geschn. Rehfilet "St. Hubertus" mit hausgemachten Eierspätzle + Preiselbeeren	17,50

FISCHGERICHTE:

Stbg. Seerenke "Müllerin" mit Petersilienkartoffeln + Kopfsalat	13,50
Forelle in Mandeln gebraten mit Butterkartoffeln + gem. Salat	14,50
Zanderfilet "Grenobler Art" mit Petersilienkartoffeln und gem. Salat	14,50
Hummerkrabben in Dillrahmsauce mit Butterreis	17,50
Lachsschnitte "Cardinal" mit Spargel, Shrimps, Champignons und Reis	17,50

DESSERT:

Bananen-Split	5,50
Zitroneneis mit frischen Kiwis	6,60

Rezepte vom Küchenchef Willi Zinck

Getrüffelte Entengalantine

Zutaten für etwa 6 Personen: 1 Ente, 200 g Kalbsfleisch, 140 g Schweinefleisch, 375 g ungesalzener Spickspeck, 180 g Entenfleisch (Schenkel), in Butter gedämpfte Schalotten, 2 Eier, 2 dcl Rahm, Pastetengewürz. Ebenfalls 100 g Würfel von der Entenbrust, je 40 g Zungen- und Schinkenwürfel, 50 g geviertelte Trüffeln und 50 g geschälte Pistazien mit je 30 g Madeira und Cognac übergießen. **Vorbereiten der Ente:** Von einer ausgeweideten Ente (etwa 1,5 kg) die Haut längs dem Rücken nach beiden Seiten lösen, so daß das Fleisch an der Haut bleibt und das Gerippe mitsamt den Schenkelknochen und Flügelknochen freigelegt wird. Das Schenkelfleisch und zum Teil das Brustfleisch vom übrigen Fleisch lösen, jedoch so, daß die Haut gleichmäßig mit Fleisch überzogen bleibt. Das gelöste Schenkelfleisch für die Füllung verwenden und das Brustfleisch für die in Würfel geschnittene Einlage gebrauchen. **Zubereitung:** Alle Fleischzutaten mit den gedämpften Schalotten durch eine feine Maschine treiben und dann noch einmal kurz blitzen. Unter die Masse dann nach und nach die Eier, Rahm und das Gewürz beifügen und zuletzt die Fleischwürfel, Trüffeln und Pistazien mitsamt der Marinade dazugeben. Dann die Masse auf die ausgebreitete Entenhaut, an der noch etwas Fleisch anhaften soll, geben, länglich formen und die Haut wurstförmig zusammennähen. Hierauf die Galantine in eine Serviette einbinden, in gutem Entenfond garen und im Sud halb erkalten lassen. Dann die Galantine wieder frisch in die Serviette einbinden und sie zum vollen Erkalten leicht pressen. Die fertige Galantine mit Gelee überglänzen oder chaud-froidieren und mit Trüffeln garnieren. Als Beigabe eignet sich dazu Waldorffsalat und Sauce Cumberland.

Lamm-Kronenbraten „Kaiser-Art"

Vorbereitung des Kotelettstücks (etwa 2 kg): Das Kotelettstück wie für Braten herrichten. Die Knochenenden 1,5 cm freilegen. Die Innenseite des Karrees zwischen der Rippe leicht einsägen. Das Karree mit der Innenseite nach außen zu einer Krone formen, ringsum binden und dann rosa braten. Nach dem Braten Schnur entfernen und auf einer Platte anrichten. **Als Garnitur reicht man dazu:** drei italienische Artischocken, die vorher halbiert und in Weißwein und Butter braisiert, mit Broccoli gefüllt werden. Ferner sechs halbe, mit feinen Gartenerbsen gefüllte Tomaten, mit je einer leicht pochierten Markscheibe belegt und mit einer halben schwarzen Olive und einem kleinen Champignon garniert. Die Tomaten sind auf gebratene Auberginenscheiben aufgesetzt. Dazu reicht man eine Lammjus und Nußkartoffeln.

A la Carte:

SPEZIALITÄTEN FÜR 2 PERSONEN	"Grillpfanne" 4 Medaillons, 2 kl.Kotelette, Champignons, Artischockenböden, zarte Erbsen und Spargel, Sc. hollandaise	33,--
	Gesp.Hasenrücken "Baden-Baden" Eierspätzle, Mandelkroketten, Rosenkohl in brauner Butter, gef.Pfirsich m.Preiselbeeren	34,--
	Lammrücken, Blattspinat, Bäckerin Kartoffeln	39,--
	Khebab am Silberdegen, verschiedene Filets auf Curryreis, gegrillter Maiskolben, Salatteller	39,--
	Chateaubriand, zarte Gemüse, Champignons, Sc. bearnaise, Idahoe potatoes	43,--

DIE ZEITGEMÄSSE EMPFEHLUNG	Omelette mit Ragout fin überbacken	7,50
	Long Beach Putensteak mit Früchten und Curryrahmsauce, Reis	12,50
	Schweinekotelette "Zigeuner Art", Kartoffelpuffer, Salatteller	12,80
	Wiener Schnitzel, pommes frites, Salatteller	13,80
	Kalbsgeschnetzeltes in Rahm mit Rösti	14,50
	Grillteller "Undosa" 3 verschiedene Filets, baked potatoes mit Sauerrahm, Speckbohnen, Grilltomate, Kräuterbutter	15,50
	Cordon bleu, Kalbssteak gefüllt mit Schinken und Käse, Zuckererbsen, pommes frites	16,50

Bad Wiessee

Hotel Bellevue und Weinbauer's Schoppenstuben

Hirschbergstraße 22, 8182 Bad Wiessee, Telefon (0 80 22) 8 12 20
Mitglied der Chaîne seit 1968
Schoppenstuben geöffnet von 17.30 bis 23 Uhr, Ferien vom 1. November bis 20. Dezember und 8. Januar bis 20. März

Spezialität: Alle Gerichte sind auf Wein abgestimmt

Das Hotel liegt im Herzen des Kurbezirks, gegenüber der Seepromenade mit Seegarten, Musikpavillon und dem Kuramt. Das Fünfzig-Betten-Haus ist mit großem Wohnkomfort ausgestattet. Großzügige Aufenthaltsräume, Lift, Liegewiese, Sauna, Solarium, Trimmraum, Frisiersalon, Boutique und nicht zuletzt „Weinbauer's Schoppenstuben" prägen die Gastlichkeit des Hauses. Dieses Weinlokal mit seinen sechzig Plätzen, liebevoll und harmonisch eingerichtet, bietet zu seinen erstklassigen Weinen aus Deutschland und Frankreich eine auf den Wein abgestimmte Spezialitätenküche.

Weinbauers Käsebrett

Original Gouda vom Laib, Brotauswahl, Butter	5,80
Harzer, Schweineschmalz und Vollkornbrot	3,90
Edamer vom Laib, Brotauswahl, Butter	5,40
Original französischer Camembert, Weißbrot und Butter	4,70
Tilsiter vom Laib, Brotauswahl und Butter	5,20
Emmentaler vom Laib, Brotauswahl und Butter	5,90
Kräuterquark – kalorienarm –, Knäckebrot und Butter	3,60
Original Gorgonzola, Schwarzbrot und Butter	6,10
Brie, Brotauswahl und Butter	4,50
Original Bresse Bleu, Schwarzbrot und Butter	5,90
Käsewürfel zum Wein	5,–
Original bulgarischer Schafskäse mit Oliven, Zwiebeln, Vollkornbrot und Butter	6,90

Rezepte vom Küchenchef

Hansjoachim Epp

Zwiebelkuchen

Zutaten (für 6 bis 8 Personen): Knapp 1/4 l Milch, 8 Eßlöffel Öl, 1 Teelöffel Salz, Prise Zucker, 500 g Mehl, 40 g Hefe. Für den Belag: 3 kg Zwiebeln, 2 Eßlöffel Butter, 300 g durchwachsener Speck, Salz, Pfeffer, Kümmel, 6 Eier, 2 Becher saure Sahne. **Zubereitung:** Milch, Öl, Salz, Zucker und Mehl in eine Rührschüssel geben, Hefe darüberbröseln, mit dem Knethaken vom Handrührer einen geschmeidigen Teig kneten. An einem warmen Ort gehen lassen. Die Zwiebeln schälen und in feine Scheiben schneiden (mit dem Schnitzelwerk). Die Butter erhitzen, den kleingeschnittenen Speck darin auslassen, die Zwiebeln dazugeben und glasig dünsten. Mit Salz, Pfeffer und etwas Kümmel würzen, abkühlen lassen. Die Eier mit der Sahne verrühren und unter die Zwiebelmasse mischen. Den gegangenen Hefeteig dünn ausrollen, zwei Springformen oder ein Kuchenblech mit Öl auspinseln und mit Teig belegen, dabei einen 3 cm hohen Rand formen. Den Teig noch einmal gehen lassen, dann die Zwiebelmasse darauf verteilen. Im vorgeheizten Ofen bei 200 Grad (Gas: 3) in etwa 60 Minuten goldbraun backen.

Weinbauer's Krautplatte - Beilage Tafelspitz

Zutaten und Zubereitung: Man läßt im Topf reichlich Gänsegriebenschmalz zerfließen, streut das mit grober Gabel gelockerte Kraut ein, gibt Salz, Gewürzkörner, 1 kleine, ungeschälte Zwiebel, ein halbes Lorbeerblatt, drei Nelken, acht gestoßene Wacholderbeeren dazu und schüttelt den Topf bei zugelegtem Deckel so lange immer wieder, bis keine Bodenfeuchtigkeit mehr vorhanden ist. Nun gießt man eine Tasse Weißwein zu und läßt es zusammen mit geräuchertem Schweinebauch und wacholdergeräuchertem Kasseler langsam gar und trocken kochen, läßt es erkalten und wärmt es nach 24 Stunden wieder auf. Beilagen: Frankfurter, Lyoner, Tafelspitz, Kasseler und Schweinebauch aus dem Kraut.

Weinbauers Hausspezialitäten

	DM
Heringstopf Zwei Heringsfilets in feiner Rahmmayonnaise, Apfelschnitzel, Gewürzgurken und Zwiebelscheibchen, Bauernbrot	6,70
Weinbergschneckenpfanne Sechs Weinbergschnecken in raffinierter Kräuterbutter, Weißbrot	6,70
Schweizer Wurstsalat Feine Wurst- und Käsestreifen mit Zwiebelringen in einer pikanten Obstessig-Öl-Kräutersauce, Vollkornbrot	5,30
Pikanter Eiersalat Eier und Essiggemüse mit einer Senfmayonnaise abgeschmeckt, Toast	4,90
Geflügelsalat Masthuhnfleisch, Spargel, Champignons, extra feine Erbsen in einer leichten Kräutermayonnaise, Toast und Butter	6,50

Wirsberg

Romantik Hotel Post

Marktplatz 11, 8655 Wirsberg, Telefon (0 92 21) 8 61
Mitglied der Chaîne seit 1968
Geöffnet täglich von 11.30 bis 14.00 und von 18.00 bis 22.00 Uhr

Spezialitäten: Verschiedene Sorbets, Pasteten, Hummerragout, Galantinen, Bresse-Taube in Kerbelsauce, Rehrückenfilet in Marsalasauce

Das Romantik-Hotel Post im Luftkurort Wirsberg ist seit 1870 im Familienbesitz. Das Hotel bietet seinen Gästen hübsche, ruhige Zimmer, davon 40 mit Bädern, Duschen, WC und Telefon, Kühlbox, auf Wunsch auch Fernsehen. Insgesamt stehen 60 Betten im Hotel und 10 im Nebenhaus zur Verfügung, ferner acht verschiedene Restaurant- und Konferenzräume, ein Hallenbad, Sauna, Solarium, Liegewiesen und Terrassen im hoteleigenen Schloßgarten.

Vom Wild:

Rehkeule "Fostiere"
Wacholderrahmsauce mit Pilzen,
hausgemachte Spätzle vom Brett,
Apfelrotkraut DM 19,90

Russisches Damhirschsteak
in Gurkensauce, mit Wodka verfeinert,
pommes anna, Salat DM 18,90

Rehnüßchen "au mandarines"
Sauce Beaujolais
heiße Mandarinen, pommes croquettes,
Apfelrotkraut, Preiselbeeren DM 26,80

Rezepte vom Küchenchef

Jürgen Beyer

Forellensouffle

Zutaten und Zubereitung (für 3 Personen): 2 kleine Forellen enthäuten und entgräten, 250 g Hechtfilet, zweimal durch den Wolf drehen, durch ein Sieb streichen, kuttern, mit 4 Eiweiß und 0,4 l Sahne würzen, Salz, Pfeffer, Zitrone und Fondor. In einer gebutterten Form im Wasserbad 25–30 min. garen.

La Nouvelle Cuisine:

Die neue französische Küche

Frische Gänsestopfleber, mit Meersalz und Pfeffer gewürzt, garniertem Apfel, Calvadosgelee, Melba Toast	DM 18,90
Trüffelsuppe	DM 10,00
Spinatsuppe	DM 5,50
Hechtsoufflée in Schnittlauchsauce mit Gemüsejulienne, pommes chateau	DM 18,00
Französischer Salat mit jungen Bohnen, Advocado, Melone, frischen Champignons, Walnüssen, pikanter Rotweindressing	DM 7,80
Rehmedaillon mit glacierten Trauben, Marsalasauce, pommes gratin, Birnenmus	DM 28,00
Coeur de Filet in Beaujolaissauce, frisches Gemüse, pommes gratin	DM 28,00
Kalbsrückensteak in Estragonsauce, frisches Gemüse, pommes gratin	DM 28,00
Käse vom Brett	DM 6,50
Verschiedene hausgemachte Früchtesorbets	DM 7,50

Der Autor dieses Buches ist Journalist – wie auch die Gründer der »Chaîne des Rôtisseurs« im Nachkriegs-Frankreich. Volker Bredenberg, geboren 1934, studierte zunächst in Tübingen Mathematik, Chemie und Physik, um sich dann – nunmehr seit über 20 Jahren – der »schreibenden Zunft« zu widmen. Seine Stationen: Cannstatter Zeitung, Hamburger Abendblatt, Morgenpost in Hamburg. Hier ist er heute für das Ressort Reportagen verantwortlich.

Und als »Reporter« hat er auch die Geschichte der »Chaîne des Rôtisseurs« in Angriff genommen. Volker Bredenberg wühlte in Staatsarchiven in Paris und Hamburg. Er sprach mit Jean Valby, dem »grand chancelier« der »Chaîne«, wie mit Guido Berhard, dem »chancelier der bailliage d'Allemagne« in Aschaffenburg. Er recherchierte, wie die größte Feinschmecker-Vereinigung der Welt entstand und wie sie sich heute darstellt. Die meisten der deutschen »Chaîne«-Häuser werden in diesem Buch vorgestellt. Mit einer Beschreibung des Hauses, mit Rezepten vom Küchenchef und Speisekarten. Dieser Teil des Buches ist ein Reiseführer für Gourmets durch die Bundesrepublik. Er ist aber gleichzeitig für jede Hausfrau eine Anregung, wie sie die Welt der »Chaîne« in ihre eigene Küche zaubern und ihre Familie mit den nachgekochten Gerichten verzaubern kann.

»Grand Dîner« ist übrigens das dritte Buch des Autors Volker Bredenberg, das in diesem Verlag erscheint. 1976 stellte er dem damaligen Bundesfinanzminister Dr. Hans Apel 100 Fragen und veröffentlichte sie zusammen mit dessen 100 Antworten in »Ich dacht' mich tritt ein Pferd«. Ein Jahr später war es der Akupunkteur Manfred Schröder, dem er seine Fragen vorlegte: »Akupunktur heute« war der Titel des Buches.